生产网络与区域创新论丛

基于连通性视角的长江经济带装备工业知识网络演化研究

邹 琳 著

中国财经出版传媒集团
中国财政经济出版社

图书在版编目（CIP）数据

基于连通性视角的长江经济带装备工业知识网络演化研究／邹琳著．－－北京：中国财政经济出版社，2020.8

（生产网络与区域创新论丛）

ISBN 978－7－5095－9852－8

Ⅰ.①基… Ⅱ.①邹… Ⅲ.①长江经济带－装备制造业－工业企业管理－知识管理－研究 Ⅳ.①F426.4

中国版本图书馆 CIP 数据核字（2020）第 099897 号

责任编辑：彭　波　　　　　责任印制：史大鹏
封面设计：卜建辰　　　　　责任校对：李　丽

中国财政经济出版社 出版

URL：http://www.cfeph.cn
E－mail：cfeph＠cfemg.cn
（版权所有　翻印必究）

社址：北京市海淀区阜成路甲 28 号　邮政编码：100142
营销中心电话：010－88191537
北京财经印刷厂印装　各地新华书店经销
710×1000 毫米　16 开　15.25 印张　226 000 字
2020 年 8 月第 1 版　2020 年 8 月北京第 1 次印刷
定价：68.00 元
ISBN 978－7－5095－9852－8
（图书出现印装问题，本社负责调换）
本社质量投诉电话：010－88190744
打击盗版举报热线：010－88191661　QQ：2242791300

本书受上海工程技术大学青年教师项目（0233-E3-0507-19-05195）；
教育部人文社科基地重大项目（17JJD790006）；
国家自然科学基金青年项目（41801109）；
中国博士后科学基金（2018M641963）；
及重点高校基础研究项目（2020ECNU-HWFW005）联合资助；

前　言

　　知识经济时代，区域或国家间竞争日益演变为知识创新的竞争，不同区域企业、高校、政府等机构的跨组织合作日益增多，如何通过组织间合作进行知识获取、吸收及转化并实现新知识的集成和创造是提升区域创新的重点。经济学研究多基于技术创新视角讨论企业的创新问题，传统地理学研究则更关注空间对知识创新的作用问题，近来经济地理学研究呈现从对静态空间区位分析向对动态流动空间的关注。网络、地理空间及知识创新相互关系是当下经济地理学界关注的焦点。20世纪80年代以来，部分学者从产业集群及区域创新系统视角，关注地方根植性及产业区内部的组织间相互关系及创新合作；另有学者从关系经济地理学视角，强调构建跨区域、跨国界全球生产网络和全球创新网络的重要性。然而，对传统的地理空间及网络流空间在知识流动过程中，如何相互作用的问题仍一直存在研究争议。

　　关于创新网络的空间结构，尤其异质性区域"核心—边缘"创新问题，学者们观点泾渭分明。部分学者从发达区域立场出发，强调欠发达区域模仿学习的重要性，提出发达区域应该改善与欠发达区域的网络连通关系；另一些学者提出，欠发达区域不应模仿发达区域的创新过程，不应将创新的重点放在与发达区域扩大创新合作之上。异质性区域间，特别欠发达区域知识创新路径与发达区域的差异、作用机理问题值得深入讨论。

　　装备工业包含通用装备制造、专用装备制造、金属制品、交通运输设备制造、电器装备及器材制造、电子及通信设备制造、仪器仪表及文化办公用装备等七个部门，为国家电力、冶金、石化等国民经济部门和国防建设提供重要支撑的行业，包含9省2市的长江经济带是我国新时期、京津

基于连通性视角的长江经济带装备工业知识网络演化研究

冀协同发展并列的重要国家战略之一,对长江经济带装备工业创新网络的研究具有十分重要的战略意义。长江经济带横跨我国经济发展差异巨大的东、中、西三大发展地带,为了更加精准地分析不同区域创新合作网络的特征、过程与机理,本书以长江经济带长三角城市群、长江中部城市群及长江西部城市群等三大城市群为研究重点,从基础知识网络、技术知识网络入手,系统分析长江经济带区域间装备工业知识网络结构及演化路径。主要结论如下:

(1) 产学研一体化能增强装备工业知识网络连通性并实现跨区域桥接。长江经济带装备工业知识网络发展实践表明,工科大学及研究机构在基础知识创新、新技术开发等领域均发挥着十分重要的作用,同时这种基于产学研一体化的知识共享及溢出不仅发生在区域内部,而且还存在于不同合作区域之间。

(2) 长江经济带东部沿海与内地知识合作网络核心主体和发展过程不同。长三角城市群知识创新网络核心主体为大型企业,工科大学主要发挥着促进跨区域创新合作的桥接作用,跨区域创新合作的主体仍是大型企业。从创新网络演变过程来看,大型企业主体地位日趋突出,大学、研究机构的地位逐渐下降,东部沿海地区创新合作网络开放特征显著;长江中部城市群、长江西部城市群知识创新网络的核心主体为工科高校、研究机构,高校、科研院所不仅发挥基础研究、人才培养作用,还直接主导应用技术开发与产业化。从跨区域创新合作网络的发展演变过程看,工科高校、研究机构同时扮演着创新核心主体、桥接合作的双重角色,紧密的区内合作即"小世界"现象显著,对外开放程度较低。

(3) 长江经济带东部沿海与内地知识合作网络优化路径不同。长三角城市群经济发展水平高、科技发达,应着力破除阻碍跨区域创新合作的体制机制,增强核心城市与周边中小城市的网络连通性,大幅提升区内及区际知识创新溢出效益;对位居内陆长江中部城市群、长江西部城市群而言,尽管经济发展水平、科技创新能力尚存不足,但不应盲目模仿其他地区创新模式,而应树立开展创新的自信,着力推进城市群内部产学研一体化进程,打造更具影响力的城市群创新合作联盟,提升区域创新合作水平和效益。

前　言

本书是教育部重点研究基地华东师范大学中国现代城市研究中心的研究成果。在本书写作过程中，曾刚教授给予了诸多指导和极大的支持和帮助，曹贤忠、朱贻文提供了重要的协助。

本书编写和出版过程中，华东师范大学城市发展研究院、中国现代城市研究中心、城市与区域科学学院领导和老师都给予了大力支持，中国财政经济出版社为本书的顺利出版付出了极为艰辛的劳动，在此一并致谢！

知识创新是不断演化的过程，创新网络研究也是一个极为复杂的科学命题，需要各位学者的共同努力及后续的持续研究。本书借助长江经济带制备制造企业创新合作案例，初步分析了工科高校、研究机构在区域产学研一体化知识网络演化的关系，加之作者水平尚有待提升，谬误之处在所难免，恳请各位读者批评指正！

邹　琳

2019 年 9 月于华东师范大学丽娃河畔

目　　录

第一章　创新发展的时代趋势 … 1
　　第一节　知识网络演化研究提出的时代背景 … 2
　　第二节　区域多层次知识网络关系构建及演化 … 10
　　第三节　区域知识网络演化研究可行性 … 12
　　第四节　本章小结 … 16

第二章　知识网络演化理论研究进展 … 18
　　第一节　知识流动与网络关系 … 19
　　第二节　知识网络与地理空间 … 35
　　第三节　知识网络演化与区域发展 … 52
　　第四节　装备工业知识网络 … 61
　　第五节　本章小结 … 64

第三章　长江经济带区域情境及装备工业发展评价 … 68
　　第一节　长江经济带装备工业发展历程 … 68
　　第二节　长江经济带区域情境的空间分异 … 70
　　第三节　长江经济带装备工业知识合作趋势 … 83
　　第四节　本章小结 … 90

第四章　区域知识网络特征及变化 … 92
　　第一节　研究方法及数据采集 … 92
　　第二节　知识网络类型划分 … 97

第三节 长江经济带知识网络连通性及关系变化趋势 …………… 103
第四节 本章小结 ……………………………………………………… 124

第五章 区域在知识网络中的发展路径 …………………………… 127
第一节 理论推演及实证假设 ………………………………………… 127
第二节 研究方法与数据处理 ………………………………………… 134
第三节 区域在知识网络中的差异化发展路径 ……………………… 139
第四节 本章小结 ……………………………………………………… 155

第六章 知识网络发展路径的关系作用机理 ……………………… 157
第一节 理论推演及假设提出 ………………………………………… 157
第二节 研究方法与数据处理 ………………………………………… 164
第三节 区域装备工业知识网络关系作用机理分析 ………………… 166
第四节 本章小结 ……………………………………………………… 177

第七章 国外知识创新经验与启示 ………………………………… 179
第一节 以色列：多层次网络构建与高校 TTO 带动 ……………… 179
第二节 美国：技术转移联盟加快技术成果转化 …………………… 191
第三节 本章小结 ……………………………………………………… 194

第八章 推进跨区域知识创新及转化的路径 ……………………… 196
第一节 发挥高校在区域知识创新及转化的桥梁作用 ……………… 197
第二节 推进"核心—边缘"区域差异化知识网络治理 …………… 199
第三节 跨区域知识网络构建及演化研究展望 ……………………… 200
第四节 本章小结 ……………………………………………………… 203

附录 访谈提纲 ………………………………………………………… 205
参考文献 ………………………………………………………………… 207

第一章

创新发展的时代趋势

创新和知识创造是触发经济社会根本性变革的关键环节,自创新理论奠基人 Schumpeter（1934）① 最早提出这一概念后,学术界在理解创新和知识创造方面已取得很大进步。对创新的研究可推动政策制定者、企业家、企业管理者和各种经济主体开展相应经济行为和决策,后者在创新活动中作用凸显（Clark, 2016）②。早期对创新的研究如"线性技术推动模型",揭示科学技术的关键作用,提出技术变革是经济发展的外部条件,是刺激创新的关键触发器。20 世纪 80 年代,创新演化和制度研究势头渐起（Nelson and Winter, 1982; Romer, 1986; Dosi, 1988）③④⑤,"创新互动模型"等研究成为主导。创新互动将技术变革概念化,关注经济活动内部过程（Rosenberg, 1982）⑥,认为推动创新理念产生和发展的是经济活动

---

① Schumpeter J A, Redvers O. Theorie der wirtschaftlichen Entwicklung. The Theory of Economic Development. An inquiry into profits, capital, credit, interest, and the business cycle Translated. by Redvers Opie [M]. 1934.

② Clark G L. Explaining Behaviour in Economic Geography: The Cognition-Context Nexus [J]. 2016.

③ Nelson R R, Winter S G. Evolutionary theorizing in economics [J]. Journal of economic perspectives, 2002, 16 (2): 23 – 46.

④ Romer P M. Increasing returns and long-run growth [J]. Journal of political economy, 1986, 94 (5): 1002 – 1037.

⑤ Dosi G. The nature of the innovative process [J]. Technical change and economic theory, 1988, 221 – 238.

⑥ Rosenberg N, Nathan R. Inside the black box: technology and economics [M]. Cambridge university press, 1982.

中参与者的高密度互动关系。

已有创新研究将技术创新视为涉及企业、研究机构和组织网络的过程（Nelson，2002；曾刚、林兰，2006）①②。与项目生态（project ecology）（Grabher，2002）③和开放式创新（Chesbrough et al.，2004）④研究结论一致，创新的关键并不局限于组织或跨组织领域。根据行业和技术背景差异，不同群体在营造创意互动环境、集体解决问题、头脑风暴等方面，为解决新问题、提出新方案发挥了重要作用。为更好地解释组织关系在产业创新中的作用，有必要深入分析组织间的互动是如何与工业生产及市场营销相关的。组织创新成果开始可能并不具有明确的商业动机，而后又通过何种途径实现转化和应用，即"地下活动"和"地上活动"的联系问题。讨论创新活动如何在特定制度环境中演化，是创新和知识流动需要深入研究的重点（Cohendet，2010）⑤。基于已有研究和现实需求，本书首先总结知识网络演化研究提出的时代背景，明确研究的意义和价值，进而提出区域知识网络演化研究的新问题和新内容，并提出知识网络演化研究的可行性方案。

第一节
知识网络演化研究提出的时代背景

一、经济全球化创新的新趋势

20世纪90年代以来，随着通讯、交通技术的发展及跨区域、跨国贸

---

① Nelson R R, Winter S G. Evolutionary theorizing in economics [J]. Journal of economic perspectives, 2002, 16 (2): 23 - 46.

② 曾刚，林兰. 不同空间尺度的技术扩散影响因子研究 [J]. 科学学与科学技术管理，2006, 27 (2): 22 - 27.

③ Grabher, Gernot. The Project Ecology of Advertising: Tasks, Talents and Teams [J]. Regional Studies, 2002, 36 (3): 245 - 262.

④ Chesbrough H W. Open Innovation: The New Imperative for Creating and Profiting from Technology [J]. Journal of Engineering & Technology Management, 2004, 21 (3): 241 - 244.

⑤ Cohendet P, Grandadam D, Simon L. The Anatomy of the Creative City [J]. Industry & Innovation, 2010, 17 (1): 91 - 111.

易投资的逐渐增多，特定区域呈高度专业化空间集聚特征的同时，经济全球化趋势变得越来越强。知识已逐渐替代传统物质资本，成为创新的重要来源。在经济全球化背景下，知识在全球范围内不断传播，也使创造、获取新知识成为区域或国家经济增长的内在动力。当前，区域或国家间的竞争正日益演变为知识创新能力的角逐，而要提升创新能力最重要的环节就是知识创造或知识获取、吸收及转化的能力。因此，经济地理学研究逐渐呈现从对空间区位的研究转向对流空间的关注。近来网络作为将全球及区域创新资源重新整合的重要途径备受关注，并在区域创新及经济发展中发挥日益重要的作用（Zucker，2007；Dicken，2001）[1][2]。

在全球化背景下，世界各国呈现由资本向创新要素的转向，创新成为国际大国提升国家竞争力的重要途径及源泉。例如，德国"工业4.0"，以提升制造业智能化水平和国家创新竞争力为主要发展目标；美国2015年创新战略提出以美国创新引领全球经济发展。近年来，我国原有的低成本劳动力优势正逐渐消减，创新驱动下的转型发展是实现我国可持续发展的必要战略。但我国某些产业实际仍处于全球产业链及价值链较低端的环节，核心技术依赖其他国家，发达国家在掌握全球核心技术及知识方面仍具有绝对优势。因此，如何实现我国技术及知识的自主创新是提升我国综合竞争力及支撑产业发展的关键。创新对发展中国家的经济发展尤为重要，因此对我国存在的企业创新动力不足等问题，需要通过对社会环境及市场环境的调整改善来实现。2015～2016年国家先后发布《中共中央 国务院关于深化体制机制改革加快实施创新驱动发展战略的若干意见》《中共中央关于制定国民经济和社会发展第十三个五年规划的建议》和《国家创新驱动发展战略纲要》等政策，将创新发展提升到国家战略发展层面。推进知识及技术的自主创新既是全球化经济迅速发展的时代呼唤，也是我国经济发展的战略需求。

---

[1] Zucker A，Hug S T. A Study of the 1∶1 Laptop Program at the Denver School of Science & Technology [J]. Online Submission，2007：86.

[2] Dicken P，Malmberg A. Firms in territories：a relational perspective [J]. Economic geography，2001，77（4）：345-363.

二、装备工业知识创新的新需求

不同类型产业的创新和知识创造表现出差异化的特征和结网过程。长期以来，创新研究关注制造业生产的有形产品和技术，传统服务和无形资产只起次要作用。生产性服务业通常被视为制造业创新过程中的支撑或附加品，表现为网络和创新系统与制造业的相互作用，而该观点却存在许多问题。相关研究忽视了一个事实，即制造业企业本身越来越多地依赖于向客户提供服务，且越来越多地从服务这种无形商品中获利。因此，国民经济发展中服务业的重要性日益增加，需要采用不同的创新视角。思考如何更好地将服务业融入创新研究的过程中。创新测算方面也出现了新进展，OECD 的 Frascati 手册（OECD，2002）[1] 将线性模型作为线索，该手册以制造业的研发（R&D）数据测量为基础。之后的 Oslo 手册（OECD，1992）[2] 则立足于互动的创新模式，初步尝试对服务行业的测度，但仍主要关注制造业（Evangelista et al.，1998）[3]。与此相关，创新的测量讨论主要关于创新如何进行、创新包括哪些活动。一方面，创新研究大多使用研发支出、研发人员数量以及专利等定量分析数据，比较企业、行业、地区和国家之间的创新趋势；另一方面，由于已证明创新通常是渐进式发展，且是不间断的累积学习过程，如互动学习、观察学习和模仿学习等（Malecki，1997）[4]。因此，大量创新不能用这些指标进行测度，前面那些方法又受到新的批判（Lundvall，1988；Gertler，1993；Lundvall and John-

---

[1] Manual F. The Measurement of Scientific and Technological Activities. Proposed Standard Practice for Surveys on Research and Experimental Development [J]. OECD Publishing ISBN：9789264199033，2002，256：2.

[2] OECD. Proposed Guidelines for Collecting and Interpreting Technological Innovation Data. Oslo Manual，Paris：Organisation for Economic Co-Operation and Development. 1992.

[3] Evangelista, R., Sandven, T., Sirilli, G. and Smith, K. 'Measuring innovation in European industry', International Journal of the Economics of Business. 1998，5：311 – 333.

[4] Malecki E J. Technology and economic development：the dynamics of local, regional, and national change [J]. University of Illinois at Urbana-Champaign's Academy for Entrepreneurial Leadership Historical Research Reference in Entrepreneurship，1997.

son，2002）①②③。许多创新过程并不遵循线性模型，且不一定与专业实验室内的系统探索活动有必然联系。此外，对于许多员工，尤其是中小企业的员工来说，渐进式创新是其核心经济活动的副产品，在对产品或过程的改进中有时甚至不被认为是创新，这主要因为，相关主体在日常工作中只关注自身的日常核心活动。这就是不能缺少对创新实践的定性研究以探讨技术创新过程的原因。

近年来，对装备工业特别是高端装备制造的关注度增强。自2013年起，中国装备工业产值占全球比重已超过1/3，GDP及工业产值年均增长达25%，远超中国工业GDP及总年均增长率（11%）。产品出口额占中国外贸出口总额的比重高达25.5%（马双，2017）④，对经济增长的贡献率居全国制造业首位。截至2015年末，中国装备工业产值销售收入突破40万亿元，其中高端装备工业销售收入已经超过6万亿元，占整个装备工业比重达到15%。可见装备工业特别是高端装备工业的发展已成为中国智能工业经济发展及技术创新的关键。

装备工业具有集成创新的特点，其产业链长，专业化分工合作性强。加之组装工业的特征（吕国庆，2016；王世明，2010）⑤⑥，使很多装备制造企业不能仅靠自身力量实现创新，与本组织外部合作伙伴的合作是新知识产生的重要来源。此外，装备工业行业结构复杂，涉及的学科领域及专业技术都很广泛（吕国庆，2016），因此企业与高校等组织机构建立的产学研合作，实现基础知识向应用技术知识的转化吸收等对该产业的知识创新尤为重要。也就是说，装备工业的知识生产及创新过程包括企业、高

---

① Lundvall B Å. National systems of innovation: towards a theory of innovation and interactive learning [J]. The Learning Economy and the Economics of Hope, 1988: 85.

② Gertler, Meric S. Implementing Advanced Manufacturing Technologies in Mature Industrial Regions: Towards a Social Model of Technology Production [J]. Regional Studies, 1993, 27 (7): 665 - 680.

③ Lundvall B Å. The learning economy: challenges to economic theory and policy [J]. A Modern Reader in Institutional and Evolutionary Economics: Key Concepts. Cheltenham: Edward Elgar, 2002: 26 - 47.

④ 马双. 封闭型创新网络的结构和内在机理研究 [D]. 华东师范大学, 2017.

⑤ 吕国庆. 中国装备工业创新网络研究 [D]. 华东师范大学, 2016.

⑥ 王世明. 装备产品集成创新的模式及选择研究 [D]. 大连理工大学, 2010.

校、研究机构等多种组织类型之间的合作,该过程中组织间合作进行的知识创造及知识溢出现象非常普遍。因此装备工业组织间知识网络的研究对中国整体创新能力提升有重要的借鉴意义,同时对未来经济增长及提升基础创新能力具有引导作用。

长江经济带在中国具有重要的战略支撑区位优势,是中国工业化推进过程中最有活力的区域之一,拥有的工业发展优势特别是重工业发展优势显著。至 2013 年该区域已创造近全国 50% 的生产总值和占全国 43% 以上的专利数（顾娜娜,2015）[1]。长江经济带内部装备工业产业集群包括上海临港、四川德阳等都具有较强的影响力。经济地理学界也开始对长江经济带装备工业进行研究,且已有研究多集中于产业链、区域 R&D 分析、创新产出及区域管制等方面（陈雯等,1997;Liefner, 2012;Bathelt and Zeng, 2012;胡耀辉, 2013）[2][3][4][5],也有研究就装备工业创新网络结构进行刻画（曹贤忠,2017）[6],但整体来看研究成果并不多,且缺乏对整个网络和网络演化的分析及对不同经济水平不同发展阶段区域情况的整体把握和区分分析。鉴于长江经济带重要的国家战略意义及自身发展装备工业的极大区域潜力和代表性,对该区域装备工业创新过程、知识网络构建及不同区域网络演化问题的研究和深入分析,对中国实现技术及知识的自主创新、区域发展水平提升及我国和平崛起都具有十分重要的战略意义（陆大道,2014）[7]。

---

[1] 顾娜娜. 长江经济带装备工业产学研创新网络研究 [D]. 上海：华东师范大学, 2015.

[2] 陈雯, 虞孝感. 长江产业带建设特征、问题与发展思路 [J]. 地理科学, 1997, 17（2）：113-119.

[3] Liefner I, Brömer C, Zeng G. Knowledge absorption of optical technology companies in Shanghai, Pudong: Successes, barriers and structural impediments [J]. Applied Geography, 2012, 32（1）：171-184.

[4] Bathelt H, Zeng G. Strong growth in weakly-developed networks: Producer-user interaction and knowledge brokers in the Greater Shanghai chemical industry [J]. Applied Geography, 2012, 32（1）：158-170.

[5] 胡耀辉. 产业技术创新链：我国企业从模仿到自主创新的路径突破 [J]. 科技进步与对策, 2013, 30（9）：66-69.

[6] 曹贤忠. 基于全球—地方视角的上海高新技术产业创新网络研究 [D]. 华东师范大学, 2017.

[7] 陆大道. 建设经济带是经济发展布局的最佳选择——长江经济带经济发展的巨大潜力 [J]. 地理科学, 2014, 34（7）：769-772.

三、知识网络演化研究的新转向

21世纪以来,新经济发展趋势对创新的早期模型及其适用性发起挑战。互动模型较早的观点将创新过程视为主要控制在组织封闭界限内部的过程。此时,创新并不是通过特定阶段按顺序发展的:它能在经济生产活动过程的任何阶段开始,在初始概念、产品开发、生产和销售等任何阶段发生转变。最初挑战该观点的是 Von Hippel(1977)[1] 关于创新活动中领军者重要性的研究。基于 Von Hippel 的假设,Chesbrough(2004)[2] 提出"开放式创新"的概念从根本上打破创新模式封闭性观点。开放式创新指由企业希望改进技术为基本需求,假设企业"能够且应该综合使用企业内部及外部的新想法,并结合自身市场发展路径的新范式"(Chesbrough,2004)。开放式创新模式的提出是解释社会创新活动的新方法。开放创新模式突出社区对技术发展的作用(Bathelt and Cohendet,2014)[3]。该过程中的知识交流和互动并非总是由传统经济学的基本原理驱动,会通过特定社区成员间的免费服务实现。这种现象挑战了研究者对创新的传统理解,并将人们的注意力转移至所谓的"地下(underground)活动"(Arvidsson,2007;Cohendet et al.,2010)[4][5]。该术语指这些个体是非正式团体或活动的一部分,但他们也拥有相关能力和技能,将这些能力和技能运用到其在企业或其他组织的专业工作中。因此,"地下活动"中的创造性和集体创新过程会与"地上活动"紧密联系。其中,"地上活动"指行业中根据传统经济学基本原理运营

---

[1] Von Hippel E A. Has a customer already developed your next product? [J]. Sloan Management Review(pre-1986),1977,18(2):63.

[2] Chesbrough H W. Open Innovation: The New Imperative for Creating and Profiting from Technology [J]. Journal of Engineering & Technology Management,2004,21(3):241-244.

[3] Bathelt H. Evolutionary economic geography and relational geography [M] //Handbook of Regional Science. Springer Berlin Heidelberg,2014:591-607.

[4] Arvidsson, A. Creative class or administrative class? On advertising and the "underground", Ephemera: Theory and Politics in Organizations. 2007(7):8-23.

[5] Cohendet P, Grandadam D, Simon L. The Anatomy of the Creative City [J]. Industry & Innovation,2010,17(1):91-111.

的企业和组织。开放式创新模式也提出,重新考虑知识产权的作用。越来越多的学者质疑将专利视为一种科研经费获取与科研产出的传统观点,并提出将专利作为一种开放式创新环境下促进参与者合作的工具的新观点。由于创新正日益成为国家间互动和知识交流的全球性过程(司月芳等,2016)①,一些学者提出质疑,新产品和创新过程是否出现在较为富裕的发达国家,并在这些国家实现商业化进而服务于较为富裕的消费者,于是就有了"反向创新"的提出。"反向创新"的概念(Immelt et al.,2009)②是指起源于发展中国家的逆向创新过程,这为正处于国际经济学、地理学与政治学"十字路口"的创新研究开辟了新道路。从开放式创新模式的角度看,反向创新的概念考虑到了欠发达地区的本地群体的创新潜力,以及他们在开发永续经营新模式中所扮演的角色。

经济地理学研究呈由区位论向流空间转向的研究趋势(吕拉昌等,2018;姚秋蕙等,2018)③④。区位论研究核心主要关注经济活动的地理空间区位及其这种区位形成的原因(贺灿飞等,2014)⑤;异质性区域经济发展水平、知识基础等都存在差异,如何实现协同创新是城市群协同发展的关键(吕拉昌等,2018)⑥。而流空间的相关研究则主要可分为两个方向:一个研究方向是对产业集群及区域创新系统的研究关注地方根植性及产业区内部组织间的相互关系及创新合作;另一研究方向为关系经济地理学,强调构建跨区域、跨国界的全球生产网络和全球创新网络,该研究方向强调整合区域间的基于技术或产业链的合作(Gereffi,2005;

---

① 司月芳,曾刚,曹贤忠,等. 基于全球—地方视角的创新网络研究进展 [J]. 地理科学进展,2016,35(5):600-609.

② Immelt J R, Govindarajan V, Trimble C. How GE is disrupting itself [J]. Harvard business review, 2009, 87 (10): 56-65.

③⑥ 吕拉昌,廖倩,黄茹. 基于期刊论文的中国地级以上城市知识专业化研究 [J]. 地理科学,2018,38(8):1245-1255.

④ 姚秋蕙,韩梦瑶,刘卫东. 全球服装贸易网络演化研究 [J]. 经济地理,2018(4):26-36.

⑤ 贺灿飞,郭琪,马妍,等. 西方经济地理学研究进展 [J]. 地理学报,2014,69(8):1207-1223.

Yeung，2005）①②。但如何将区域内部网络与跨区域网络结合对其如何在知识生产及知识流动中发挥作用的演化过程，仍须进一步刻画并对其作用机理进行分析。

网络演化问题研究逐渐从对网络节点的结构演化向对产业及技术网络整体轨迹的研究转向。创新网络呈现从单个网络节点到整个网络联系的转向及从单层次网络演化到多层次网络共同演化的趋势。尽管已有不少对地理空间与网络联系相互作用方面的研究，但对全球产业及整体网络演化的研究仍然缺乏。后续对网络演化方面的研究应将地方—全球视角的地理视角集合并向多层次（multi-level）网络整体演化轨迹方面聚焦（Glückler，2017）③。

基于已有研究基础，从关系及演化经济地理视角对网络演化进行不同参与主体间不同联系类型、不同活动类型的整体网络分析，以及更深一层对演化机理的分析，对完善现有的网络演化方面的理论具有研究意义。知识创造及流动对创新意义非凡，由于知识创造主体通常需要进行合作实现知识的创新，企业这一创新主体越来越多地参与到与高校的合作中，不管在基础知识研究或技术知识合作中，高校发挥了越来越重要的作用，甚至已经占据网络中心位置，因此具体明确该主体通过何种关系类型变化推动创新主体间知识再创造及知识流动的问题对网络创新的研究具有重要的实证研究意义。不同主体在地理空间上进行区域内部或跨区域的合作，这种合作关系的建立及变化必然引致区域自身发展轨迹的差异，对区域在网络中发展次序及轨迹的研究为处于不同发展阶段的差异性区域知识网络关系构建提供借鉴及政策建议。

---

① Gereffi G，Humphrey J，Sturgeon T. The governance of global value chains [J]. Review of International Political Economy，2005，12（1）：78-104.

② Yeung H. Rethinking relational economic geography [J]. Transactions of the Institute of British Geographers，2005，30（1）：37-52.

③ Glückler J，Lazega E，Hammer I. Knowledge and Networks [M]. Springer International Publishing，2017.

第二节

区域多层次知识网络关系构建及演化

一、知识网络演化研究新问题

创新过程是系统性的知识突破,需要企业与其他网络参与者共同作用,企业不再独立进行创新,而是通过复杂的互动与外部参与者建立联系(Owen-Smith and Powell,2004;Roper,2008)[①②]。因此,需要用网络联系的视角分析这一问题,与自己进行知识创造相比,企业通过网络联系可获取更多外部知识,而组织间知识流动是弥补创新过程中必要知识的缺失(Storper,2000)[③]。基于已有研究基础,拟解决如下问题。

(1) 从知识网络层面来看,长江经济带装备工业知识网络组织关系特征及演化如何?其中何种组织关系在跨区域知识创造及知识流动中发挥桥接作用?知识子网络间的关系怎样?

从网络演化视角,该问题实质上讨论了整体网络的联系如何作用于演化过程,是什么微观进程推动了知识网络变化,网络闭包联系如何在整体网络演化中发挥作用。已有研究多从网络主体在网络中的位置及与经济产出关系方面进行研究,却忽视了对整体网络关联性及其变化的研究。

(2) 从区域发展层面,嵌入网络研究的不同类型或发展阶段的区域,其发展路径是怎样的,是否遵循某种特定的发展次序?

(3) 区域发展路径如何通过子网络间关系实现,其网络间的关系作用机理是什么?

将网络关系研究嵌入区域发展中,实际讨论了区域在网络中的发展路

---

① Owen-Smith J, Powell W W. Knowledge networks as channels and conduits: The effects of spillovers in the Boston biotechnology community [J]. Organization science, 2004, 15 (1): 5–21.

② Roper S, Du J, Love J H. Modelling the innovation value chain [J]. Research policy, 2008, 37 (6): 961–977.

③ Storper M. Globalization, localization and trade [J]. The Oxford handbook of economic geography, 2000: 146–165.

径,即,根据联系及活动类型对知识网络进行类型划分,并将其嵌入区域发展过程中,对不同区域、不同阶段在网络中的路径变化进行总结,丰富了已有关于区域网络关系方面的研究,为后续多层次知识创新网络相互作用研究提供一定的研究依据,也在一定程度上有助于更准确地制定不同区域间技术和知识的跨区域流动及协同发展战略。

二、知识网络演化研究新内容

本书从经济地理学视角出发,分析区域知识网络关系演化机理及区域在知识网络中的发展轨迹,基于现有对网络演化、知识创新、地理空间相关的研究进行分析,通过理论与实证相结合的方式,得出其网络演化轨迹。主要结构包括绪论、理论及文献综述、长江经济带区域知识网络演化分析、结论展望等内容。

第一部分为总论。分析研究的整体背景及意义,确定研究问题、目标、设计研究内容、方法和技术路线。

第二部分为知识网络演化研究的理论基础。总结国内外经济地理学领域创新网络、知识流动相关的文献,系统地对相关网络创新、网络演化、区域发展等相关的热点内容进行总结。对网络联系与知识流动、地理空间与知识网络、区域发展与网络关系变化等方面的相关研究进行总结,在对已有研究进行归纳的基础上,针对网络、地理空间与知识创造相互作用关系问题研究中存在的不足,对知识网络变化中微观联系层面如何推动网络演化及其作用机理进行总结,通过文献综述及调研访谈总结不同区域在网络中的发展路径。

第三部分为长江经济带装备工业知识网络演化的实证案例分析。该部分主要包括第三章、第四章、第五章和第六章。其中第三章为长江经济带区域发展环境及装备工业的发展评价,该部分主要对长江经济带内部不同区域发展的阶段差异及发展水平差异进行总结,综合评价差异性区域的区域发展情境;另外,对装备工业进行界定和发展情况的评述。第四章基于联合发表论文及联合申请专利的数据,系统分析长江经济带不同区域装备工业知识网络的网络结构特征及随时间的结构变化。第五章基于已有的深度访谈提出区域在网络中发展路径的假设,通过 VAR 模型进行检验,验证嵌入网络研究的不同区域发展路径及变化,并试图总结基于网络关系视角的区域发展路径区域创新或区域经济发展之间的作用关系。第六章基于已有路径关系数据的分析提出假设,通过运用回归分析对基础知识网络与技术知识网络间的相互关系及何种微观关系动力推动其变化的作用机理进行总结。

第四部分为结论与展望,主要为第七章和第八章内容。在上述章节的研究基础上,第七章总结国际知识合作及转化的成功案例,通过对不同国家知识合作构建方式、关键及成效等内容的总结,提出国际经验借鉴总结。第八章进行整体性总结,回答研究理论综述中存在的研究争论及尚待解决的问题,提出研究的理论价值及文章的创新点,并对未来的网络演化研究提供借鉴和建议。

第三节

区域知识网络演化研究可行性

笔者所在研究团队一直从事知识网络及区域创新等方面的相关研究,装备工业创新研究更是近年来的研究重心。导师研究团队围绕装备工业全球及地方创新网络进行了大量的研究分析,研究成果在人文地理及经济地理学相关领域影响显著。在已有研究基础上,笔者尝试进行进一步深化研究,对经济地理学理论体系形成具有重要价值。自 2013 年起,笔者参与导师主持的德国基金会项目"中国装备工业自主创新能力研究"的装备工业调研等多项国内外长江经济带研究方面的相关课题工作,对长江经济带区域产业发展,特别是长江经济带装备工业的发展概况、企业合作及创新网络等方面的现实条件和相关理论都认识颇深。

在上述课题支撑下,2013~2017 年笔者先后在中国(上海)国际工业博览会对长三角的上海振华重工、沪东中华造船有限公司、齐耀动力、东方有线、上海电气、三一重工、上海航天工程装备公司等以及长江西部的云南昆明经济技术开发区管委会、昆明市云内动力集团、昆明台正精密机械有限公司、昆明高新技术产业开发区贵研铂业等企业进行深度访谈,搜集了大量与长江经济带装备工业发展相关的统计资料。同时对区域创新、知识流动、网络演化等方面的国内外相关文献进行了系统性的梳理,逐渐明晰了已有研究的主要争论及可进一步研究的理论问题。在导师研究团队的指导及支持下,笔者开展了不同区域装备工业知识网络演化等方面的研究。2016年1月,在导师推荐及支持下,前往德国海德堡大学与Johannes Glückler教授开展了为期一年的合作,重点聚焦于知识网络演化及区域发展轨迹等方面的研究,其中重要的合作成果也为本书关于长江经济带装备工业知识网络间关系及区域发展路径等方面的研究打下良好基础。

此外,笔者积极参与区域知识网络创新及知识流动等领域相关的国际会议交流。分别于2015年参加英国牛津的"全球经济地理学大会"、2016年4月美国旧金山的"国际地理学年会"以及2016年7月法国巴黎的"数字化资源与创新平台年会",围绕区域知识网络演化等相关主题进行了会议报告,内容涵盖了本书前期的阶段性设想及成果,得到了相关领域专家学者的指导及认可。这些前期的准备工作为本书的理论及实证研究提供了广阔的研究思路,为本书打下了坚实的研究基础。

一、知识网络演化研究方法

(一) 文献分析法

国内外经济学、地理学等不同学科的学者在产业创新升级、技术创新、知识流动、产业集群等相关领域开展大量理论与实证研究,取得一批研究成果。利用"中国学术期刊网""维普中文期刊数据库""万方数据资源系统""Web of Science""Springer Link全文电子期刊""ProQuest学位论文全文数据库"等网络资源,搜集相关著作和论文。

通过大量相关中外文献的总结,对关系经济地理及演化经济地理的相关理论进行归纳,同时将网络演化嵌入区域发展中,总结并比较不同区域的发展轨迹,探讨区域知识网络演化的相关问题。

(二) 问卷调查与深度访谈

通过访谈及问卷等途径开展的实地调研,可深入了解数据背后的意义,对实证研究有更深入的分析把握。调研基础主要分为两大类,包括政府职能部门座谈及企业访谈和问卷。笔者在2013~2017年参与导师课题过程中,曾与相关政府部门及企业进行了多次深入访谈,形成报告、结题评审会议纪要等资料30余份;深度访谈的对象涉及装备工业不同行业部门、不同层面的管理者及技术研发人员,包括企业高管、市场主管、技术研发主管和工程师等,企业管理者能对企业的合作方式等进行整体把握,而技术研发人员则对专业技术知识的产生过程有更深入的了解。访谈形式主要为两类,第一类是基于课题研究需求的企业访谈一般历时1.5~2小时,笔者获取了上海振华重工、沪东中华造船有限公司、齐耀动力、东方有线、云南昆明经济技术开发区管委会、昆明市云内动力集团、昆明台正精密机械有限公司、昆明高新技术产业开发区贵研铂业等企业的相关资料。

第二类是基于问卷基础的访谈一般历时20~30分钟,在中国(上海)国际工业博览会获取了安徽艾夫特智能装备有限公司、汉川数控机床股份公司、上海电气、三一重工、上海航天工程装备公司、上海科比传动技术有限公司、上海发那机器人有限公司等企业的访谈资料。另外,笔者自2013~2017年连续参加中国(上海)国际工业博览会,通过对参展企业的问卷调查,笔者获取有效问卷总共360余份。深度访谈资料及问卷调查帮助本书获取了必要的企业相关数据及资料,提升了本书研究的科学性。

(三)数学模型分析

模型分析用于对已有数据的室内分析,包括社会网络分析法(SNA)、VAR模型及回归分析等方法。SNA和回归分析用于分析知识网络的相互关系及其路径变化关系作用机理,VAR模型及格兰杰检验则用于明晰嵌入网络研究的区域发展轨迹问题。

二、知识网络演化研究技术路线

图1-1为本书的技术路线图。首先,通过国内外关系经济地理学及演化经济地理学的理论综述,分析知识创新、网络关系演化及地理空间之间的相互关系,总结区域知识网络演化的研究框架;通过国家统计局统计的区域经济发展数据、装备工业数据对长江经济带区域情境差异及装备工业发展进

行统计分析。其次，基于 SIPO 的合作专利数据、CNKI 的合作论文数据、企业调研访谈资料等，运用社会网络分析法，分别分析长江经济带的基础知识网络和技术知识网络。分别对网络结构特征、关系演化、网络连通性等多方面进行总结。此外，基于已有的文献的理论推演及访谈资料提出不同区域网络发展路径的假设，并运用 VAR 模型进行路径论证。最后，在网络连通性及区域网络路径差异基础上，结合区域情境差异评价，通过文献分析及企业调研，提出区域网络路径的关系作用机理假设，运用回归分析分别对长三角城市群、长江中部城市群及长江西部城市群的网络路径机理进行论证及系统的归纳，为演化及关系经济地理学理论发展提供新的分析视角。

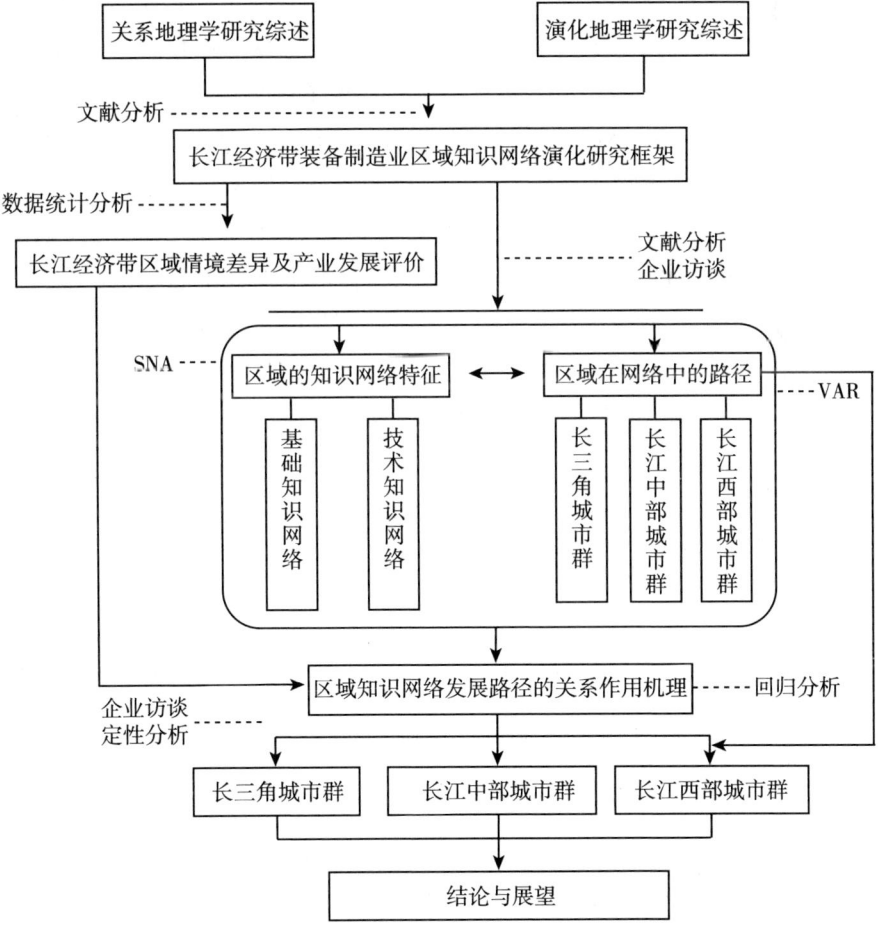

图 1-1 长江经济带装备工业知识网络演化研究的技术路线

第四节

本章小结

创新相关的研究表明,企业会在自己的技术领域开发新的伙伴关系,或与其他企业及研究组织合作,创新其实是一个组织间互动的社会过程,伴随特定人员、社会与空间划分有所差异(毛睿奕、曾刚,2010;Rosenberg,1982;Malecki,1997)[1][2][3]。该过程有两个方面:一方面,企业与合作伙伴从事创新,随时间演进自动嵌入社会关系结构中(Granovetter,1985)[4];另一方面,在不确定或高度动态的技术环境中,企业旨在通过积极将自己嵌入社会网络中以减少风险。其结果是,创新过程由社会关系网络构成(吕国庆等,2014)[5],随时间变得高度依赖于环境和路径(Pavitt,2005;Bathelt and Glückler,2011)[6]。现有研究尚不能完全指出情境对创新的具体作用,而能够揭示该作用基本过程的研究尚不多见。尽管创新过程根据性质的差异而定,但创新过程在不同情况下会有不同发展路径(Strambach and Halkier,2013)[7]。嵌入式行为的结果并不总是正面的。当活动者的权力不对称性比较明显或制度条件不足时,经济行为的情境性会产生路径锁定导致的次优决策。

长江经济带是我国新时期五大国家战略区域之一,经济带内区域异质

---

[1] 毛睿奕,曾刚. 基于集体学习机制的创新网络模式研究——以浦东新区生物医药产业创新网络为例 [J]. 经济地理,2010,30(9):1478-1483.

[2] Rosenberg N, Nathan R. Inside the black box: technology and economics [M]. cambridge university press, 1982.

[3] Malecki E J. Technology and economic development: the dynamics of local, regional, and national change [J]. University of Illinois at Urbana-Champaign's Academy for Entrepreneurial Leadership Historical Research Reference in Entrepreneurship, 1997.

[4] Granovetter, M. 'Economic action and economic structure: The problem of embeddedness', American Journal of Sociology. 1985, 91: 481-510.

[5] 吕国庆,曾刚,顾娜娜. 经济地理学视角下区域创新网络的研究综述 [J]. 经济地理,2014,34(2):1-8.

[6] Bathelt H, Gluckler J. The Relational Economy: Geographies of Knowing and Learning [J]. Oup Catalogue, 2011, 46(2): 273-275.

[7] Strambach S, Halkier H. Reconceptualising change. Path dependency, path plasticity and knowledge combination [J]. Zeitschrift für Wirtschaftsgeographie, 2013, 57(1-2): 1-14.

性差异大，通过论文合作、专利合作、区域装备工业基础数据解析异质区域知识网络演化过程及发展路径，深入探讨异质性区域知识应用及转化作用机理，对区域创新及实现区域间协同发展具有重大推动意义，对提升我国区域创新协同及区域经济具有重要价值。

基于关系经济地理及演化经济地理学中对网络联系、知识创造及地理空间相互作用的研究基础，尝试系统分析不同知识网络间的相互关系及其作用机理，并将网络演化嵌入区域发展路径研究中，总结不同区域在知识网络中的发展轨迹，并尝试对网络和地理空间在知识创造中发挥作用的机理进行更深层次的解析。首先，系统梳理网络及地理空间在知识创造及知识流动中的关系，分析两者相互作用机理，并将上述分析结合应用到装备工业区域知识网络演化的研究中；其次，在此基础上，对代表中国不同发展阶段、不同发展水平的三个区域进行区域内部及跨区域网络的比较，进一步基于知识子网络间的关系进行分析，归纳两者如何相互作用的机理；最后，将网络研究嵌入区域发展层面，分析上述三个区域在知识网络中的发展路径，并尝试将这种区域在网络中的发展路径与区域创新及区域经济发展之间的关系进行总结。

第二章

知识网络演化理论研究进展

创新过程的社会性这一认识,产生了关于网络、生产者、用户互动和创新系统发展的丰富文献(Von Hippel,1977;Lundvall,2002;Gertler,1993)[1][2][3]。然而,这一观点也有自身的缺陷,即过于关注社会学习过程,导致过度强调供应商、生产商、用户和服务提供商间的垂直关系。因此,关于创新网络的研究通常侧重运营在价值链不同阶段的企业间关系,且多为非直接竞争关系企业关系(Malmberg and Maskell,2002)[4]。在网络互补关系中,非预期的知识转移风险相对较低且潜在益处较多。而组织间也存在水平学习过程,该过程在发达国家和发展中国家的案例研究中都对创新起重要的推动作用。该过程的基础是价值链在同一层次相互竞争的企业间的作用关系。这种关系中的企业会尽量减少知识溢出,且与其他企业或组织间互动关系并不密切。因此,这种过程是通过间接观察和比较而非直接

---

[1] Von Hippel E A. Has a customer already developed your next product? [J]. Sloan Management Review (pre-1986),1977,18(2):63.

[2] Lundvall B Å. The learning economy: challenges to economic theory and policy [J]. A Modern Reader in Institutional and Evolutionary Economics: Key Concepts. Cheltenham: Edward Elgar, 2002: 26 – 47.

[3] Gertler, Meric S. Implementing Advanced Manufacturing Technologies in Mature Industrial Regions: Towards a Social Model of Technology Production [J]. Regional Studies, 1993, 27 (7): 665 – 680.

[4] Malmberg A, Maskell P. The elusive concept of localization economies: towards a knowledge-based theory of spatial clustering [J]. Environment and Planning A: Economy and Space, 2002, 34 (3): 429 – 449.

互动和交流产生的学习过程。正如近年产业集群相关的研究文献强调的，创新是垂直和水平关系互动的联合产物，这种互动的产生有利于保持持续学习的动态知识生态系统（Bathelt and Glückler，2011）[①]。基于创新网络研究中知识、网络、地理空间三者关系的讨论，首先分别从知识创造、知识类型划分、知识属性、知识流动等方面讨论知识与网络的相互作用关系；其次，总结知识网络与地理空间的相互关系，从知识溢出、知识流动等角度开展；再次，从知识网络和地理空间随时间变化的过程角度，讨论网络演化与区域经济发展的作用过程；最后，纳入对装备工业特殊性的考量，对装备工业技术及知识合作已有研究及存在的不足进行分析，为开展装备工业知识网络演化研究奠定基础。

第一节

知识流动与网络关系

过去 20 年，对网络关系的研究及应用出现于管制研究的相关领域，如两个企业间的战略合作伙伴在哪，均被认为是网络。网络理论认为所有形式的相互联系都是网络，并认为在能进行学习的市场或企业也是网络的形式之一（White，1990；Baker，1990）。网络是拥有一定资产的人与人之间的特殊联系，这些联系的附加属性从整体上可以用于解释嵌入网络中主体的社会行为（Mitchell，1969）。网络的定义包含隐含的含义：首先暗示了网络关系是分析网络分析的焦点，而关系的特殊结构常被用来研究特殊关系结构及集体活动（Mizruchi，1994；Gulati，1998）。这种结构并非虚拟而是实在的，因为网络结构可以通过实证研究与经济活动直接相关。此外，实证网络研究总是在概念上对社会结构分析的缩小化研究（Marsden，1990）。

知识是企业提高创新能力的关键之一。Polanyi（1993）[②] 首先将知

---

① Bathelt H, Gluckler J. The Relational Economy: Geographies of Knowing and Learning [J]. Oup Catalogue, 2011, 46 (2): 273-275.

② Podolny J M. A status-based model of market competition [J]. American journal of sociology, 1993, 98 (4): 829-872.

识分为隐性/默会/非编码（Tacit）知识和显性/编码知识。有些学者把隐性知识定义为主观的、有形的知识，这种知识不能用语言来表达。OECD（1992）[①] 将知识分为事实知识、原则知识、技能知识和人际知识四大类。其中，前两种被称为显性知识，后两者是隐性知识。OECD 认为显性知识是编码的、形式化的、易于传播的知识；隐性知识是指非编码的、非结构化的、非系统的知识。可以看出，二分法的知识已被广泛认可。同时，隐性知识对创新能力的提高起着重要作用。显性知识在企业的知识资源中只是很小的一部分，隐性知识与人力资源、管理制度和企业文化和价值等方面则深深植根于企业，是企业核心竞争力的重要组成部分。

一、知识创造与网络关系

在网络研究及创新相关的理论中，关注点主要集中于：联系的存在及其质量、网络中特殊位置、区域（子网络）特征等方面，同时讨论其对社会产出如经济绩效或创新的促进或阻碍作用（李二玲、李小建，2009；鲁新，2010；解学梅等，2013）[②③④]。首先，已有研究运用"结构洞"理论解释创新产出（Burt，2000）[⑤]，该理论争论的是当网络主体享有结构自主性的结构时，即当网络主体间处于无冗余的联系状态时网络主体就达到了创新的程度（Burt，2004）[⑥]，对"结构洞"的研究激发了很多关于网络结构位置社会产出的创新理论研究。另一个与"结构洞"理论相似的为网络

---

① OECD. Proposed Guidelines for Collecting and Interpreting Technological Innovation Data. Oslo Manual, Paris: Organisation for Economic Co-Operation and Development. 1992.

② 李二玲，李小建. 欠发达农区传统制造业集群的网络演化分析——以河南省虞城县南庄村钢卷尺产业集群为例 [J]. 地理研究，2009，28（3）：738 – 750.

③ 鲁新. 创新网络形成与演化机制研究 [D]. 武汉：武汉理工大学硕士学位论文，2010.

④ 解学梅，左蕾蕾. 企业协同创新网络特征与创新绩效：基于知识吸收能力的中介效应研究 [J]. 南开管理评论，2013，16（3）：47 – 56.

⑤ Burt R. The network structure of social capital [J]. Research in organizational behavior, 2000, 22：345 – 423.

⑥ Burt R. Structural holes and good ideas [J]. American journal of sociology, 2004, 110（2）：349 – 399.

结构叠置,关注知识的产生并对新知识的接受,认为新知识是对多元化知识基础(进行区分的凝聚子网络)进行重组的成果。重组主要依靠不同结构层之间的相互凝聚,是多元凝聚子群叠置的那些位置及由此对多元资源产生相似的可获取性。与"结构洞"理论不同的研究视角是强调网络关系(郭毅等,2003)[①]的闭包作用,认为网络非冗余关系所产生的闭包有助于知识的流动及创新的产生。而与网络凝聚所产生的叠置视角不同,认为网络的凝聚只是有助于新知识的扩散及复制,新知识的产生源于网络结构的自主变化及网络的代理性特征(Fleming,2007)[②]。

创新的产生与网络特征及知识产出相关,网络有助于实现从知识创造到信息转化的过程(魏旭等,2006)[③]。这也讨论了基于联系视角的网络变化过程问题,该过程中的累计机制如偏好依附、同质性及多层次网络成为近年经济地理学网络演化研究的热点(Powell,2005)[④]。对网络关系演化的研究为探究产业、技术、知识与创新或区域增长之间相关性的重要方式(Boschma,2010)[⑤]。现有研究中对组织理论、社会及经济领域的研究,已大量阐述了网络对创新及知识流动的作用过程。流动的"资本化机制"可从几个较宽泛的层面进行概括:

首先,正式关系网络理论研究核心包括网络结构位置会作用于企业创新。实证研究指出在企业间关系组成的企业网络中,企业中心性会显著增强企业的创新绩效。社会网络分析法为网络分析提供了不同的测度方式。最常见的是对度数中心性、中介中心性以及邻近中心性以及能力中心性(power)的测度,认为结构的中心性是企业创新的重要作用因素(Owen-

---

① 郭毅,朱扬帆,朱熹. 人际关系互动与社会结构网络化——社会资本理论的建构基础[J]. 社会科学,2003(8):64-74.

② Fleming L, King III C, Juda A I. Small worlds and regional innovation [J]. Organization Science, 2007, 18(6):938-954.

③ 魏旭,张艳. 知识分工、社会资本与集群式创新网络的演化[J]. 当代经济研究,2006(10):24-27.

④ Powell W W, White D R, Koput K W, et al. Network dynamics and field evolution: The growth of interorganizational collaboration in the life sciences [J]. American journal of sociology, 2005, 110(4):1132-1205.

⑤ Boschma R, Frenken K. The spatial evolution of innovation networks. A proximity perspective [J]. The handbook of evolutionary economic geography, 2010:120-135.

smith and Powell, 2004; Powell, 1996; Whittington, 2009) [1][2]。另一概念是网络主体倾向于建立跨组织边界的合作关系（如不同部门、产业及劳动分工等方面）。如果网络主体与区域外网络主体保持联系而不是与本地保持更高的联系，那么就能从外部知识源获取创新及新知识。一些研究证明，在核心与边缘之间的社会网络中间地带是最有利于创新发展的网络位置（Cattani and Ferriani, 2008）[3]。

其次，关系存在及其数量多少通常对企业的知识创造有积极的作用：合作增强组织间的学习。组织学习是获取外部知识源的主要功能也是运用外部知识的组织技能和惯例（routines）（Powell, 1994）[4]。企业对外合作是为了获取具有竞争力的服务、技术及商品（Pfeffer and Salancik, 1978）[5]。与其他企业的合作使本企业能获取新市场，降低公用基础设施的成本，建立互信基础并通过对不同知识及不同领域知识的重新组合实现协同创新（Podolny, 1993）[6]。与之相关的争论为：关系实现了网络的连通性及不同组内成员之间的联系（Owen-smith and Powell, 2004）[7]。战略联盟能在增强企业自身能力的同时增强其他成员的能力（Baum, 2000）[8]。

此外，主体间联系质量也会影响企业表现/绩效。联系的能力被定义

---

[1] Owen-Smith J, Powell W W. Knowledge networks as channels and conduits: The effects of spillovers in the Boston biotechnology community [J]. Organization Science, 2004, 15 (1): 5 – 21.

[2] Whittington K B, Owensmith J, Powell W W. Networks, Propinquity, and Innovation in Knowledge-intensive Industries [J]. Administrative Science Quarterly, 2009, 54 (1): 90 – 122.

[3] Cattani G. A core/periphery perspective on individual creative performance: social networks and cinematic achievements in the Hollywood film industry [J]. Organization Science 2008 (19): 824 – 844.

[4] Powell W, Smith-Doerr L. Networks and economic life [J]. The handbook of economic sociology, 1994, 368 – 380.

[5] Pfeffer J, Salancik G R. The external control of organizations: A resource dependence approach [J]. NY: Harper and Row Publishers, 1978.

[6] Podolny J. M. A status-based model of market competition [J]. American Journal of Sociology. 1993 (98): 829 – 872.

[7] Owen-Smith J, Powell W W. Knowledge networks as channels and conduits: The effects of spillovers in the Boston biotechnology community [J]. Organization Science, 2004, 15 (1): 5 – 21.

[8] Baum J. Don't go it alone: alliance network composition and startups' performance in Canadian biotechnology [J]. Strategic Management Journal 2000 (21): 267 – 294.

第二章 知识网络演化理论研究进展

为关系嵌入（Granovetter，1985；Uzzi and Lancaster，2003）[1][2]，就是网络参与者间联系的质量及密集度，联系作用在于期望产出及其对环境条件产生作用。而 Granovetter（1973）证明弱联系是新信息的主要来源，Nelson（2002）[3] 认为不同组织间的强联系对避免冲突有很重要的作用。对比研究证明联系的能力（tie strenth）对企业的影响表现在产业演化的阶段。强联系有助于企业早期扩大市场及增强技术（如半导体产业），弱联系在企业发展成熟的阶段发挥更有利的作用，如钢铁工业（Rowley，2000）[4]。为增强联系的作用方面的研究，经济地理学理论中邻近性的研究理论化研究了不同尺度下（认知、社会、体制及组织，物理距离等）创新产出与网络参与者相似性之间的关系（Boschma and Frenken，2010；Boschma，2005）[5][6]。

网络、知识创新及区域发展等方面相关问题的研究已经很多。基于网络主体结构研究的两种基本观点可以概括为：一种观点认为，网络主体位置对其自身活动产出的影响；另一种观点认为，网络结构对集体产出的作用。经济地理学的研究主要多集中于前一种研究，即通过空间或网络因素解释单个节点的网络特征，或是进一步通过节点的特征解释经济产出及区域发展问题，如网络中心性对创新的作用（Huggins and Prokop，2016）[7]。基于网络主体研究观点多将企业创新看作在地理及战略上的综合体现（连远强，2016）[8]。

---

[1] Granovetter, M. 'Economic action and economic structure: The problem of embeddedness', American Journal of Sociology. 1985 (91): 481–510.

[2] Uzzi B, Lancaster R. Relational embeddedness and learning: The case of bank loan managers and their clients [J]. Management science, 2003, 49 (4): 383–399.

[3] Nelson R R, Winter S G. Evolutionary theorizing in economics [J]. Journal of economic perspectives, 2002, 16 (2): 23–46.

[4] Rowley T, Behrens D, Krackhardt D. Redundant governance structures: An analysis of structural and relational embeddedness in the steel and semiconductor industries [J]. Strategic management journal, 2000, 21 (3): 369–386.

[5] Boschma R, Frenken K. The spatial evolution of innovation networks. A proximity perspective [J]. The handbook of evolutionary economic geography, 2010: 120–135.

[6] Boschma R. Proximity and innovation: a critical assessment, Regional Studies, 2005 (39): 61–74.

[7] Huggins R, Izushi H, Prokop D. Networks, Space and Organizational Performance: A Study of the Determinants of Industrial Research Income Generation by Universities [J]. Regional Studies, 2016, 50 (12): 2055–2068.

[8] 连远强. 国外创新网络研究述评与区域共生创新战略 [J]. 人文地理, 2016 (1): 26–32.

该类研究的核心理念为网络主体在网络中的结构位置对其能力及信息和知识的可获取性产生一定作用（Freeman，2006）[1]。经济地理学中研究多通过对网络中心性的测度来研究其对企业创新的作用（Owen-Smith and Powell，2004；Giuliani，2007；Whittington，2009）[2][3][4]。微观企业层面对网络中心性、中心度、凝聚子群等网络结构属性变化的描述，分析在创新网络中不同主体网络位置的变化及其意义，讨论网络节点位置结构变化与创新或区域发展的关系问题。对单一节点网络位置及其与经济产出关系的研究对后续研究打下重要的研究基础，但将个体网络参与者或二元网络联系性作为研究重点，从某种程度上忽略了对整个网络的分析与关注，忽视了将网络作为一个整体而对其关联性（connectivity）的研究（Glückler，2016）[5]，如网络联系的组成对其演化的作用等方面问题，已有研究指出网络单个节点的属性对网络整体结构及演化没有过多作用（Conti and Doreian，2010，2012）[6]。因为网络本身的含义就是：由一系列人或组织组成的联系，这些联系的附加属性从整体上可以用于解释嵌入网络中主体的社会行为（Mitchell，1969）[7]。网络的内涵暗示在网络分析中网络联系而并非网络节点才是需要关注的重点（Glückler，2007，2013）[8][9]。

---

[1] Freeman J H, Audia P G. Community ecology and the sociology of organizations [J]. Annu. Rev. Sociol, 2006 (32): 145 – 169.

[2] Owen-Smith J, Powell W W. Knowledge networks as channels and conduits: The effects of spillovers in the Boston biotechnology community [J]. Organization science, 2004, 15 (1): 5 – 21.

[3] Giuliani E. The selective nature of knowledge networks in clusters: evidence from the wine industry [J]. Journal of Economic Geography, 2007, 7 (2): 139 – 168.

[4] Whittington K B, Owensmith J, Powell W W. Networks, Propinquity, and Innovation in Knowledge-intensive Industries [J]. Administrative Science Quarterly, 2009, 54 (1): 90 – 122.

[5] Glückler J, Panitz R. Unpacking social divisions of labor in markets: generalized blockmodeling and the network boom in stock photography [J]. Social Networks, 2016 (47): 156 – 166.

[6] Conti N, Doreian P. Social network engineering and race in a police academy: A longitudinal analysis [J]. Social networks, 2010, 32 (1): 30 – 43.

[7] Mitchell J C. The concept and use of social networks [J]. Social networks in urban situations, 1969.

[8] Glückler J. Economic geography and the evolution of networks [J]. Journal of Economic Geography, 2007, 7 (5): 619 – 634.

[9] Glückler J. Knowledge, networks and space: connectivity and the problem of non-interactive learning [J]. Regional Studies, 2013, 47 (6): 880 – 894.

二、知识类型与网络关系

组织间网络研究主体主要包括企业（本地企业、跨国公司及其分支）、高等院校、科研机构、中介机构等。高校或科研机构的组织责任是进行知识特别是基础型知识的生产，其成果主要表现为发表科研论文及培养专业研究人才等方面；企业通过充分运用与高校合作获取学术研究知识，这种合作成为知识网络的重要组成并在某种程度上引领发展及经济繁荣（Fritsch and Slavtchev, 2007）[1]。企业间的合作或企业与中介机构间的合作产生的主要为应用型技术知识，该类合作多出于技术研发需求或满足市场产品或服务的需求而产生，表现形式多为合作申请专利或产出新产品等（Storper and Venables, 2004）[2]。

获取、吸收及进行知识转化是实现创新的重要过程，因此对知识创造、知识流动等问题的讨论成为网络研究的核心问题。现有研究逐渐从单一的企业间合作网络转向不同主体的组织间合作网络转向，高校被证实已逐渐成为知识生产的主体，并在产业经济发展的创新中起引领作用（Fritsch, 2002；Huggins, 2008）[3][4]。知识产生及进程不仅从个人企业或组织产生，外部的知识提供者如高校成为现代创新程序中重要的关键因子。对高校知识的应用一方面与企业规模及行业类型都有关系（Santoro and Chakrabarti, 2002；Schartinger, 2002）[5][6]，如研究密集型企业及高校的同

---

[1] Fritsch M, Slavtchev V. Universities and innovation in space [J]. Industry and innovation, 2007, 14 (2): 201–218.

[2] Storper M, Venables A J. Buzz: face-to-face contact and the urban economy [J]. Journal of economic geography, 2004, 4 (4): 351–370.

[3] Fritsch M. Measuring the quality of regional innovation systems: A knowledge production function approach [J]. International Regional Science Review, 2002, 25 (1): 86–101.

[4] Huggins R, Johnston A, Steffenson R. Universities, knowledge networks and regional policy [J]. Cambridge Journal of Regions, Economy and Society, 2008, 1 (2): 321–340.

[5] Santoro M D, Chakrabarti A K. Firm size and technology centrality in industry-university interactions [J]. Research Policy, 2002, 31 (7): 1163–1180.

[6] Schartinger D, Rammer C, Fischer M M, et al. Knowledge interactions between universities and industry in Austria: sectoral patterns and determinants [J]. Research Policy, 2002, 31 (3): 303–328.

区位，即在同一区域内可以引导创新合作的产生（Laursen，2012）①。这证明了位于核心区域（有更密集的研发劳动力）的企业比位于边缘区域的企业具有更好的机会与大型研发企业形成联系（Crescenzi，2015）②；与大企业相反，有企业家精神的小企业邻近高校时更倾向于低成本寻找合作伙伴，因为通过邻近性可获得高校溢出的隐性知识（Alcacer and Chung，2007）③；升级的国家或跨国学术—产业合作关系证明，不管企业，特别是大型企业或技术密集型企业或高校都认为知识流动受空间限制（Huggins，2008）④。更多的研究强调企业倾向于与高校建立合作关系并不在意它们之间的位置，进而可以获取知识产权优势及政府在产业—高校合作关系中的鼓励政策。其中，大型企业与高校之间的联系是双向的，而中小企业与高校之间的联系往往是单向的，与小企业的合作关系中知识从高校流向企业，合作目的只是获取进入商业或产业团体的准入，与大型企业相比，它们被认为是次级或者有合作利益才会选择的合作对象。因此，与高校等外部组织的密切合作过程必然不只是与一种形式的组织产生联系，其实质是与不同类型的网络参与者共同合作的过程（Huggins，2008）。

另一方面与知识类型及从事的不同活动类型相关，如知识有很多不同类型，普遍的知识划分包括隐性/显性知识，显性知识是能够很容易在个人之间传播的信息，而隐性知识如技能、能力、天赋等很难以通过口头或符号形式传递给他人（Nonaka and Takeuchi，2000）⑤。基于正式合作途径建立的信息交流平台，使创新过程中所需的知识大致可被划分为两类，基础型科研知识和应用型技术知识（Karlsson，2004）⑥。在知识

---

① Laursen K, Masciarelli F, Prencipe A. Regions matter: how localized social capital affects innovation and external knowledge acquisition [J]. Organization Science, 2012, 23 (1): 177-193.

② Crescenzi R, Gagliardi L, Iammarino S. Foreign multinationals and domestic innovation: Intra-industry effects and firm heterogeneity [J]. Research Policy, 2015, 44 (3): 596-609.

③ Alcacer J, Chung W. Location strategies and knowledge spillovers [J]. Management Science, 2007, 53 (5): 760-776.

④ Huggins R, Johnston A, Steffenson R. Universities, knowledge networks and regional policy [J]. Cambridge Journal of Regions, Economy and Society, 2008, 1 (2): 321-340.

⑤ Nonaka I, Toyama R, Konno N. SECI, Ba and leadership: a unified model of dynamic knowledge creation [J]. Long range planning, 2000, 33 (1): 5-34.

⑥ Owen-Smith J, Powell W W. Knowledge networks as channels and conduits: The effects of spillovers in the Boston biotechnology community [J]. Organization Science, 2004, 15 (1): 5-21.

创新网络中，不同网络主体基于不同的合作目的和合作活动形成不同的联系，不同联系会在整个知识创新网络中形成不同类型的知识子网络（Owen-Smith，2004，2009）[1][2]。按知识的类型划分，基于已有研究可将整个知识创新网络拆分成两个子网络，即代表基础科研知识层面的合作论文网络与代表技术知识层面的合作专利网络。知识联系子网络都涵盖组织间不同类型及不同尺度的联系，即，包括区域内及跨区域的高校/公共研究机构—企业，企业—企业，高校/公共研究机构—高校/公共研究机构之间的联系。需要注意的是，这两个子网络并非相互独立的而是相互联系的。

从地理学研究来看，要将不同层面的网络活动放到地理学视角下，提出不同地理情境下如何随时间的变化影响网络体系内部关系以及不同区域间的网络参与者如何参与这些活动的。如将知识网络参与者所在区域嵌入网络研究中，是否能发现区域的某种发展路径或顺序？或不同区域情境下知识溢出的路径是不同的？例如，在某些区域，其遵循一般的规律从内部/外部指向的基础型研究开始，进而实现内部/外部指向知识的应用转化最终作用于区域创新；然而这并不是唯一路径，在其他区域其还可能遵循反向的推进过程。将知识子网络结合到一起后，是否能够更好地刻画究竟是什么（联系）推动了整个知识网络的轨迹变化？区域间知识创造及流动过程中，知识子网络间是怎样相互作用的？其又对区域发展如何发挥作用？这方面的研究可以更好地解释并理解将经济区视角嵌入后的知识创新网络结构及变化轨迹。

三、知识属性与网络流动

知识并非仅是资源生产性利用的产物，就特性而言，实质被视为一种关系性资源。通常将知识区分为显性知识或可编码知识、隐性知识、默会

---

[1] Owen Smith J, Powell W W. Knowledge networks as channels and conduits: The effects of spillovers in the Boston biotechnology community [J]. Organization Science, 2004, 15 (1): 5-21.

[2] Whittington K B. Owen Smith J. Networks. Propinquity, and Innovation in Knowledge Intensive Industries [J]. Administrative Science Quarterly, 2009, 54 (1): 90-122.

知识或不可编码的知识（Gertler，2004；Nonaka，1995）[1][2]。可编码知识是一种能够以法则或公式的形式写下来的知识。尽管显性知识的转移相对容易，但对这种知识的综合性理解需要额外的科学知识和经验，而这些额外的知识未必是显性的，这些额外的因素可能是包含默会认知的实践。Polanyi（1967）对默会知识进行了界定，提出"我们知晓的比我们能够说出得要多"。据Polanyi所述，在事件的预期上，主体将其注意力全都集中于该事件或信号上，而没有有意识地注意到触发事件发生的原因时，隐性知识就会发生。这种观点有助于理解问题解决的程序以及复杂生产过程的管理和控制。

在将企业视为知识创造者的观点中（Nonaka，2000）[3]，知识被视为基于资源的企业观（Wernerfelt，1984）[4]，知识是企业的决定性资产，知识的创造是企业产生和维持竞争力的关键机制。从该理论研究来看，知识被视为发展学习型经济的关键资源（Boekema et al.，2000；Lundvall and Johnson，1994）[5][6]。相关文献也提出，基于知识的研究视角来认识本地化的产业网络或集群的重要性（Bathelt，2002；Malmberg and Maskell，2002；Maskell，2001b）[7][8]。仅基于企业同资源区位间的物质联系难以提供充分解释。知识不是保证经济成功的资源，也不是作为生产投入的内在或预定

---

[1] Gertler M S. Manufacturing culture: The institutional geography of industrial practice [M]. Oxford University Press，2004.

[2] Nonaka I, Takeuchi H. The knowledge-creating company: How Japanese companies create the dynamics of innovation [M]. Oxford university press，1995.

[3] Nonaka I, Toyama R, Konno N. SECI, Ba and Leadership: a Unified Model of Dynamic Knowledge Creation [J]. Long Range Planning, 2000, 33 (1): 5 – 34.

[4] Wernerfelt, B.. A resource-based view of the firm [J]. Strategic management journal, 1984, 5 (2)，171 – 180.

[5] Boekema F, Morgan K, Bakkers S, et al. Knowledge, Innovation and Economic Growth: The Theory and Practice of Learning Regions [C] // 2000.

[6] Lundvall B, Johnson B. The learning economy [J]. Journal of industry studies, 1994, 1 (2): 23 – 42.

[7] Malmberg A, Maskell P. The elusive concept of localization economies: towards a knowledge-based theory of spatial clustering [J]. Environment and Planning A: Economy and Space, 2002, 34 (3): 429 – 449.

[8] Maskell P, Bathelt H, Malmberg A. Temporary clusters and knowledge creation: the effects of international trade fairs, conventions and other professional gatherings [J]. 2001b.

结果。一个特定问题的解决方案与不同类型知识的组合结合方式有关（Lundvall and Johnson，1994）。为解决相关问题，有必要识别知识的相关内容（know-what），找到有能力的合作伙伴（know-who），适合于特定问题情境（know-why），认清如何有效地结合和运用知识（know-how）。该描述清楚地揭示知识的关系性特征，知识是社会关系的建构。

与物质性的资源不同，知识存量可通过密集的使用被拓展（Maskell，2001）[①]。而用"库存"观念来看待知识在关系理论框架中是有问题的。关系方法意味知识乃至其他资源的利用及价值基本是开放的和不断变化的。因此，正如 Ibert（2007）[②] 所提出的，弃用"库存"概念更合适。使用"库存"概念仅作为临时的基准点来描述在特定时间和地点所积累的资源数量和价值。知识主要从两个方面区别于物质性资源和产品。

Teece（1977）提出知识转移思想，认为企业积累的大量跨境应用知识，通过国际技术实现知识的转移。Smith（1995）将知识流动定义为实体与其他实体共享和交换知识资源的知识溢出、知识扩散和积累效应。Hendriks（1999）[③] 从关系研究角度定义知识流动，认为知识流动是一种传播过程间的知识转移，知识转移意愿通过各种途径，如演讲、教授方式，与其他组织或个人进行沟通，从而实现知识的外部化；知识接收方通过和别人沟通能力模仿、阅读等，并能接受知识的内化。王缉慈等（2001）认为知识流是由不同个体（组织或个人）间的相互作用的知识扩散、转移造成的，共享和生长所造成的知识的过程，创新是知识流动的结果。因此，知识流动是基于知识资源的扩散和吸收。Kogut 和 Zander（1993）[④] 认为，知识显性化程度与知识流动效率呈正相关关系。Szulanski

---

[①] Maskell P. Towards a knowledge-based theory of the geographical cluster [J]. Industrial and corporate change，2001，10（4）：921–943.

[②] Ibert O. Towards a geography of knowledge creation: the ambivalences between 'knowledge as an object' and 'knowing in practice' [J]. Regional Studies，2007，41（1）：103–114.

[③] Hendriks P. Why share knowledge? The influence of ICT on the motivation for knowledge sharing [J]. Knowledge and process management，1999，6（2）：91–100.

[④] Kogut B，Zander U. Knowledge of the firm and the evolutionary theory of the multinational corporation [J]. Journal of international business studies，1993，24（4）：625–645.

(1996)①、Simonin（1999）② 发现隐性知识和知识流动效率的程度呈负相关关系。Hansen（2000）③ 基于知识复杂性实证研究表明，知识复杂性越高，组织间知识流动就越困难。一般隐性知识只能在一定范围内传播，具有一定地理空间局限性。然而，隐性知识也可通过跨区域交流的"全球管道"来实现（Bathelt，2004）④。

各种交流与互动是知识流动的重要载体和主要途径。根据知识流动的不同方式，可分为正式的和非正式的交流互动。正式知识交流是指由经济或契约关系约束形成的网络成员之间的知识流动；非正式的互动网络则是通过非正式知识交流与合作的各种类型的关系，其中，知识共享和知识流动基于社会关系和个人关系实现，主要是以地缘或血缘为基础的社会关系。正式的知识联系在一定程度上制约了机会主义行为。因此，网络内的正式联系是相对稳定的，有利于知识资源，特别是显性知识的空间传播。正式联系形式的关系包括研发协议，共同参与行业技术标准。但同时，也不能忽视非正式联系的重要性。与正式接触相比，学者们更关注非正式联系对知识流动和创新网络的影响。非正式知识联系是知识空间传播的有效途径，对隐性知识流动具有重要意义。非正式知识的实现具有多种多样的方式，包括面对面交流、区域劳动力流动、行业协会参与等活动。Wenger（2002）⑤ 指出非正式网络是通过组织实践、技能、经验和反馈来传递信息的最佳方式。硅谷的研究也表明，非正式的社会网络大大促进技术交流和知识转移（Lee et al.，2000）⑥。应洪

---

① Szulanski G. Exploring internal stickiness: Impediments to the transfer of best practice within the firm [J]. Strategic management journal, 1996, 17 (S2): 27 – 43.

② Simonin B L. Ambiguity and the process of knowledge transfer in strategic alliances [J]. Strategic management journal, 1999: 595 – 623.

③ Hansen K. From selling to relationship marketing at international trade fairs [C] //Journal of Convention & Exhibition Management. Taylor & Francis Group, 2000, 2 (1): 37 – 53.

④ Bathelt H, Malmberg A, Maskell P. Clusters and knowledge: local buzz, global pipelines and the process of knowledge creation [J]. Progress in human geography, 2004, 28 (1): 31 – 56.

⑤ Wenger G C, Tucker I. Using network variation in practice: Identification of support network type [J]. Health & Social Care in the Community, 2002, 10 (1): 28 – 35.

⑥ Lee C M. The Silicon Valley edge: A habitat for innovation and entrepreneurship [M]. Stanford University Press, 2000.

斌、沈瑶（2009）[①]研究发现，在隐性知识程度较高的情况下，非正式网络可以有效促进隐性知识的传递。Pyka（2000）[②]证明了在高新技术产业发展的早期阶段，由于主导产业技术标准的缺乏，企业间的非正式接触将有显著的增量发展过程，企业往往会选择合作而非相互封闭。正式与非正式联系是互补的关系，正式的联系往往是由行业早期的非正式接触发展而来的（Powell and Smith-Doerr，2005）[③]，同时，长时间的正式连接和非正式接触也可以促成区域的繁荣发展，提升区域创新能力。

近年经济地理学的"实践（行为）转向"令人信服地展示了将人们对知识的视角转向知识循环的实践视角的必要性（Faulconbridge，2006；Ibert，2007）[④]。这与关系方法契合，关系方法将知识视为流动和不断变化的，而非有预定的、明确应用的特定目标。知识在主体间使用和交流，这将赋予其新的适用性，或加强其现有应用。因此，知识不可能像其他商品一样通过独立交易来销售或存储。知识是处于特定情境下的并在这些情境中创造出经济行动的机会。这就要求跨文化、政治或制度边界而对知识进行有意义的解释和翻译（Latour，1986）[⑤]。从这层意义上讲，咨询和其他知识密集型企业不断增加的重要性反映了企业对获得新知识实践和过程的需要，而不是知识产品本身。

组织间各种交流与互动是知识流动的重要载体和主要途径。正式知识交流是指由经济或契约关系约束形成的网络成员之间的知识流动；非正式的互动网络则是通过非正式知识交流与合作的各种类型的关系，知识共享和知识流动基于社会关系和个人关系实现（Freeman，1991）[⑥]，主要以地

[①] 应洪斌，沈瑶. 非正式网络中隐性知识传递的影响机制研究［J］. 科研管理，2009，30（4）：130–137.

[②] Pyka A. Informal networking and industrial life cycles［J］. Technovation，2000，20（1）：25–35.

[③] Powell W W, White D R, Koput K W, et al. Network dynamics and field evolution：The growth of interorganizational collaboration in the life sciences［J］. American journal of sociology，2005，110（4）：1132–1205.

[④] Faulconbridge, J. R. Stretching tacit knowledge beyond a local fix? Global spaces of learning in advertising professional service firms［J］. Journal of Economic Geography，2006，6（4）：517–540.

[⑤] Latour B. Visualization and cognition［J］. Knowledge and society，1986，6（6）：1–40.

[⑥] Freeman C. Networks of innovators：a synthesis of research issues［J］. Research policy，1991，20（5）：499–514.

缘或血缘为基础的社会关系。正式知识联系在一定程度上制约了机会主义行为。因此，网络内的正式联系是相对稳定的，有利于知识资源，特别是显性知识的空间传播。正式联系形式的关系包括研发协议，共同参与行业技术标准。

四、知识流动与网络连通

对知识特别是契约化的信息型知识转化方面的研究认为，信息的流动性及转化与知识的质量、网络参与者及社会情境等都存在一定的相关性（Argote，2003）[1]：首先，知识的粘性（Von Hippel，1977）[2]、随机模糊性（Lippman and Rumelt，1982）[3] 及专有知识等（Uzzi and Lancaster，2003）[4] 特性是影响信息可获取、转化及诠释新知识的有效作用力。研究认为空间邻近性实现了网络主体获取复杂的知识，而远距离阻隔了情境知识所需的模糊因果关系（Sorenson，2006）[5]。这是因为复杂的知识在远距离很难实现跨距离的联系，因此邻近性可以通过实现复杂知识可获取来调节知识的溢出（Sorenson，2001）[6]。其次，主体属性，如网络主体的吸收能力（Cohen and Levinthal，1990；Zahra and George，2002）[7][8]、地位及主体质量等都影响对新知识的吸收。最后，参与主体间的关系质量也会影响社会

---

[1] Argotel. Managing knowledge in organizations: an integrative framework and review of emerging themes [J]. Management Science 2003 (49): 571-582.

[2] Von Hippel E A. Has a customer already developed your next product? [J]. Sloan Management Review (pre-1986), 1977, 18 (2): 63.

[3] Lippman S A, Rumelt R P. Uncertain imitability: An analysis of interfirm differences in efficiency under competition [J]. The bell journal of Economics, 1982: 418-438.

[4] Uzzi B, Lancaster R. Relational embeddedness and learning: The case of bank loan managers and their clients [J]. Management science, 2003, 49 (4): 383-399.

[5] Sorenson O. Complexity, networks and knowledge flow [J]. Research Policy, 2006 (35): 994-1017.

[6] Sorenson O, Stuart T E. Syndication networks and the spatial distribution of venture capital investments [J]. American journal of sociology, 2001, 106 (6): 1546-1588.

[7] Cohen D H, Absorptive capacity: a new perspective on learning and innovation [J]. Administrative Science Quarterly 1990, 35, 128-152.

[8] Zahra S. A. Absorptive capacity: a review, reconceptualization, and extension [J]. Academy of Management Review, 2002, 27, 185-203.

情境中交流的动机、密度及其产生（Gupta and Govindarajan, 2000; Szulanski, 1996）[1][2]。

网络的建立可以使企业获得自身不具备的知识（Bergenholtz and Waldstrøm, 2009; 汪涛等, 2010）[3][4]。来自外部参与者的知识长期以来被认为是创新成功的重要因素（Rothwell, 1974）[5]。创新被认为是系统知识的突破，需要企业与其他网络参与者共同产生的知识，企业不在独立地进行创新，而是通过复杂的互动与外部参与者建立联系（Roper, 2008）[6]。特别是与自身产生的知识相比企业运用更多的外部知识，其关键在于组织间的知识流动可弥补知识"缺失"（Storper, 2000; 王立平, 2005）[7][8]。

网络承载了宽泛的相互联系，包括横向与纵向的联系（Contractor and Lorange, 2002）[9]。纵向的客户、供应商以及由专业化成员组成的专业化网络，其他由潜在成员组成的网络包括对手企业、个人或公共部门知识提供者、高校等。组织间网络可被定义为包括企业在内的各种组织间的相互作用及关系活动以获取知识（Huggins, 2012）[10]。换句话说，网络的意义在于实现基于市场业务的组织网络的知识流动。网络资本包括

---

[1] Gupta A. Knowledge flows within multinational corporations [J]. Strategic Management Journal. 2000 (21): 473-496.

[2] Szulanski G. Exploring internal stickiness: Impediments to the transfer of best practice within the firm [J]. Strategic management journal, 1996, 17 (S2): 27-43.

[3] Bergman E M, Maier G. Network central: regional positioning for innovative advantage [J]. The Annals of Regional Science, 2009, 43 (3): 615-644.

[4] 汪涛，任瑞芳，曾刚. 知识网络结构特征及其对知识流动的影响 [J]. 科学学与科学技术管理, 2010 (5): 150-155.

[5] Rothwell R. Factors for success in industrial innovation [J]. Journal of General Management, 1974, 2 (2): 57-65.

[6] Roper S, Hewitt-Dundas N. Innovation persistence: Survey and case-study evidence [J]. Research Policy, 2008, 37 (1): 149-162.

[7] Storper M. Globalization, licalization and trade [J]. Oxford Handbook of Economic Geography, 2000.

[8] 王立平. 我国高校 R&D 知识溢出的实证研究——以高技术产业为例 [J]. 中国软科学, 2005 (12): 54-59.

[9] Contractor F J, Lorange P. The growth of alliances in the knowledge-based economy [J]. International Business Review, 2002, 11 (4): 485-502.

[10] Huggins R, Johnston A, Thompson P. Network capital, social capital and knowledge flow: how the nature of inter-organizational networks impacts on innovation [J]. Industry and Innovation, 2012, 19 (3): 203-232.

组织及网络从其他组织那里获取知识的能力进而实现预期的经济回报。网络资本，是从组织间网络战略中产生的关系资本，有助于知识流动及创新的实现，进而实现组织的经济优势（Huggins，2010；李丹丹等，2015）①②。

知识流动真的遵循网络中的连通性吗？如果进行实证验证，可以发现显然空间的邻近与网络的连通性之间是相互作用的：连通性是桥接距离的一种方式，而空间邻近性是桥接社会非联通性的途径并实现非联系主体之间溢出的途径。即使企业完全独立于正式产业网络之外，其仍能通过地理邻近的共生区位产生创新（Whittington，2009）③。如果是知识溢出的网络关系并且邻近性简化了这种溢出，那地理空间的作用就需要重新定义并从创新理论方面进行更具影响力的整合。第一，"在这儿"增强了新联系建立的可能性。第二，但是"在这儿"并非获取地方知识或其他地方资源禀赋的充分条件（Owen-Smith and Powell，2004）④。第三，"在这儿"扩展了观察及网络渠道之上获取溢出的便利性。空间邻近创造了一种偶然，发挥了蜂鸣而不是联系的能力（Bathelt，2004）⑤。多数与"通道"相关的隐喻（Owen-Smith and Powell，2004）认为，知识可以通过非接触性的模式获得，如观察或反向工程等。尽管所有这些非接触性的知识转化形式也可以在邻近性或跨越距离的情况中产生，地理邻近总能引起更高密度及更高可能的偶然性，使非接触性溢出更加频繁。

已有研究提出，在某些特定情况下空间邻近性有助于知识创造而网络中心性的作用不大，另外，也存在某些情况下网络中心性引导了知识创

---

① Huggins R, Johnston A. Knowledge flow and inter-firm networks: The influence of network resources, spatial proximity and firm size [J]. Entrepreneurship & regional development, 2010, 22 (5): 457 – 484.

② 李丹丹, 汪涛, 魏也华. 中国城市尺度科学知识网络与技术知识网络结构的时空复杂性 [J]. 地理研究, 2015 (3): 525 – 540.

③ Whittington K B, Owensmith J, Powell W W. Networks, Propinquity, and Innovation in Knowledge-intensive Industries [J]. Administrative Science Quarterly, 2009, 54 (1): 90 – 122.

④ Owen-Smith J, Powell W W. Knowledge networks as channels and conduits: The effects of spillovers in the Boston biotechnology community [J]. Organization science, 2004, 15 (1): 5 – 21.

⑤ Bathelt H, Malmberg A, Maskell P. Clusters and knowledge: local buzz, global pipelines and the process of knowledge creation [J]. Progress in human geography, 2004, 28 (1): 31 – 56.

造，这时空间的邻近作用就不是特别显著。当然不可避免，实证观察存在一定的偶然性，这种偶然性是由于研究所应用的方法差异以及所运用的知识类型、观察的网络类型不同而产生的。然而地理空间在大部分的研究中一般被作为二值的空间维度来观察（区域内、外）或者通过对地理距离的测度来实现，而网络关系及知识类型关系的变化很广。网络中的关系从非正式向契约关系变化，也从对个人的研究转变为组织层面的研究。新知识通常通过成功的专利应用表征或研究，创新也以其他很多方式呈现。这些会产生更多效应并引起我们观察到的偶然性现象。

第二节

知识网络与地理空间

组织间网络是组织的一种新的相关形式，Human 和 Provan（2000）[1]。网络组织管理的距离逻辑近来多被反复讨论（Glückler，2012；Provan and Kenis，2008；Provan，2007）[2][3][4]。组织网络是资源有目的性通过多方沟通建立的独立组织关系并共享经济产出的多元合作联盟。关系视角下的组织网络与 Borgatti 和 Halgin（2011）[5] 提出的理论一致，是一种创新模式即企业寻求合作是为了协作开发资源及知识。承接前文关于空间与网络的相互作用实现知识流动的问题，近年来，关于这一问题经济地理学者已开始广泛的进行理论与实证案例方面的讨论。

对空间、知识及网络关系方面理论研究的重要开端即对空间邻近及创

---

[1] Human S E, Provan K G. Legitimacy building in the evolution of small-firm multilateral networks: A comparative study of success and demise [J]. Administrative Science Quarterly, 2000, 45 (2): 327-365.

[2] Glückler J, Ries M. Why being there is not enough: organized proximity in place-based philanthropy [J]. The Service Industries Journal, 2012, 32 (4): 515-529.

[3] Provan K G, Kenis P, Human S E. Legitimacy building in organizational networks [J]. Big ideas in collaborative public management, 2008: 121-137.

[4] Provan K G, Fish A, Sydow J. Interorganizational networks at the network level: A review of the empirical literature on whole networks [J]. Journal of management, 2007, 33 (3): 479-516.

[5] Borgatti S P, Halgin D S. On network theory [J]. Organization science, 2011, 22 (5): 1168-1181.

基于连通性视角的长江经济带装备工业知识网络演化研究

新间偶然的实证研究,多数的研究证明了 Glaeser (1995)[①] 的观点,即"知识穿越廊道及街道比穿越国家及海洋更容易"。可以被测度的知识证明,如早期的专利引证关系反复的证明知识的流动有一定的区域黏性(Thompson and Fox-Kean, 2005)[②]。因此,传统观点认为本地相互作用是知识流动及创新的来源,后续的研究不断提出空间邻近对知识的产出具有偶然性作用,也就是说空间邻近并非新知识产生的必要条件。"通道"理论则更关注区域外的知识获取及知识扩散。国际联系 (Bathelt, 2004)[③] 及国内不同情境下的交流 (Gertler and Wolfe, 2006)[④] 成为创新集聚与扩散的重要来源 (王缉慈, 2001)[⑤]。这些涌现出的讨论认为地方及全球相互作用共同促成了区域内的创新并起到相互补充的作用。具有高层次地方相互作用与区域内及全球个体企业间保持的特殊联系渠道 (Bathelt, 2004; Maskell, 2006)[⑥]。地理与网络在理解企业层面创新及企业内部知识生产中都很重要。地理学的网络研究,有时过于侧重于刻画网络本身特征而忽略了对网络理论的把握,网络理论对信息流动及知识创造具有重要作用 (贺灿飞等, 2017)[⑦]。网络的关系、参与主体位置结构都对企业创新、信息流动方向和知识生产产生重要作用。一些新的研究贡献在于阐明知识、网络及空间之间的多样性及模糊的关系。

大量的研究中,地理仅被认为在网络与创新关系中起到制约甚至是中介作用。但是总结来看,地理空间与网络关系的理论研究至少可以分为两个方面:一方面,空间邻近影响网络形成。经济地理研究中最广泛的研究方法就

[①] Glaeser E. Economic growth in a cross-section of cities [J]. Journal of monetary economics, 1995, 36 (1): 117-143.

[②] Thompson P, Fox-Kean M. Patent citations and the geography of knowledge spillovers: A reassessment [J]. American Economic Review, 2005, 95 (1): 450-460.

[③] Bathelt H, Malmberg A, Maskell P. Clusters and knowledge: local buzz, global pipelines and the process of knowledge creation [J]. Progress in human geography, 2004, 28 (1): 31-56.

[④] Gertler M S, Wolfe D A. Spaces of knowledge flows: Clusters in a global context [J]. Clusters and regional development: Critical reflections and explorations, 2006: 218-235.

[⑤] 王缉慈. 创新的空间:企业集群与区域发展 [M]. 北京大学出版社, 2001.

[⑥] Maskell P, Bathelt H, Malmberg A. Building global knowledge pipelines: The role of temporary clusters [J]. European planning studies, 2006, 14 (8): 997-1013.

[⑦] 贺灿飞, 陈航航. 参与全球生产网络与中国出口产品升级 [J]. 地理学报, 2017, 72 (8): 1331-1346.

是评价空间邻近/距离对经济活动的潜在作用。这种影响受"空间因果关系"作用，认为空间并非人们活动所必须的充分条件。因为至少有两种社会技术可以解释经济关系中的地理现象：通讯技术（Storper and Venables, 2004）①及交通技术。只有考虑到活动参与者的交流选择及流动机会才能视情况确定空间及经济相互作用间建立的关系。换句话说，空间邻近的限制只在面对面交流成为联系的唯一模式时才发挥作用。在其他情况下，空间邻近作用的发挥在潜在社会技术情况下都具有一定的偶然性。另一方面，地方性情境的影响。引用企业成长理论中资源束的观点，将地方假定为一种资源束和机遇，这是空间偶然性作用的另一特征。地方性资源具有一定的文化情境、经济发展差异及偶然性特征（Bathelt and Glückler, 2005）②。这种地方性资源包含关系结构方面（社会能资本、"结构洞"）以及资源、社会和制度资源等这些资源的获取和转化。区域与网络间的关联不是单向的，区域不仅限制了网络的形成，而网络中的社会相互作用也塑造了地理空间（Storper and Walker, 1989）③。这两种观点在地理网络的轨迹中都发挥了重要的作用。

一、知识溢出与地理邻近

当下基于信息通信技术的激进式创新已成为热潮，这为实现信息和知识远距离传输提供了更多潜在的可能性。尽管这种可能性为经济互动提供了新选择，但对于生产、分配和创新活动的地理空间影响是什么，仍须进一步研究与讨论。新技术具有能够改变人们交流方式及知识生成过程的潜力（Leamer and Storper, 2014；Moriset and Malecki, 2009）④⑤，也有学者

---

① Michael. S. Venables AJ. Buzz：face – to – face contact and the urban economy ［J］. Journal of Economic Geography, 2004 (4)：351 – 370.

② Bathelt H, Glückler J. Resources in economic geography：from substantive concepts towards a relational perspective ［J］. Environment and Planning A, 2005, 37 (9)：1545 – 1563.

③ Storper M, Walker R. The capitalist imperative：Territory, technology, and industrial growth ［M］. Blackwell, 1989.

④ Leamer E E, Storper M. The economic geography of the internet age ［M］//Location of International Business Activities. Palgrave Macmillan, London, 2014：63 – 93.

⑤ Moriset B, Malecki E J. Organization versus space：The paradoxical geographies of the digital economy ［J］. Geography Compass, 2009, 3 (1)：256 – 274.

认为新技术的影响只是间接的。Leamer 和 Storper（2014）[①] 提出，通信技术发展将会同时实现经济活动的本地集聚和全球远距离扩散。

已有研究认为地理邻近性有助于网络的形成，也就是说将地理空间作为网络形成的条件。地理邻近增强了社会联系及信息交换的可能性（Allen, 1977）[②]。部分实证研究似乎证实新联系的产生更倾向于产生在地理邻近的地方（Powel, 2005）[③]。近来关于演化经济地理的研究通过实证案例提出其他形式的邻近性，其中强调地理邻近以及网络联系形成间的关系（Balland, 2012）[④]。这类研究是地理限制网络形成及演化的观点，而 Borgatti 和 Halgin（2011）[⑤] 是网络研究中的地理学派，该学派的观点主要分析地理空间与网络的作用关系及它们如何共同对知识生产产生作用。此外，传统意义上的集群内创新、产业区、创新情境及区域创新系统被认为从马歇尔理论研究视角出发，强调企业共同区位的重要性，中小型企业通常通过与大企业共同区位获得发展优势（Markusen, 1996）[⑥]。在相同或相关区域内，空间邻近可增强核心区的相互作用，网络以及机制设置，并最终实现创新扩散（Gordon and McCann, 2000）[⑦]。企业间地理及行业的邻近比空间的作用更能实现集聚经济效应，同时降低了知识资源协调成本（Maskell, 2001）[⑧]。高级竞争与相互合作结合，通过正式及非正式渠道增

---

① Leamer E E, Storper M. The economic geography of the internet age [M]. //Location of International Business Activities. Palgrave Macmillan, London, 2014: 63 – 93.

② Allen T J. Managing the flow of technology: technology transfer and the dissemination of technological information within the R&D organization [J]. 1977.

③ Powell W W, White D R, Koput K W, et al. Network dynamics and field evolution: The growth of interorganizational collaboration in the life sciences [J]. American journal of sociology, 2005, 110 (4): 1132 – 1205.

④ Balland P A, De Vaan M, Boschma R. The dynamics of interfirm networks along the industry life cycle: The case of the global video game industry, 1987 ~ 2007 [J]. Journal of Economic Geography, 2012, 13 (5): 741 – 765.

⑤ Borgatti S P, Halgin D S. On network theory [J]. Organization science, 2011, 22 (5): 1168 – 1181.

⑥ Markusen A. Sticky places in slippery space: a typology of industrial districts [J]. Economic geography, 1996, 72 (3): 293 – 313.

⑦ Gordon I R. Industrial clusters: complexes, agglomeration and/or social networks? [J]. Urban studies, 2000, 37 (3): 513 – 532.

⑧ Maskell P. Towards a knowledge-based theory of the geographical cluster [J]. Industrial and corporate change, 2001, 10 (4): 921 – 943.

强了机构间的知识流动,使企业领先并更具有创新性(Porter,1990)①。而行业邻近或关系变化有助于企业间的相互作用并引发更多创新及变化(Boschma and Iammarino,2009)②。相对强调空间的邻近性来看,行业间的邻近对创新更加重要的是地方经济中社会体制建立起的网络关系(Rodríguez-Pose and Crescenzi,2008)③。产业区、创新情境等既是体制环境的原因也是其结果,共同组成了网络密度——或者说"制度厚度"(Amin and Thrift,1995)④;环境——有助于信任建立及扩散。经济成员之间紧密的相互作用,与地方社会及政治利益相关者、公众社会成为一体,共同创造了制度市场,其中隐性知识产生并扩散。

网络联系的产生在部分研究中被认为是地理邻近性所致,且该因素被认为是新的联系产生的根本性影响因素,该观点认为新的联系更易在空间邻近的地方产生,可用于解释产业集群和网络的空间依赖性(Broekel and Boschma,2011)⑤。也就是说,信息流动的数量与质量随地理距离消减,但这种地方的溢出机制是什么,后续的研究针对个人或组织间地方知识流动的原因进行解释,知识地方性溢出的本质在很大程度上是因为知识在地方社会网络中的流动及劳动力在地方的流动(Breschi,2009)⑥。企业家及技术发明者通过共享相似的教育背景及工作经验在组织边界内建立社区并表现出更强的个人联系(Grabher and Ibert,2005)⑦,特别是在专业化很强的集群内,这种发明者之间的社会网络具有很强的地方性。劳动力倾向于

---

① Porter M E. The competitive advantage of nations [J]. Harvard business review, 1990, 68 (2): 73–93.

② Boschma R, Iammarino S. Related variety, trade linkages, and regional growth in Italy [J]. Economic geography, 2009, 85 (3): 289–311.

③ Rodríguez-Pose A, Crescenzi R. Research and development, spillovers, innovation systems, and the genesis of regional growth in Europe [J]. Regional studies, 2008, 42 (1): 51–67.

④ Amin A, Thrift N. Globalization, institutions, and regional development in Europe [M]. Oxford university press, 1995.

⑤ Broekel T, Boschma R. Knowledge networks in the Dutch aviation industry: the proximity paradox [J]. Journal of Economic Geography, 2011, 12 (2): 409–433.

⑥ Breschi S, Lissoni F. Mobility of skilled workers and co-invention networks: an anatomy of localized knowledge flows [J]. Journal of Economic Geography, 2009, 9 (4): 439–468.

⑦ Grabher G, Ibert O. Bad company? The ambiguity of personal knowledge networks [J]. Journal of Economic Geography, 2005, 6 (3): 251–271.

在自身区域内进行流动的特性是知识流动地方化的又一重要原因（Almeida and Kogut，1999）[①]。较强的编译型知识跨区域流动很容易实现，特别是科学研究型知识更易扩散而商业化较强的知识会被慎重保护（Ter Wal，2013）[②]，这也与前面提及的参与知识创造及传播的组织属性及知识类型相关。

在考虑到关于组织间网络的争论时，空间的作用对网络结构及运作起越来越重要的作用（Ter Wal and Boschma，2011）[③]的观点中，重要的论点就是关注空间邻近性在网络中的作用及共同区位的外部组织如高校、研发实验室及其他企业或个人（Mattes，2012）[④]在知识创新过程中的作用。然而，距离在远距离知识流动及转化中的作用正逐渐降低，很多证据证明非本地联系正发挥越来越重要的作用，全球或非本地网络中（Huggins and Thompson，2014）[⑤]。越来越多的观点认为非邻近性的网络参与者，在进行跨空间边界知识转化时是至少可以起到相同作用的。从结构视角来看，区域间的联系使企业在知识网络中获得更好的中心位置。

与上述观点不同，Owen-Smith 和 Powell（2004）[⑥]强调企业创新过程中空间的邻近与网络中心性相互之间的共同作用。如通过波士顿生物技术企业及其全球联盟网络研究发现，尽管网络中心性是全球网络创新的重要因素，但其在区域集群中的作用并不显著，企业与地方网络中的联盟偏好并不依赖其在网络中的中心位置。也就是说，地理邻近在一定程度上确实限制了网络中心性作用的发挥。后续关于美国生物技术方面的研究中如

---

① Almeida P，Kogut B. Localization of knowledge and the mobility of engineers in regional networks [J]. Management science，1999，45（7）：905-917.

② Ter Wal A L J. The dynamics of the inventor network in German biotechnology：geographic proximity versus triadic closure [J]. Journal of Economic Geography，2013，14（3）：589-620.

③ Ter Wal A L J，Boschma R. Co-evolution of firms, industries and networks in space [J]. Regional studies，2011，45（7）：919-933.

④ Mattes J. Dimensions of proximity and knowledge bases：innovation between spatial and non-spatial factors [J]. Regional Studies，2012，46（8）：1085-1099.

⑤ Huggins R，Thompson P. Culture，entrepreneurship and uneven development：a spatial analysis [J]. Entrepreneurship & Regional Development，2014，26（9-10）：726-752.

⑥ Owen-Smith J，Powell W W. Knowledge networks as channels and conduits：The effects of spillovers in the Boston biotechnology community [J]. Organization science，2004，15（1）：5-21.

Whittington（2009）①证实，生物技术企业知识创新得益于地理邻近及网络中心性是一种极为偶然的情况：只有当企业在极少情况下，甚至完全不通过合约与其他企业联系时，与其他企业间较近的空间邻近将支撑知识创新的产生。然而在多数案例中，空间邻近很难与知识创新产生关系，位于三大领导性生物技术产业集群中的企业（波士顿、圣地亚哥和旧金山海岸区）并未因为与集群中其他企业的地理邻近而获益，而企业内部契约联盟网络中的企业中心性又受到邻近性制约，高度中心性的企业与具有近距离邻近的企业更可能产生知识创新而非与距离远的企业。也就是说，地理空间并非新关系产生的决定性条件，但其在创新过程中通过与网络联系之间相互作用共同作用于知识的创造及知识的流动。

二、知识远距离传播媒介

如前所述，地理邻近性对许多行业的经济互动与知识创造过程至关重要，但这类关系一般被限制在本地生产环境中。由于新通信技术的兴起与发展，组织间的合作越来越依赖于基于关系连通的组织生产、研究和市场互动。社会存在理论研究长期以来强调基于通信技术的远距离交流（CMC）和面对面互动（F2F）间存在的结构性差异，尤其是在没有非语言、有声和物理提示的条件下（Walther，Loh and Granka，2005）②。

具体从以下几个方面进行分析：第一，知识传播媒介的丰富度问题。传播媒介的丰富度决定了其不确定性、处理歧义或模糊性的能力（Song，Berends，Van der Bij and Weggeman，2007）③。在反馈和多提示可用以及语言多样性和亲身聚焦的基础上，传播媒介可按频谱从多（如F2F）到少（如书面文件）排序。一般认为，远距离交流技术丰富度不足，这意

---

① Whittington K B, Owensmith J, Powell W W. Networks, Propinquity, and Innovation in Knowledge-intensive Industries [J]. Administrative Science Quarterly, 2009, 54 (1): 90 – 122.

② Walther J B, Loh T, Granka L. Let me count the ways: The interchange of verbal and nonverbal cues in computer-mediated and face-to-face affinity [J]. Journal of language and social psychology, 2005, 24 (1): 36 – 65.

③ Song M, Berends H, Van der Bij H, et al. The effect of IT and co-location on knowledge dissemination [J]. Journal of Product Innovation Management, 2007, 24 (1): 52 – 68.

味着其在歧义条件下支持信息交换的能力较弱（Sproull and Kiesler, 1992）[①]。Wainfan 和 Davis（2004）[②] 调研关于社交和工作场所配置中涉及代理人互动的虚拟合作，通过研究发现，视频会议媒介丰富度方面与面对面交流类似。此外，分辨率限制问题挑战了参与者对身体语言和手势的理解，尤其在群体人数不断增加的情况下，Wainfan 和 Davis（2004）[③] 研究提出，视频会议参与者很难辨认远程说话的人（Olson G. and Olson J., 2003）[④]。

第二，基于媒介丰富度的组织及人员关系构建能力问题。在社会存在方面，媒介可用的信息渠道或提示越少，个体对存在的其他社交参与者的关注度就越低，通过这种交流形式构建网络的可能性就越低。基于控制实验的研究已证明这一点，其中，要求参与者利用同步电脑聊天组进行交流（Walther, Loh and Granka, 2005）[⑤]。与面对面互动相比，大部分远距离交流的社会存在感较低，这对信任建立有一定的影响。

第三，隐性知识的传播能力问题。隐性知识对代理人来说是比较含蓄和私人的知识且具有语境特异性，隐性知识不容易转移到其他代理人（Malmberg and Maskell, 1997）[⑥]。通过密集互动及物质产品联合观察和经营可实现隐性知识与情境知识的传播。因此，除了支持口头和非语言提示外，共位允许合作伙伴能够获得相同的观察提示并从事相同的实践，从而增强隐性知识的传播。Song, Berends, Van der Bij 和 Weggeman（2007）[⑦]

[①] Kiesler S, Sproull L. Group decision making and communication technology [J]. Organizational behavior and human decision processes, 1992, 52（1）：96 – 123.

[②] Wainfan, L. and Davis, P. K. (2004): Challenges in Virtual Collaboration: Videoconferencing, Audioconferencing, and Computer-Mediated Communications. Santa Monica: RAND Corporation.

[③] Wainfan L, Davis P K. Challenges in virtual collaboration: Videoconferencing, audioconferencing, and computer-mediated communications [M]. Rand Corporation, 2004.

[④] Olson G, Olson J. Mitigating the effects of distance on collaborative intellectual work [J]. Economics of Innovation and New Technology, 2003, 12（1）：27 – 42.

[⑤] Walther J B, Loh T, Granka L. Let me count the ways: The interchange of verbal and nonverbal cues in computer-mediated and face-to-face affinity [J]. Journal of language and social psychology, 2005, 24（1）：36 – 65.

[⑥] Malmberg A, Maskell P. Towards an explanation of industry agglomeration and regional specialization [J]. European Planning Studies, 1997, 5（1）：25 – 41.

[⑦] Song M, Berends H, Van der Bij H, et al. The effect of IT and co-location on knowledge dissemination [J]. Journal of Product Innovation Management, 2007, 24（1）：52 – 68.

收集美国 277 家高科技企业和荷兰 125 家高科技企业的实证数据证实了这一点。尽管视频会议有助于隐性知识的口头传递,其在跨国企业网络的全球战略调整过程中的表现,但隐性知识传播中边干边学的成分限制了其在经济生产和创新背景下的适用性。

第四,邻近性的优势问题。由于地理空间邻近降低了花费在目的性访问上的精力,同时增加了预期外和自发互动的机会,因此地理空间邻近性增加了代理人之间的交流量,尽管其在虚拟社区中也可能有这样的可能性(Von Hippel, 2001; Moriset and Malecki, 2009)[1][2]。

第五,交流技术克服空间阻滞作用。如通信可跨越时区,与面对面互动相比,大量发送电子邮件让员工能够与更多其他员工交流。这些发现是通用的,对任何需要重复互动和直接接触的经济活动都很重要。记忆功能是远距离交流的又一优势,该优势能实现知识的保留和检索,因而可以实现生产及时调度和及时交付。

虽然跨空间距离的知识交流需要克服一定的障碍,但不难发现其能够提供更多知识创新的机会,跨空间距离的合作交流能产生更多的知识及信息优势,尤其从形成社会关系角度。竞争理论表明,远距离交流可能会产生更多的信息优势,尤其在社会关系形成方面。特别是大量研究已质疑口头和非语言提示功能的假定分化,至少是质疑其结果(Garton and Wellman, 1995)[3]。社会信息加工理论及均衡理论对传统理论认知提出质疑,社会信息加工理论提出,个体被激励而建立联系时,会任意部署他所拥有的通信信息。此外,该观点否认以下两个概念:远距离交流客观性是固有的;远距离交流用户无法访问关系信息。相反,该观点表明,用户利用 CMC 语言特征传达信息正常情况下通过面对面表达关系信息(Walther, Loh and Granka, 2005)[4]。

---

[1] Von Hippel, E. Innovation by user communities: learning from open-source software. MIT Sloan Management Review. 2001, 42 (2): 82 – 86.

[2] Moriset B, Malecki E J. Organization versus space: The paradoxical geographies of the digital economy [J]. Geography Compass, 2009, 3 (1): 256 – 274.

[3] Garton L, Wellman B. Social impacts of electronic mail in organizations: A review of the research literature [J]. Annals of the International Communication Association, 1995, 18 (1): 434 – 453.

[4] Walther J B, Loh T, Granka L. Let me count the ways: The interchange of verbal and nonverbal cues in computer-mediated and face-to-face affinity [J]. Journal of language and social psychology, 2005, 24 (1): 36 – 65.

Hancock 和 Dunham（2001）① 根据自身经验和线上社交网络研究总结，在远距离交流中，这些印象相对不完整且较弱，然而，笔者发现，远距离交流形成的印象会随时间变得更加全面和成熟，因为参与者会寻找对方的相关信息。当个体披露自己的信息并在线询问对方时，他们之间的不确定性会降低，他们能更好地形成对对方的印象，并填补媒介丢失的社交提示。因此，远距离交流的合作者也可能通过披露面对面设置中不必要的语境与个体信息来参与信任建设活动，而这类信息为肢体上比较明显的信息。

均衡理论则认为，在二元互动中，寻求"平衡舒适水平"的代理人将相应调整自己的行为。如果一方缺乏交际提示能力，另一方为了双方顺利沟通会相应地补充提示。随着时间的推移，这可能会通过额外提示刺激相互的行为。将此概念延伸至远距离交流，个体将利用言语行为进行过度补充，如通过询问更多的问题、披露更多的信息来进行补充，这样就会实现"平衡的亲密程度"。Olson G. 和 Olson J.（2003）② 研究了各种远程和主机托管设置中的群体互动，其包含控制实验室实验以及科学家和研究人员之间的国际项目合作。研究证明，在合作的初始阶段，与远距离同事合作的好处特别显著，合作代理人表现出接受电子通信策略承担风险及联系不善的成本，与新的本地和非本地组织进行生产和实践的合作创新。这些研究结果中有许多并非出自直接经济环境，而是出自例如社交网络，但其结果往往是通用的，且涉及特定消息和知识的传播、空间分离个体之间的任务协调、建立和维护远距离社交关系。然而，尽管该研究涉及不同形式及不同行业和企业职能，但其对涉及协商、连续生产调节、问题解决和搜索过程、策略讨论等的日常环境中广泛的经济活动非常重要。

通常跨国企业或大企业为确保内部高水平的知识传播，主要策略是通过研发人员的空间邻近实现，如 Philips Electronics 的案例（Song Berends

---

① Hancock J T, Dunham P J. Impression formation in computer-mediated communication revisited: An analysis of the breadth and intensity of impressions [J]. Communication research, 2001, 28 (3): 325 - 347.

② Olson G, Olson J. Mitigating the effects of distance on collaborative intellectual work [J]. Economics of Innovation and New Technology, 2003, 12 (1): 27 - 42.

and Weggeman. 2007)[1]。然而，现代知识经济学中的创新活动包括许多行业中越来越多的社会分工，因此这些活动会具有更多的分散性（Lundvall and Johnson，2007）[2]，现在还包括专业服务行业（Faulconbridge，2006）[3]。这一趋势背后的动力是为了使研发更邻近国外市场、降低进入新知识库的人工成本。除主机托管和面对面互动外，在创新过程中，企业越来越多地采用虚拟形式合作，如电子邮件、Skype、和视频会议。在大部分控制的实验室实证研究中，Hossain 和 Wigand（2004）[4] 总结证明了这一点。基于团队合作研究表明，有利的任务和环境配置中，远距离创新过程可以成功实现，如果在不利的环境中组织或组织期望不对等情况下，这种合作关系也可能失败。

三、网络桥接与空间距离

网络可在一定程度上减缓空间距离对知识创造或知识流动中产生的阻滞作用。传统观点提出的信息传递及知识溢出随地理距离衰减。在跨国公司国际技术转移的研究中，Hansen 和 Lovas（2004）[5] 明确指出，分散的组织单元间正式及非正式网络关系在技术转化对地理空间具有制约作用。某组织会更倾向于与远距离的企业进行成功的技术转换，如果他们能通过个人非正式网络联系或正式组织联系建立关系。Bell 和 Zaheer（2007）[6] 证实不同层次的关系——个人、组织、制度层面——对空间邻近的依赖程度

---

[1] Song M, Berends H, Van der Bij H, et al. The effect of IT and co-location on knowledge dissemination [J]. Journal of Product Innovation Management, 2007, 24 (1): 52 – 68.

[2] Lundvall B Å. National innovation systems—analytical concept and development tool [J]. Industry and innovation, 2007, 14 (1): 95 – 119.

[3] Faulconbridge, J. R. Stretching tacit knowledge beyond a local fix? Global spaces of learning in advertising professional service firms [J]. Journal of Economic Geography, 2006, 6 (4): 517 – 540.

[4] Hossain L, Wigand R T. ICT enabled virtual collaboration through trust [J]. Journal of Computer-Mediated Communication, 2004, 10 (1): JCMC1014.

[5] Hansen M T, Løvås B. How do multinational companies leverage technological competencies? Moving from single to interdependent explanations [J]. Strategic Management Journal, 2004, 25 (8 – 9): 801 – 822.

[6] Bell G, Zaheer A. Geography, networks, and knowledge flow [J]. Organization Science, 2007, 18 (6): 955 – 972.

是不同的。他们提出了"地理洞",即在这里越是远距离的地理距离其知识流动越倾向于与相关的朋友间流动。相似的研究还包括对契约联盟方面(Rosenkopf and Almeida,2003)①及非正式商务关系方面表明网络关系如何取代地方搜索从而桥接远距离合作伙伴。更进一步,雇佣式学习有助于企业地理雇佣延伸及获取远距离知识。在这些研究中,现存的网络特征都对地理与知识间的作用力产生影响。

也有实证研究通过专利引用证明,在本区域产生的专利比其他区域的专利在区域内被引用较多(Thompson and Fox-Kean,2005)②。这支持了技术知识轨迹的空间粘性理论,而新的研究需要明晰的是这种地方溢出是如何发生的。Almeida 和 Kogut(1999)③认为地方溢出在跨区域间非平等,技术发展过程中具有强溢出效应的地区正是那些以区内专业化知识流动为主的地区。一些研究运用网络分析证明地方专利引用受发明者也就是劳动力流动的影响:当专利发明者变换工作时,他们倾向于到具有地理邻近且专业知识相似性较大的地方(Breschi and Lissoni,2009)④。这种研究的结果是:地理空间成为知识扩散的制约的最基本原因在于研发人员为了避免空间重新迁移而进行的劳动力流动,因此他们的共同发明网络也是地方性的。而其他研究证实,研发人员的流动增强了企业内部知识的转化,这个过程并不依赖于地理空间。Breschi 和 Lenzi(2010)⑤也提出邻近及远距离的工作变动比例其实是相同的。Song(2003)⑥通过专利引证的实证研究进一步提出,空间邻近或远距离的研发人员雇佣都会引发有效的技术知识

---

① Rosenkopf L, Almeida P. Overcoming local search through alliances and mobility [J]. Management science, 2003, 49 (6): 751 – 766.

② Thompson P, Fox-Kean M. Patent citations and the geography of knowledge spillovers: A reassessment [J]. American Economic Review, 2005, 95 (1): 450 – 460.

③ Almeida P, Kogut B. Localization of knowledge and the mobility of engineers in regional networks [J]. Management science, 1999, 45 (7): 905 – 917.

④ Breschi S, Lissoni F. Mobility of skilled workers and co-invention networks: an anatomy of localized knowledge flows [J]. Journal of Economic Geography, 2009, 9 (4): 439 – 468.

⑤ Breschi S, Lenzi C, Lissoni F. The geography of knowledge spillovers: the role of inventors' mobility across firms and in space [J]. The Handbook of Evolutionary Economic Geography, Cheltenham: Edward Elgar, 2010: 353 – 369.

⑥ Song J, Almeida P, Wu G. Learning-by-Hiring: When is mobility more likely to facilitate interfirm knowledge transfer? [J]. Management science, 2003, 49 (4): 351 – 365.

转化，这也证明了网络关系可以成为空间距离作用于知识的中介。Borgatti 和 Cross（2003）[①]认为，一旦认知及知识可获得性可以被控制，空间邻近性对信息转化并没有直接影响。总结来看，该方面的研究认为：地理与知识间的关系并非直接的，只是通过某些研发人员流动产生一定的中介作用，使之易获得其他的合作伙伴或先知知识的优势。

对网络创新方面的研究已证明，位于同区域内并不一定就能保证新关系的产生及知识流动，实际上是网络参与者之间的联系发挥了更大的作用（Maskell，2004；Breschi，2009）[②][③]。知识并非只在地方流动，这个观点增强了企业网络研究中对地方蜂鸣及全球通道的结合（Bathelt，2004）[④]来获取新知识并投入自己的创新活动中。地方蜂鸣中的企业能更易在集群内部获得知识，因为知识就在那。地方蜂鸣是硅谷成功背后的故事，工程师、企业家及风投公司在酒吧或餐馆内见面交流（Saxenian，1994）[⑤]。另外，全球通道是刻意构建并管理的，将不同区位（长距离）的知识联系在一起。战略联盟是建立全球通道的有效途径之一（Owen-Smith and Powel，2004）。Bathelt（2004）认为高质量的地方蜂鸣及有效的全球通道结合为经济发展创造了良好的环境，这对企业及区域集群的作用相同。大量企业间关系网络的相关研究证明，产业成功通常是地方与跨区域联系相结合共同作用的结果（Bathelt，2014）[⑥]。也就是说，如果将网络联系看作开放的溢出性较强的渠道（conduit）和更加正式较为封闭的通道（channel）时，地方组织内的成员身份与跨区域联系的关联性对知识创造及流动同时发挥作用。

[①] Borgatti S P, Cross R. A relational view of information seeking and learning in social networks [J]. Management science, 2003, 49 (4): 432-445.

[②] Maskell P, Bathelt H, Malmberg A. Temporary clusters and knowledge creation: the effects of international trade fairs, conventions and other professional gatherings [J]. 2004.

[③] Breschi S, Lissoni F. Mobility of skilled workers and co-invention networks: an anatomy of localized knowledge flows [J]. Journal of Economic Geography, 2009, 9 (4): 439-468.

[④] Bathelt H, Malmberg A, Maskell P. Clusters and knowledge: local buzz, global pipelines and the process of knowledge creation [J]. Progress in human geography, 2004, 28 (1): 31-56.

[⑤] Saxenian A L. Regional networks: industrial adaptation in Silicon Valley and route 128 [J]. 1994.

[⑥] Bathelt H. Evolutionary economic geography and relational geography [M]. //Handbook of Regional Science. Springer Berlin Heidelberg, 2014: 591-607.

对知识创新和知识流动原因的剖析不难看出，新联系建立的根本在于地理邻近这一观点从某程度上讲具有一定意义，但实证证明其太过片面。片面地强调空间距离对联系产生的重要作用，忽视了产业中知识或技术边界随时间是在不断变化的，知识创造者更多地会通过与合作者的合作者建立联系而充分利用网络资源。需要明确的是，随着地理距离增加降低的是潜在合作者相互之间的信任度，然而通过与已有合作伙伴的合作伙伴建立联系是实现远距离联系的重要途径，且随着时间的推移，也就是网络的闭包作用。

四、知识流动与跨区域网络

进一步来看，更多的研究关注强调区域发展方面，强调多尺度网络研究（Yeung，2005；Lorentzen，2008）[1][2]。研究强调为了避免路径锁定、区域基础上的跨国网络及国内网络对新知识产生都很重要（Boschma，2005；Morrison，2013）[3][4]。嵌入全球网络中对企业竞争力提升有一定作用（Kafouros，2012）[5]。对个体企业来说，跨国网络可以提供相应的知识和关系资源（Lechner and Dowling，2003）[6]，这些资源稀有且具有独特性（Barney，1991）[7]，而并不单纯获得"在那里"的资格（Gertler，1993）[8]。跨国合作

---

[1] Yeung H. Rethinking relational economic geography [J]. Transactions of the Institute of British Geographers, 2005, 30 (1): 37–52.

[2] Lorentzen A. Knowledge networks in local and global space [J]. Entrepreneurship and Regional Development, 2008, 20 (6): 533–545.

[3] Boschma R. Proximity and innovation: a critical assessment, Regional Studies, 2005, 39, 61–74.

[4] Morrison A, Rabellotti R, Zirulia L. When do global pipelines enhance the diffusion of knowledge in clusters? [J]. Economic Geography, 2013, 89 (1): 77–96.

[5] Kafouros M I, Forsans N. The role of open innovation in emerging economies: Do companies profit from the scientific knowledge of others? [J]. Journal of World Business, 2012, 47 (3): 362–370.

[6] Lechner C, Dowling M. Firm networks: external relationships as sources for the growth and competitiveness of entrepreneurial firms [J]. Entrepreneurship & Regional Development, 2003, 15 (1): 1–26.

[7] Barney J. Firm resources and sustained competitive advantage [J]. Journal of management, 1991, 17 (1): 99–120.

[8] Gertler, Meric S. Implementing Advanced Manufacturing Technologies in Mature Industrial Regions: Towards a Social Model of Technology Production [J]. Regional Studies, 1993, 27 (7): 665–680.

需要有较强的吸收能力。这方面的研究多关注全球通道中的正式联系或"组织间及国际水平战略伙伴"（Bathelt，2004）[①]。从该角度来讲，全球网络更关注正式关系。总结来看可以分为以下几点：

首先，部分研究已提出全球通道也包含复杂的社会进程，通常以非正式个人网络为基础而不仅是基于正式联系。Moodysson（2008）[②] 区分了瑞典生命科学中知识相互作用机制，说明相互作用的知识流动是通过认真选择实现的，全球配置专业化的个体机构或组织联盟。Trippl（2009）[③] 提出多样变化机制，在该机制中知识联系通过不同空间尺度实现，证实了非正式个人知识网络存在于不同空间尺度并在所有尺度中起作用，并对一些正式性网络关系起补充作用。总结来说，越来越多的研究证实非正式性知识网络并非区域性现象，而是在多空间尺度存在。重要表现就在临时性集群（如博览会）——作为全球蜂鸣的组成部分，产生作用（Bathelt and Schuldt，2008；朱贻文和曾刚，2017）[④][⑤]。

全球蜂鸣的概念包括相互学习及观察的机制。新的机制是潜在全球知识交换机制，重要的新增机制是潜在的全球知识相互作用，存在于单纯互联网基础交流如网上讨论会（Huber，2013；Grabher and Ibert，2014）[⑥][⑦]。"虚拟蜂鸣"的概念是指代发生于互联网讨论会、电子邮件、微博等讨论等形式的知识交换机制。与个人知识网络不通，虚拟蜂鸣只存在于互联网中并不需要个人熟知。

[①] Bathelt H, Malmberg A, Maskell P. Clusters and knowledge: local buzz, global pipelines and the process of knowledge creation [J]. Progress in human geography, 2004, 28（1）: 31 – 56.

[②] Moodysson J, Coenen L, Asheim B. Explaining spatial patterns of innovation: analytical and synthetic modes of knowledge creation in the Medicon Valley life-science cluster [J]. Environment and planning A, 2008, 40（5）: 1040 – 1056.

[③] Trippl M, Tödtling F, Lengauer L. Knowledge sourcing beyond buzz and pipelines: evidence from the Vienna software sector [J]. Economic Geography, 2009, 85（4）: 443 – 462.

[④] Bathelt H, Schuldt N. Between luminaires and meat grinders: International trade fairs as temporary clusters [J]. Regional Studies, 2008, 42（6）: 853 – 868.

[⑤] 朱贻文，曾刚. 参展者在展会中的学习与创新——以中国国际工业博览会为例 [J]. 旅游科学，2017，31（2）: 82 – 94.

[⑥] Huber K P. Molecular spectra and molecular structure: IV. Constants of diatomic molecules [M]. Springer Science & Business Media, 2013.

[⑦] Grabher G, Ibert O. Virtual hybrid communities show that you don't have to meet face-to-face to advance great ideas [J]. LSE American Politics and Policy, 2014.

其次，越来越多的研究证明各种形式的跨区域联系能够促进创新。基于小样本案例，Trippl（2009）① 提出激进性创新有赖于更高层次不同类型来源的知识。该观点被 Fitjar 和 Rodrı́guez-Pose（2013）② 的研究证实，对挪威城市区域创新研究发现参与到更多跨国关系中的企业创新性更强。Fitjar 和 Rodrı́guez-Pose（2013）进一步提出，跨区域供应链联系以及跨区域与其他组织如咨询公司、大学及研究中心的联系对创新具有促进作用。

最后，从理论与实证研究角度来看，研究的争论集中于地方网络与全球通道都对区域成功有重要作用（Bathelt，2004；Owen-Smith and Powell，2004），而本地与全球知识网络的相互补充作用有益于创新。然而，早期的简单的地方—全球二分法受到更微观差异性维度的挑战，特别是国家层面及跨区域层面的差异重要性（Lundvall，2002；Isaksen，2009）③④。因此，可以说跨国联系比国内联系更能够从多维度桥接不同的环境（认知、制度等）。

总结来说，已有文献关于创新集群、区域创新体系及地方蜂鸣对全球通道的研究，多将企业作为分析网络动态的主体，关注经济动力并将企业决策作为分析的要点。然而，很显然的是在当下的知识创造及流动中高校日渐成为知识生产的主体，并在产业经济发展的创新中起引领作用（Huggins，2008）⑤。知识产生及进程不仅从个人企业或组织产生，外部的知识提供者如高校成为现代创新程序中重要的关键因子。Owen Smith 和 Powell（2004）指出，在网络中存在两种潜在的知识溢出方式：一种是所说的邻近性，另一种就是高校的存在。由于高校的目的是实现基础研究更广泛的

---

① Trippl M, Tödtling F, Lengauer L. Knowledge sourcing beyond buzz and pipelines: evidence from the Vienna software sector [J]. Economic Geography, 2009, 85 (4): 443-462.

② Fitjar R D, Rodríguez-Pose A. Firm Collaboration and Modes of Innovation in Norway [J]. Research Policy, 2013, 42 (1): 128-138.

③ Lundvall B Å. The learning economy: challenges to economic theory and policy [J]. A Modern Reader in Institutional and Evolutionary Economics: Key Concepts. Cheltenham: Edward Elgar, 2002: 26-47.

④ Isaksen A, Kalsaas B T. Suppliers and strategies for upgrading in global production networks: the case of a supplier to the global automotive industry in a high-cost location [J]. European Planning Studies, 2009, 17 (4): 569-585.

⑤ Huggins R, Johnston A, Steffenson R. Universities, knowledge networks and regional policy [J]. Cambridge Journal of Regions, Economy and Society, 2008, 1 (2): 321-340.

传播及流动，因而当与高校进行合作时会实现这种知识溢出。但是他们并未对区域及跨区域的高校间相互关系进行研究。加入高校这一网络参与主体，必然导致原有网络结构及网络变化的不同。近年来，对高校—企业合作创新的研究已证明，位于同区域可引导创新合作的产生（Laursen，2012）[1]。这证明位于核心区（有更密集研发劳动力）的企业比边缘区的企业有更好的机会与大型研发企业形成联系（Crescenzi，2015）[2]。

由于数据可获取性等客观因素的影响，现有研究的不足在于：一方面只关注以高校知识基础所建立的联系，这类联系组成了知识网络的部分网络结构，具有一定的代表性，但如果同时加入企业主体的合作网络，也就是加入企业与企业、高校与高校的联系网络会更完整（Huggins，2016）[3]。可以质疑的是加入这些联系类型后不仅企业与高校间最高或最低的网络中心性会发生变化，整体网络的变化过程也会表现出不同的轨迹。例如，从网络结构来看，非直接的影响是，加入企业间联系会改变与这些企业相关的高校的中心性；反之，如果加入高校间的联系，相似的变化也会出现。但究竟整合所有联系类型后，全网络的联系变化过程是如何实现的这一问题尚需要进一步的理论及实证研究证明。

另一方面，现有基于不同主体间联系的研究多关注主体在网络中位置的问题，认为高校在知识创造的合作网络中处于中心位置（顾娜娜，2015）[4]，具有较高网络中心性，而在此基础上对基于联系的网络变化轨迹及机理方面的研究仍需要进一步推进。传统对这一问题的研究多通过联合发明专利（TerWal，2013）[5] 及联合发表论文（Hardeman，2012）[6] 等网

---

[1] Laursen K, Masciarelli F, Prencipe A. Regions matter: how localized social capital affects innovation and external knowledge acquisition [J]. Organization Science, 2012, 23 (1): 177-193.

[2] Crescenzi R, Gagliardi L, Iammarino S. Foreign multinationals and domestic innovation: Intra-industry effects and firm heterogeneity [J]. Research Policy, 2015, 44 (3): 596-609.

[3] Huggins R, Izushi H, Prokop D. Networks, Space and Organizational Performance: A Study of the Determinants of Industrial Research Income Generation by Universities [J]. Regional Studies, 2016, 50 (12): 2055-2068.

[4] 顾娜娜. 长江经济带装备工业产学研创新网络研究 [D]. 上海：华东师范大学，2015.

[5] Terwal R. System for accomplishing bi-directional audio data and controlcommunications: U.S. Patent 8, 615, 091 [P]. 2013-12-24.

[6] Hardeman S, Frenken K, Nomaler Ö, et al. A proximity approach to territorial science systems [C] //EUROLIO Conference on 'Geography of Innovation', Saint-Etienne, France. 2012: 24-26.

络结构的研究来表征不同目的及不同合作途径的知识创造及知识流动活动。而如前所述不同主体的组织属性及组织责任不同,即便网络参与主体相同,在整个知识网络中从事不同类型的知识创造活动所形成的网络变化过程也是不同的。

第三节 知识网络演化与区域发展

一、网络演化的概念界定

从"演化"的定义来看,至少有两种形式的变化不能称为演化(Nelson, 2002)[①]。第一,变化具有随机性,未来发生的与先前发生的无关,因此无法对未来发生的事情进行推测。第二,变化是既定的,发展的产出独立与事情发展的先后顺序。从根本上说,平衡理论决定了平衡稳定性,即最终产出需要既独立于始发条件又独立于后续的事件(Martin and Sunley, 2006)[②]。与之相反,演化所产生的变化是未来事件并未独立于先前发生的事件并与产生的最终结果有所区别。演化的变化是路径依赖和偶然性因素共同作用的产物。路径依赖是累计因果关系的概念,其中按顺序发生的某些事情对未来事件产生不平衡的偏好。经济活动是开放的体系并不能被事先决定也不能运用一般的空间法则进行预测(Sayer, 2000)[③]。如果演化既不是随意的又不是被决定的,那么学术研究需要同时关注这两个方面,这种累计因果关系和导致路径依赖的机制及产生偶然性的机制和产生的新变化导致潜在路径破坏的机制。

任何网络演化的基础都源于"某时间 T1 的结构维度跨组织网络联系如何影响组织成员的互动——特别是,在某时间 T2 中与其他组织形成的

[①] Nelson R R, Winter S G. Evolutionary theorizing in economics [J]. Journal of economic perspectives, 2002, 16 (2): 23 – 46.

[②] Martin R, Sunley P. Path dependence and regional economic evolution [J]. Journal of economic geography, 2006, 6 (4): 395 – 437.

[③] Sayer A. Realism and social science [M]. Sage, 2000.

联系"(Kenis and Knoke,2002)①。网络轨迹的概念在分析网络演化中与之相似(Kilduff and Tsai,2003)②,是将演化、网络以及地理相结合的概念:描述了地理及历史研究中的网络在早期联系形成积累与未来联系形成积累过程中的特殊路径,其中路径破坏以及变化是内生因素。这种视角以动态的分析单一关系及整个网络关系为基础。网络演化理论关注现有网络中新的生产联系,相反也包括结构对联系形成所产生的影响。因此,从分析单元来看总是形成双重联系,而网络结构是知识的对象。

演化体系以选择、保留(连续性)及变化为准则(Nelson and Winter,2002)③。在定义了相互关系中选择的原则后,需讨论信息联系的连续性及变化。连续性更关注能复制并巩固现有网络结构的新联系的累积结构机制,且仅局限于路径依赖方面。演化理论关注通过随机性事件所表现出的生产所需多种内生因素超过外生因素的假设。而本书更强调用外生网络变化解释现有路径下的创新产生过程,旨在探索网络演化对演化经济学的贡献。基于此,网络演化路径存在两个方面的相关研究:一方面是探究网络轨迹中地理空间发挥的潜在作用,另一方面就是探究地方网络演化对区域创新的作用方面。

二、网络演化的主要过程

网络演化过程大致可以概括为几个主要的内容,总结来看包括关系选择、滞留及关系转变。

首先,网络关系选择是关系优势中的竞争选择。选择机制通常是由环境决定的,生物学中是自然环境选择生物适合度(自然选择),相应演化经济中是市场竞争选择了企业(竞争选择)。因此,在网络环境中,选择归因于网络成员间形成的关系(Ahuja,2000;Venkatraman and Lee,

---

① Kenis P, Knoke D. How organizational field networks shape interorganizational tie-formation rates [J]. Academy of Management Review, 2002, 27 (2): 275-293.

② Kilduff M, Tsai W. Social networks and organizations [M]. Sage, 2003.

③ Nelson R R, Winter S G. Evolutionary theorizing in economics [J]. The journal of economic perspectives, 2002, 16 (2): 23-46.

2004)①②。因此选择原则需要特殊条件实现。与企业、路径、技术选择等具有实体关系的选择不同,网络中的联系是一对参与者之间的关系。这表明联系的选择不仅受外部环境影响,也受网络中包含的所有成员决定的影响。这也暗示了选择机制具有双重概念化,选择是一种关于关系适应程度的外生变化作用,同时也是通过网络内部关系双方进行选择变化的内生机制作用。新关系可能在网络中已有联系的主导企业间或没有前期联系的新企业间产生。完整的网络演化理论应涵盖这两个方面,联系及节点出现或显示的过程。从实用性角度来看,与其他企业保持长久关系的一个重要动机是获取外部资源准入(Pfeffer and Salancik,1978)③,这减少或增强了企业对未来合作伙伴的吸引力。联系选择竞争的过程有赖于内生及外生动态变化的共同作用。如两家企业间的关系会变得更具吸引力由于外生因素的动态变化(如市场规则等),但同时也受网络内生因素的影响(如乙方参与者由于第三方合作伙伴而变得更具吸引力),本书的研究重点集中于讨论网络变化演化的内生机制。

其次,滞留表现了地方依赖及网络演化。网络滞留是指过去的选择倾向对未来关系的选择结构的影响作用。滞留机制从联系保持或路径依赖形成中获得,如 Burt(2000)④ 指出衰退是随时间变化的机制,随联系及节点年份的增加而减少。网络联系具有地方外部性特征,联系外部性更能增加地方联系而不是区域外部联系(Sorenson and Stuart,2001)⑤。空间邻近是一个作用因素,Powell(2005)⑥ 通过对生物技术战略联盟的研究发现,

---

① Ahuja G. Collaboration networks, structural holes, and innovation: A longitudinal study [J]. Administrative science quarterly, 2000, 45 (3): 425 – 455.

② Venkatraman N, Lee C H. Preferential linkage and network evolution: A conceptual model and empirical test in the US video game sector [J]. Academy of Management Journal, 2004, 47 (6): 876 – 892.

③ Pfeffer J, Salancik G R. The external control of organizations: A resource dependence approach [J]. NY: Harper and Row Publishers, 1978.

④ Burt R. The network structure of social capital [J]. Research in organizational behavior, 2000 (22): 345 – 423.

⑤ Sorenson O, Stuart T E. Syndication networks and the spatial distribution of venture capital investments [J]. American journal of sociology, 2001, 106 (6): 1546 – 1588.

⑥ Powell, W. W., White, D. R., Koput, K. W. and Owen-Smith, J. Network dynamics and field evolution: The growth of interorganizational collaboration in the life sciences. American journal of sociology, 2005, 110 (4), 1132 – 1205.

当两家企业处于共同区位时产生的新联系与反复产生的联系相似。另一研究强调地方企业联盟知识溢出的作用,并发现网络补偿关系中的共同区位及区域内部合作,补充了联盟网络中企业中心位置的缺失带来的不利影响。"在这儿"弥补低中心性的不足,信息溢出为技术及知识密集型产业的联合区位及集群增长提供了一定的累积优势,地方企业关系在建立后比远距离的关系更持久及有利(Schutjens and Stam,2002)[①],地方制度化机制是这一作用的解释。Doreian 和 Woodard(1999)[②] 对网络进行划分,外部—地方类型的体制关系不能被复制,然而网络结构中的地方关系体制取决于具有相同的客户群体。空间邻近会影响进入网络的节点数,除了地方联系累积形成对联系外部性的作用外,共同区位机制进一步增强了地方依赖性集群。

最后,网络变化是路径破坏和创新的结构来源。对大量企业内部网络的实证研究证明,企业内部网络通常具有相似性。其显著的表现形式是以高级地方集群及短期全球性分离为特征(Watts,1999)[③],表现出高水平的稳健特征。在达尔文进化论中,变化被定义为随机的突变进程,也就是将创新定义为外生环境,而经济学中则致力于对新机制和新发展路径的探究(Glückler,2007)[④],因此变化是网络形成及扩散内生作用机制。组织间关系研究文献中指出,网络结构连续性及变化的主要来源是通过非连续性网络集群间的桥接实现的。关系选择影响了网络中资源的流动及重组,非联系参与者的知识、选择及路径通过非联系型集群间结构洞的桥接进集群(Burt,2004)[⑤]。也就是说,组织外部联系缩短了组织内关系的持续性。这种已有边界的偶然性关系提出了开放式社会及经济关系中的变化内生因素。从企业角度来看,已有实证案例证明,战略联盟在企业出现的前

---

① Schartinger D, Rammer C, Fischer M M, et al. Knowledge interactions between universities and industry in Austria: sectoral patterns and determinants [J]. Research policy, 2002, 31 (3): 303 – 328.

② Doreian P, Woodard K L. Local and global institutional processes [J]. Research in the Sociology of Organizations, 1999 (16): 59 – 83.

③ Watts D J. Networks, dynamics, and the small-world phenomenon [J]. American Journal of sociology, 1999, 105 (2): 493 – 527.

④ Glückler J. Economic geography and the evolution of networks [J]. Journal of Economic Geography, 2007, 7 (5): 619 – 634.

⑤ Burt R. Structural holes and good ideas [J]. American journal of sociology, 2004, 110 (2): 349 – 399.

期阶段到松散阶段再到理性管理后期阶段通过社会嵌入、整合及基于身份的网络转变实现（Lavie，2004）[①]，这种过程为变化及可能的创新提供了渠道。一旦桥接关系建立，偏好依附、嵌入及多种连续性累计机制会提升并实现更远的外部联系。

三、网络演化与区域发展

经济地理及区域经济研究中运用网络这一概念非常普遍，从网络研究视角来看，大量学者对创新情境（innovation context）、区域创新系统（regional innovation system）及集群（cluster）进行研究（Cooke，2011）。实证研究证明，以知识联系为基础特别是讨论组织间网络对创新绩效的作用问题（方创琳等，2014）[②]，通常针对领先区域而非一般欠发达区域，区域往往更具有跨国经济情况的代表性（Huggins and Thompson，2014）[③]。仍存在的问题如组织间网络如何提升区域创新及其在欠发展区域间是如何实现不同的作用过程的。特别对整个网络而言，即将知识网络参与者在网络中整体位置及中心性问题纳入考虑范围讨论其与所在区域创新及绩效关系问题。这种研究思路是将联系作为一种测算标准，认为中心性与结构重要性或网络参与者的显著性相关，进而测量网络参与者相互作用的程度（Borgatti，2005）[④]。组织绩效可以被理解为，如企业和高校等嵌入网络的组织通过网络学习获得优势。被广泛争论的一个问题是被网络参与者所占据的网络空间，通常被认为由关系和关系间的相互作用构成，或许至少与网络参与者所在的地理空间因素同等重要（Huggins，2012）[⑤]。网络参与

---

① Lavie D. The evolution and strategy of interconnected firms: A study of the unisy allence network [C]. //Academy of Management Proceedings. Academy of Management, 2004, 2004 (1): E1 - E6.

② 方创琳，马海涛，王振波，等. 中国创新型城市建设的综合评估与空间格局分异 [J]. 地理学报，2014，69 (4)：459 - 473.

③ Huggins R, Thompson P. A Network-based view of regional growth [J]. Journal of Economic Geography, 2014, 14 (3): 511 - 545.

④ Borgatti S P. Centrality and network flow [J]. Social networks, 2005, 27 (1): 55 - 71.

⑤ Huggins R, Johnston A, Thompson P. Network capital, social capital and knowledge flow: how the nature of inter-organizational networks impacts on innovation [J]. Industry and Innovation, 2012, 19 (3): 203 - 232.

者在网络空间中可被用于通过社会网络分析法，分析网络参与者在特定网络结构中的网络位置。

越来越多的研究致力于分析知识网络结构对创新产出或创新绩效的影响作用（Whittington，2009；李丹丹等，2015；史焱文等，2016）[1][2][3]。特别是研究将网络结构的概念例如"小世界"，密集型的集群网络参与者通过相对弱桥接关系与其他集群联系（Gulati，2012）[4]。类似的是关于"结构洞"的理论，即在网络中的参与者先与那些以前未被其他人联系的参与者联系在一起被认为是占据了优势及中心位置（Massard and Mehier，2009）[5]。这些研究都倾向于强调网络参与者中心性是创新产出的决定因素，以及何种尺度延伸下网络参与者嵌入封闭或开放的网络中（Cassi and Plunket，2015）[6]。已有研究强调企业或创新主体的创新回报问题，而区域的创新回报这一问题是源于 Fleming（2007）[7] 的研究提出的关于网络结构与区域创新生产力的关系问题。除此之外，也有关于网络与地理空间关系的研究，已有研究证实的是网络参与者在整体网络中的网络位置与其所在区域的创新或区域经济绩效相关（Boschma and Frenken，2010）[8]。已有研究也提出网络本质与知识流动的类型有关。虽然特定网络中网络参与者的位置具有一定权力，这与资源相关，网络参与者是在实现现有关系间的作用变化的。从个体层面来说，这些资源以社会资本形式体现，包括

---

[1] Whittington K B, Owensmith J, Powell W W. Networks, Propinquity, and Innovation in Knowledge-intensive Industries [J]. Administrative Science Quarterly, 2009, 54（1）：90-122.

[2] 李丹丹，汪涛，魏也华，等. 中国城市尺度科学知识网络与技术知识网络结构的时空复杂性 [J]. 地理研究，2015（3）：525-540.

[3] 史焱文，李二玲，李小建. 地理邻近、关系邻近对农业产业集群创新影响——基于山东省寿光蔬菜产业集群实证研究 [J]. 地理科学，2016，36（5）：751-759.

[4] Gulati R, Puranam P, Tushman M. Meta-organization design：Rethinking design in interorganizational and community contexts [J]. Strategic Management Journal, 2012, 33（6）：571-586.

[5] Massard N, Mehier C. Proximity and innovation through an 'accessibility to knowledge' lens [J]. Regional Studies, 2009, 43（1）：77-88.

[6] Cassi L, Plunket A. Research collaboration in co-inventor networks：combining closure, bridging and proximities [J]. Regional Studies, 2015, 49（6）：936-954.

[7] Fleming L, King III C, Juda A I. Small worlds and regional innovation [J]. Organization Science, 2007, 18（6）：938-954.

[8] Boschma R, Frenken K. The spatial evolution of innovation networks. A proximity perspective [J]. The handbook of evolutionary economic geography, 2010：120-135.

从个体间网络产生的相关利益。从组织层面来看，这些资源被看作网络资本，包括组织间的利益等（Huggins and Thompson，2014）[①]。这就指出了关注不同知识资源、不同知识活动及差异化区域情境的重要性，也与网络参与主体位置及其作用变化相关，进而对区域创新及绩效产生差异性的影响作用。

区域发展是区域产业不断演化、转型与升级的过程（贺灿飞，2018）[②]。从地理空间与网络关系视角来看，一方面从网络研究视角来看，地理要素是外部性因素组成了网络情境的一部分；另一方面从地理研究视角来看，网络受空间的限制而形成。这两种观点实质上是可以相互调节的，在知识创造的情境下，已有理论研究指出地理空间与网络关系间存在相互的影响作用（Glückler，2013）[③]。地理情境既可以是网络形成的条件和制约，网络又可以是地理空间与知识创造间的中介和制约。

网络演化机制是由于创新路径依赖网络轨迹保留形成的累积机制产生的。除了路径依赖如何建立等方面的研究（Martin and Sunley，2006）[④]，网络演化研究近来也增加了网络专业化机制，如偏好依附、嵌入及多维联系等引导了组织相互关系的依赖性因素（段德忠，2018；周灿，2018）。更重要的是，合适的经济增长的演化理论应该能去解释创新的内生因素。网络结构并非结束而是经济增长及创新的"助推器"。网络结构不应被认为起决定性作用，更多地应关注微观层面跨边界活动机理及影响动力问题。

近年来，大量研究涌现出对空间情境中网络结构的研究（Bergman and Maier，2009；Boschma，2012；Broekel and Hartog，2013；Knoben and Oer-

---

[①] Huggins R, Thompson P. A Network-based view of regional growth [J]. Journal of Economic Geography, 2014, 14 (3): 511-545.

[②] 贺灿飞. 区域产业发展演化：路径依赖还是路径创造？[J]. 地理研究, 2018, 37 (7): 5-19.

[③] Glückler J. Knowledge, networks and space: connectivity and the problem of non-interactive learning [J]. Regional Studies, 2013, 47 (6): 880-894.

[④] Martin R, Sunley P. Path dependence and regional economic evolution [J]. Journal of economic geography, 2006, 6 (4): 395-437.

lemans，2012）①②③④，特别是网络结构确保知识流动及创新模式的研究（Dicken and Malmberg，2001）⑤。这将网络的结构与地理特殊情境下的区域创新发展及路径建立了有效的关系机制。区域网络关系演化的过程通过不同尺度网络连接得以实现，其中主要包括区域间全球桥接、地方桥接、地方中介及临时性中介等方式。其中区域间的地方桥接指的是，具有差异性但又同时位于网络集群共同区位内的桥接关系。地方桥接与学习型区域及内生区域发展概念一致（Hassink，2005）⑥，变化是通过区域集群关系内重组及相互关系实现的。变化的维度及范围在很大程度上有赖于地方网络集群的多样性。这与城市由于地方多样性有利于创新的概念一致。城市变化增强了产业和次级集群网络间的溢出效应并增强了区域增长。然而，创新不仅是未联系区域间的桥接也是不同网络间的桥接。在早期组织生态学权变方法中，网络变化被看作是对外部环境变化的适应过程（Lomi，2005）⑦。相反，群落生态学方法（Freeman and Audia，2006）⑧通过构建更系统化的生态网络框架实现网络环境的二元理论，网络生态系统将相关网络的反馈路径看作协同演化的历程。网络作用的渐进性演化会影响相互作用网络中的演化方向，共同促成了生态社区的形成。将区域作为地方社区的观点更好地理解了创新作为社会网络、它

---

① Bergman E M, Maier G. Network central: regional positioning for innovative advantage [J]. The Annals of Regional Science, 2009, 43 (3): 615-644.

② Boschma R, Frenken K, Bathelt H, et al. Technological relatedness and regional branching [J]. Beyond territory. Dynamic feographies of knowledge creation, diffusion and innovation. Routledge, London, 2012: 64-81.

③ Broekel T, Hartog M. Explaining the structure of inter-organizational networks using exponential random graph models [J]. Industry and Innovation, 2013, 20 (3): 277-295.

④ Knoben J, Oerlemans L A G. Configurations of inter-organizational knowledge links: Does spatial embeddedness still matter? [J]. Regional Studies, 2012, 46 (8): 1005-1021.

⑤ Dicken P, Malmberg A. Firms in territories: a relational perspective [J]. Economic geography, 2001, 77 (4): 345-363.

⑥ Hassink R. How to unlock regional economies from path dependency? From learning region to learning cluster [J]. European Planning Studies, 2005, 13 (4): 521-535.

⑦ Lomi A, Larsen E R, Freeman J H. Things change: dynamic resource constraints and system-dependent selection in the evolution of organizational populations [J]. Management Science, 2005, 51 (6): 882-903.

⑧ Freeman J H, Audia P G. Community ecology and the sociology of organizations [J]. Annu. Rev. Sociol., 2006 (32): 145-169.

们之间物质及制度资源偶然性相互关系及反馈的资本,这与地方创新场(creative field)的概念一致(Scott,2006)①。近来的研究强调对更广泛社区及制度社会的研究,从而更好地理解真正区域经济变化(Rodríguez-Pose,2006)②。从战略上讲,长期持续性的网络演化轨迹受多样性关系支撑。

地方中介(brokering)是另一种情况。在这种情况下,一般认为只有弱联系会进行本地协作,而在集群拓扑中的联系都是地理分离的,网络边缘地区会进行本地合作,这些弱联系的内部锁定会由于知识及其他地方企业高度多元化而实现收益最大化。分离的多元化集群网络中的地方中介会因此形成知识的新重组,实证研究中称其为卫星平台(Markusen,1996)③,如跨国企业进行地方合作去获取跨领土界限的区位优势。企业也有优越的国际关系,同时在卫星平台保持自己独立的区位。尽管这种地理网络的形成是一种例外,但在全球经济中仍具有突出的地位。

一方面,高技术研究与开发活动使跨国竞争者能够实现在彼此地理邻近的情况下分配给全球中心(Zeller,2004)④。另一方面,全球制造业离岸发展及跨国公司的地方合作实现了企业的专业化进程。相似活动在这些边缘地区的集聚通过地方中介为创新提供了机会。移动性中介指的是如博览会、国际会议或其他形式的物理相遇形式在内的临时性集群活动,地理邻近性被认为在固定区位才可以实现,随着旅行技术以及移动形式使短暂的相遇成为可能。最终创新及联系选择中的变化是固定区位的概念,同时推测非联系型企业(或企业管理者)的网络集群在地理上是分散的。地区作为网络演化情境的挑战,不考虑连续性、变化等内生机制,环境也成为改变的重要条件。例如,制度平台下的变化及差异如何影响网络演化?由

---

① Scott A J. Creative cities: Conceptual issues and policy questions [J]. Journal of urban affairs, 2006, 28 (1): 1 - 17.

② Rodríguez-Pose A, Storper M. Better rules or stronger communities? On the social foundations of institutional change and its economic effects [J]. Economic geography, 2006, 82 (1): 1 - 25.

③ Markusen A. Sticky places in slippery space: a typology of industrial districts [J]. Economic geography, 1996, 72 (3): 293 - 313.

④ Zeller C. North Atlantic innovative relations of Swiss pharmaceuticals and the proximities with regional biotech arenas [J]. Economic Geography, 2004, 80 (1): 83 - 111.

于如惯习、惯例等制度因素定义了相互作用的规则，当然就会影响内部企业网络轨迹（Maskell and Malmberg，2007）[1]。

第四节　装备工业知识网络

一、装备工业概念界定

装备工业又称装备制造业，既是发展制造业的核心组成，也是国家工业发展的关键及基础，装备工业的发展对国家整个制造业的发展具有很强的示范带头作用，装备工业的发展能推动整个产业的调整及升级。近年来，学者们对装备工业的创新网络进行了深入的研究（林兰等，2017；王秋玉等，2016）[2][3]。具体来看，装备工业能够为国家重工业经济部门如电力、冶金和石化等部门以及国防建设提供强大的保障和支持（Liefer and Zeng，2016）[4]。按国民经济行业划分，装备工业能够被划分为下述类型：通用装备制造、专用装备制造、金属制品、交通运输设备制造、电器装备及器材制造、电子及通信设备制造、仪器仪表及文化办公用装备。由于装备制造产业门类繁多，因此装备制造产品门类也有很大差异，按大类划分主要包括重大基础机械设备、国民经济各部门科学技术及军工重大成套技术装备等（熊新，2013）[5]。从装备工业产业链视角来看，其主要包括西部的装备制造原料制造，产业链中部的机械零部件、机械元器件等制造，下游的装

---

[1] Maskell P, Malmberg A. Myopia, knowledge development and cluster evolution [J]. Journal of Economic Geography, 2007, 7 (5): 603–618.

[2] 林兰，曾刚，吕国庆. 基于创新"二分法"的中国装备工业创新网络研究 [J]. 地理科学，2017, 37 (10): 1469–1477.

[3] 王秋玉，曾刚，吕国庆. 中国装备工业产学研合作创新网络初探 [J]. 地理学报，2016, 71 (2): 251–264.

[4] Liefner I, Zeng G. China's Mechanical Engineering Industry [M] // China as an Innovation Nation. 2016.

[5] 熊新. 开放式创新环境下装备制造企业吸收能力演化机理研究 [D]. 哈尔滨工业大学，2013.

备子系统以及整体技术集成（商小虎，2013）①。其中产业链下游的子系统技术集成涉及的知识类型丰富，集成技术复杂程度高，是整个装备制造的关键。

基于以上装备工业整体特征，本书以重大基础机械设备为研究对象，主要包括如工程机械、仪器仪表、机床工具、电工工具、机械基础件、食品包装机械等。该类装备制造产品多属于技术密集型产品，一般具有多组织共同参与、技术研发多层次性、知识系统性及复杂性等特征。这一特征符合 Hobday（1998）② 复杂产品系统特征，即生产技术密集、高成本或者技术复杂的产品、系统或制造设备时，其生产的单元可以是单个的企业、合作组织或者企业集群等形式。具体来看，从数据检索角度，本书按国民经济行业划分装备工业可分为 7 大类，进而按装备制造产品进行更细致的划分。其中，具体包括如数控机床、柔性制造系统、柔性制造单元、计算机集成制造系统、工业机器人、大规模集成电路及电子制造设备；电力设备、输变电、化工、交通运输、环保设备；液压、气动、轴承、密封、模具、刀具、低压电器、微电子、电力电子器件、仪器仪表及自动化控制系统等共 23 个小门类（顾娜娜，2015）③，本书在此分类基础上进行具体数据检索及处理。

二、装备工业知识特性及技术合作

从装备工业所包含的知识和技术特点来看，具有技术含量高、涉及知识门类及范围广泛的特点，且其并不是独立于其他产业外，其与相关产业有较高的技术关联性，属于系统性和复杂性极强、技术集成度高、涉及领域广的产业。特别是高端装备制造产品，更是典型的集技术复杂性和高度集成性一体的产品，因为其在生产过程中具有生产系统复杂性、技术创新成本高等特征，装备制造的发展在资金成本投入的基础上更需

---

① 商小虎. 我国装备工业技术创新模式研究［D］. 上海社会科学院，2013.
② Hobday M. Product Complexity, Innovation and Industrial Organization［J］. Research Policy, 1998（26）：689–710.
③ 顾娜娜. 长江经济带装备工业产学研创新网络研究［D］. 上海：华东师范大学，2015.

要有高成本的创新技术及研发区人员等投入。另外，一套装备设备或装备系统往往不是单一的产品，体现了多系统的集成创新，需要将多设备结合组成复杂系统，因此，装备工业的特性也决定了其知识的复杂性，不仅局限于单一领域，也是多领域的复杂知识创新和合作应用过程。进而，从装备工业包含的知识角度来看，其必然包含每部分子系统所需的核心技术知识及整体装备的集成知识，也就是复杂知识的学习、积累、整合及转化过程。技术系统性及知识集成性特征使装备工业及装备制造产品的特征符合 Gereffi（2005）[1] 提出的装备工业技术合作主要特征的描述，也就是说，从一定程度来看装备工业技术的复杂性及可复制性较弱的特点决定了其在进行产品研发及生产过程中，往往很难由单个企业掌握全部所需知识及技术，因而进行知识交流、技术合作来实现集成创新成为装备工业生产的必然道路。

装备工业层级式的技术合作特征已被证实（吕国庆，2016）[2]，层级跨越较大的企业间合作性较低且高级核心企业具有较高的合作选择权，但装备企业会有选择性地进行依自身不同的知识或技术需求进行跨组织间技术创新合作，合作基于不同的目的，知识合作类型不同，合作途径及合作层次也不同，进而形成了组织间的知识创新网络。具体来看，其知识及技术的组织间合作创新，如前所述装备产品的系统复杂性决定了装备制造技术具有较强的相关集成特征。而该产业本身基于产业链的上下游联系程度也很高，涉及知识的跨学科、多领域特征使企业自身进行所有知识技术的研发困难较大，因此装备工业企业特别是高端装备企业多选择与拥有专业化知识的高校进行技术开发合作，从而实现知识学习、互补，促成组织间的知识流动。而从技术风险的角度来看，集成的知识技术需求嵌入复杂的组织合作网络中使企业可以更好地实现自身技术的专业化及不同知识技术层面的合作，因为某单一的企业无须完全掌握整套技术知识，而是需要进行不同门类或领域知识的合作，企业需要进行跨组织知识及技术资源的整合和分配，获取自身不具备的技术知识。区域空间重构深受新企业空间差异

---

[1] Gereffi G，Humphrey J，Sturgeon T. The governance of global value chains [J]. Review of International Political Economy，2005，12（1）：78-104.

[2] 吕国庆. 中国装备工业创新网络研究 [D]. 华东师范大学，2016.

的影响（史进、贺灿飞，2018）[①]，而知识集成的重要途径是通过跨组织的合作实现，网络合作创新模式能有助于企业实现跨组织、跨领域的合作和创新。在这种知识及技术合作需求下，那些能够充分发挥跨组织合作能力，而在组织网络通过契约或非契约途径能更好地建立跨组织关系并实现技术桥接的企业能够更好地实现企业在该领域内的技术创新，进而成为该领域的领导者。

从装备工业的知识及技术主要来源来看，作为技术后发追赶的发展中国家，中国与西方国家存在显著的差异。最初海外跨国公司掌握了技术主动权，国内企业的技术与海外企业技术差距很大，在装备工业中只发挥产品组装加工的作用，位于产业链低端环节，并不能掌握产业发展的核心技术。而近年来中国国内装备制造企业逐渐开始由跨国公司主导核心技术转变为走企业自主创新的道路。装备企业通过跨组织的知识流动进行不同领域的技术合作，合作类型包括企业之间的技术合作、企业与高校及研究机构之间的合作以及高校之间的知识合作等。组织间基于不同目的而进行的合作构建了中国装备工业的区域知识网络。中国装备工业知识网络的已有研究指出，网络创新的核心主体已经从传统的国有企业为主发展到以民营企业为主，现在正逐渐朝以高校为主的方向发展，近年来，民营企业、高校在中国装备制造产业创新网络中的地位不断上升、数量不断增加，且已经成为重要的创新源泉（王秋玉等，2016）[②]。可见高校及研究机构在中国装备工业的后发技术追赶中起到了重要的作用，不仅在网络逐渐处于核心地位，且能与能级较高的高校或研究机构建立的联系逐渐成为沟通整个技术创新网络的桥梁，这种联系更在跨区域的知识交流合作中起到了桥接作用。

第五节

本章小结

本章从经济地理学网络关系及网络演化视角出发，综述知识创新、网

[①] 史进，贺灿飞. 中国新企业成立空间差异的影响因素——以金属制品业为例 [J]. 地理研究，2018, 37 (7): 1282-1296.

[②] 王秋玉，曾刚，吕国庆. 中国装备工业产学研合作创新网络初探 [J]. 地理学报，2016, 71 (2): 251-264.

第二章 知识网络演化理论研究进展

络关系演化及地理空间之间的作用关系。

首先,网络主体关系与知识创新。在讨论创新的过程中,高校日益发挥了越来越重要的作用,已成为新技术的重要来源。企业在创新中往往会在高校体系中寻求专业化团队进行合作来实现新技术研究,这也是为什么高校要参与申请专利的一个原因。高校之间如今也建立了更加紧密的合作,学术研究领域合作发表论文日益增多,自然科学研究领域研究成果的需求以及研究费用也日益增加,使某单一的高校研究团队往往不能满足研究的需求或是不能承担高昂的研究费用,这也是单高校会与其他高校进行合作的原因。另外,知识创新中基础知识及技术知识网络之间有着怎样的关系?为何高校会具更中心的网络地位?因为高校的组织责任是将基础知识进行更广范围的推广,而专利的性质是为了实现自己持有某项商业研究成果,所以在参与主体相同的情况下,合作基础研究知识及专利代表的技术知识是两项不同的知识创新活动。

其次,从不同知识创新活动所构成的网络连通性与知识流动研究视角来看,越来越多的学者进一步讨论网络与空间在知识创造中及知识流动中的相互作用问题。当将地理空间也纳入网络及知识流动的讨论中,已有的研究观点主要包括:认为地理空间为网络作用于知识的发展动力,或是起到一定的调节作用;而另一些研究则认为其相对于网络连通性来说是一种非直接的作用因素。通过总结这些观点可以看出,对知识、网络及空间的相互作用关系问题的研究仍存在一些争论及值得研究的问题。

当将知识创新及网络关系,特别是网络关系随时间的演化置于一定地理空间情境内,其之间究竟关系如何。已有研究已从网络闭包作用及空间邻近关系视角分析,提出网络三元闭包的作用在知识创造及流动中会越来越强,因为三元闭包累计效应可以实现跨地理空间长距离的合作,进而极大降低空间邻近的作用。但问题在于,已有的研究多从统计研究的角度出发(Zander and Kogut, 1995; Gittelman, 2007)[1][2] 讨论技术网络中地理距

---

[1] Zander U, Kogut B. Knowledge and the speed of the transfer and imitation of organizational capabilities: An empirical test [J]. Organization science, 1995, 6 (1): 76 – 92.

[2] Gittelman M. Does geography matter for science-based firms? Epistemic communities and the geography of research and patenting in biotechnology [J]. Organization Science, 2007, 18 (4): 724 – 741.

离与网络闭包的相互作用关系,及随时间的推移距离与网络闭包作用强弱的变化。然而对这种作用的具体过程及机理研究不足,即如何通过对具体知识网络联系的动态变化视角解释网络闭包的作用机制研究仍不清晰。因此,本书首先需要明晰的问题就是何种联系推动了知识网络的变化?闭包关系与二次闭合关系在网络变化过程中究竟如何发挥作用?

最后,在明晰网络连通如何作用的基础上,进一步讨论跨区域网络的知识创造过程及知识子网络间的关系作用机理问题。已有研究关注不同知识网络的差异,而研究关注了不同知识子网络结构、空间结构及嵌入网络研究的区域发展的差异对比(Wanzenböck and Scherngell, 2014; Lata and Scherngell, 2015)①②。通过对知识子网络进行统计描述性的对比为后续研究打下了很好的基础,但是忽略了两者间的相互关系问题。例如,将不同知识创造活动子网络叠置到一起,它们之间存在怎样的相互关系,知识是如何通过不同类型的联系在从事不同活动的子网络间实现创新及流动的这一问题有待进一步探讨。所以将不同目的及途径的知识创造活动按不同类型组织关系整合,进行全网络的动态过程分析非常有必要。

因此,综述已有分别对企业联系及高校联系的研究,同时结合不同知识创造活动网络的研究不足,本书提出的主要研究问题为:第一,区域间关系建立的规律是怎样的,特别是不同区域间与高校建立的关系对后续合作及不同关系的建立过程产生了怎样影响?第二,已有研究已分别对基础知识网络及技术知识网络进行分析,但它们之间的相互关系及相互作用过程怎样?本书期望通过对不同知识类型子网络的全网关系作用过程分析以找出以上问题的解释。

将网络的跨区域连通置于区域发展层面,从网络如何作用于区域发展层面来看,已有研究将网络与区域关系进行结合,讨论区域创新或区域经济绩效与网络参与者在整体网络中位置的关系(Boschma and Fren-

---

① Wanzenböck I, Scherngell T, Brenner T. Embeddedness of regions in European knowledge networks: a comparative analysis of inter-regional R&D collaborations, co-patents and co-publications [J]. The Annals of Regional Science, 2014, 53 (2): 337 – 368.

② Lata R, Scherngell T, Brenner T. Integration Processes in European Research and Development: A Comparative Spatial Interaction Approach Using Project Based Research and Development Networks, Co-Patent Networks and Co-Publication Networks [J]. Geographical Analysis, 2015, 47 (4): 349 – 375.

ken,2010)①。由于距离的作用在远距离知识创造及流动过程中的作用正逐渐降低,相关研究通过统计分析案例证明,拥有更多跨区域网络联系主体的区域比区域内联系主体多的区域更有利于创新及经济发展,这强调了网络参与者作为桥接机构对跨边界合作关系建立的重要性(Cassi and Plunket,2015)②。此方面的研究搭建了区域创新及区域经济发展与网络结构间的联系,肯定了拥有不同尺度联系的区域其创新及经济绩效是有差异的这一观点,但单纯的统计研究忽视了区域随时间的变化过程,也就是区域如何拥有不同种联系的类型中变化的,其是否在网络中有一定的变化次序?而这种次序是否又因不同的地理情境或不同的地理发展阶段而不同?而装备工业集成创新及组装工业的产业特性可以很好地进行知识网络创新及区域路径的研究分析。

区域在网络中轨迹的分析,对实证研究中差异性区域如何更好地实现区域创新提供了良好的决策基础。在区域发展政策决策中不仅要考虑区域所拥有的网络主体及联系类型的现状,将区域情境差异及其遵循的不同路径过程纳入考虑范围,嵌入发达区域与落后区域情境和阶段差异的整体研究视角,才能更好地讨论区域如何实现创新的过程问题。

---

① Boschma R, Frenken K. The spatial evolution of innovation networks. A proximity perspective [J]. The handbook of evolutionary economic geography, 2010: 120 – 135.

② Cassi L, Plunket A. Research collaboration in co-inventor networks: combining closure, bridging and proximities [J]. Regional Studies, 2015, 49 (6): 936 – 954.

第三章

长江经济带区域情境及装备工业发展评价

2013年,国家发改委正式将长江经济带范围确定为包括上海、江苏、浙江、安徽、江西、湖北、湖南、重庆、四川、云南和贵州的9省2市。本书中长江经济带区域与国家战略划分一致,将长江沿线9省2市包含的地级市作为研究对象,进而将经济带划分为长三角城市群、长江中部城市群及长江西部城市群,并分别进行分区比较研究。

长江经济带建设背景及目标在于发展长江的流域经济,围绕"科技引领、创新发展",推进长江经济带创新及区域发展的战略建设。在此目标下,形成沿江城市群为节点,多中心的城市经济圈主体,东、中、西相连的经济发展带。长江经济带内建设一体化的工业走廊,一方面带动了长江经济带发展;另一方面也以更强的实力参与国际产业竞争及国际市场竞争;还可更合理地进行产业调整和产业布局。因此,在长江经济带产业协同发展的战略背景下,笔者选取长江经济带装备工业作为研究对象,总结长江经济带整体发展历程,以及经济带内异质性区域经济发展水平、创新产出、创新绩效的差异。进而分别分析长三角城市群、长江中部城市群以及长江西部城市群科学知识及技术知识合作趋势,为不同区域间创新网络的研究开展奠定基础。

第一节

长江经济带装备工业发展历程

经济带以经济较发达的核心城市为节点,通常以一定的经济、交通或自然条件为轴线，通过不同城市节点间的网络关系形成具有一定范围的经济区或走廊。长江经济带是从区域经济发展的视角对长江流域进行的研究和分析。

装备工业是中国制造业的关键组成部分，也是长江经济带发展的重点产业，对国民经济增长、综合国力提升一级我国的工业化发展都有极大的推动作用。1987年，我国装备工业总产值已达2898.46亿元（顾娜娜，2015）[1]，自1990年以来，平均年增长率长期保持在25%以上，与中国GDP和工业总产值增速相比，高出约15%。国内工业经济指标占比超过20%，不仅在国内发挥重要作用，其出口额在全国外贸总出口额中占比也超过25.5%。2013年，中国装备工业年均增长约17.5%，占全球装备工业比重过1/3，至2014年底总产值近40万亿元，远超全球各大主要国家和经济体的发展水平。虽然长江经济带战略部署落定于2014年《关于依托黄金水道推动长江经济带发展的指导意见》的实施。但此前国家已出台各项政策推进长江经济带城市群之间的跨区域协同创新及发展，同时将装备工业纳入重要发展产业。1987年国家提出"T"字形发展战略，长江沿线成为经济发展的重要轴线。1993年国家第八届四次会议提出建设包括长三角城市群在内的长江流域跨省市经济区，该阶段是长江经济带装备工业发展的准备期。自2001年，国家技术转移中心建立，长江经济带产业协同发展进入起步阶段，强调充分发挥经济带内高校与企业间的产学研合作优势，以及跨区域创新融合发展。至2003年的《杭州宣言》倡导进一步加快跨区域协同创新，长江经济带装备工业创新合作的深度和广度增强。此后，长江经济带装备工业进入形成发展阶段，国家"十一五"及"十二五"规划中都提出振兴装备工业发展的战略部署，并于2010年将高端装备工业列为国家战略性新兴产业。装备工业具有技术含量高、产业关联度大、规模经济效应明显的产业发展特征，因此对接国家发展的整体战略，装备工业在长江经济带整体产业结构调整及区域合作及协同创新中发挥极为重要的战略作用。

1987~2011年，长江经济带装备工业总产值由1410.94亿元增至132166.56亿元，占全国工业总产值近45%。利润总额由144.52亿元涨至9146.1亿元，年均增长率达18.87%。至2014年，整个长江经济带装备工

---

[1] 顾娜娜. 长江经济带装备工业产学研创新网络研究［D］. 上海：华东师范大学，2015.

业的总产值高达20万亿元，在全国装备工业中占比超过50%。可见，长江经济带装备工业对全国装备工业发展都具有极为重要的示范带头作用。1990～2014年，长江经济带装备工业发展速度极快，年均增长20.82%。利润总额年均增长率大于18.87%，该地区装备工业总产值在全国范围内占比始终高于44%。已形成上海临港、四川德阳装备产业示范基地，上海长兴船舶及海洋装备产业集聚区等。长江经济带装备工业产业规模及技术水平全国领先，具有非常重要的研究价值。

长江流域经济带城市群间协同发展发展有迹可循，是学者及国家研究的重点核心区域。长江经济带装备工业在区域产业转移及战略性新兴产业发展过程中地位重要、发展迅速。2014年前实现从准备阶段到发展阶段的跨越式发展。因此对长江经济带装备工业知识创新的研究不能只局限于对现状的把握，对经济带战略部署确定前的发展历程及在该历程背景下，不同区域如何实现跨区域创新合作过程的研究尤为重要。基于此，笔者以1989～2013年长江经济带装备工业为例，从网络研究视角讨论区域的创新发展路径及机理问题，将对准确把握未来区域协同创新路径具有重要的借鉴意义。

第二节

长江经济带区域情境的空间分异

长江经济带区域间经济发展差异巨大，各地市间处于工业化的不同发展阶段。具体来看，长江经济带包括上海、江苏、浙江、安徽、江西、湖北、湖南、重庆、四川、云南和贵州共11省市。人均GDP是综合反映经济发展水平的重要指标，也是反映工业化阶段的直观指标。据美国经济学家钱纳里的研究，可将工业化划分为六个阶段（不发达经济阶段、工业化初期、工业化中期、工业化后期、后工业化阶段、现代社会）。按照钱纳里划分标准，长江经济带各地市处于工业化发展的六个不同阶段，长三角城市群地区整体已步入后工业化阶段，而长江经济带西部城市群整体还处在工业化初期阶段。长江经济带R&D投入水平较高，经济总量占全国比重为45.62%。长江经济带R&D经费投入和人员投入分别占全国比重为45.47%、44.23%，其中长江经济带R&D经费占GDP比重为2.09%，基本与全国的水平持平，但经济带内部各省市研发投入强度差异较大。

作为异质性区域研究的代表，长江经济带跨区域协同建设成效显著（王丰龙、曾刚，2017）①。2018 年长江经济带云南省人均 GDP 仅为 3.4 万元，四川省 3.9 万元，江西省约 4.3 万元，而上海则已达 12.7 万元，长江经济带东西经济差距巨大。从区域知识基础来看，2014 年长江经济带专利总量就已占全国 50% 以上，2000~2016 年合作专利总量增长了约 15 倍。

一、数据处理及方法

学界关于创新产出的指标选取基本已达成共识，主要集中于专利申请及发表论文方面。本书以国家知识产权局、VIP 论文数据库以及 Web of knowledge 外文数据库作为数据来源，搜索长江经济带 2000~2014 年来各地级市的专利数据及发表论文数作为主要分析数据并对其进行标准化和相应筛选处理，并基于基础数据进行指标选取及长江经济带创新空间差异及绩效空间差异的分析。已有研究多将专利作为知识产出的重要指标（Cohen，2002；Fritsch，2010）②③。而单一的专利指标被认为有一定局限性，并不是所有新知识都转化为创新产品或新技术（Cohen，2002）。部分研究认为专利只代表了 R&D 产出的部分内容，科技论文数、新产品开发数量等都是研发产出变量，如 Hagedoorn④ 用专利数量、专利引用率及新产品数表征企业产出。从创新投入指标来看，国内外已有研究已达成一定共识，多数研究采用研发人员和研发经费作为指标。

根据已有基础及研究需求，结合数据的可获取性，选取专利、发表论文及高新技术产品产值作为区域创新产出类指标，将研发经费投入及研发

---

① 王丰龙，曾刚. 长江经济带研究综述与展望 [J]. 世界地理研究，2017，26（2）：62-71.
② Cohen D H, Kozak R A. Research and technology: market-driven innovation in the twenty-first century [J]. Forestry Chronicle, 2002, 78 (1): 108-111.
③ Fritsch, M., Kauffeld-Monz M. The impact of network structure on knowledge transfer: an application of social network analysis in the context of regional innovation networks [J]. The Annals of Regional Science. 2010, 44 (1): 21-38.
④ Hagedoorn, Cloodt. Measuring innovative performance: Is there an advantage in using multiple indicators? [J]. Research Policy, 2003, 32 (8): 1365-1379.

人员作为衡量研发投入的主要指标。同时考虑长江经济带自身城市规模差异较大,单一规模类指标可反映不同城市的创新能力及规模,却在反映城市研发创新绩效方面存在一定偏差。因此指标选取以已有研究为基础,结合长江经济带区域特征采用研发人员全时当量、单位 GDP 研发经费投入作为创新投入指标,将每千人专利量、每千人论文量及高新技术产业产值率等相对指标作为衡量创新产出的主要指标。考虑到研发活动中投入与产出间存在一定时间滞后性,研发资源投入对产出发挥最大的时滞为 1 年,将产出指标选用 t 年的数据,投入指标则选用 t-1 年的数据。基础数据主要来源于各市《统计公报》(1999~2014 年)、各市《统计年鉴》(2001~2014 年)、各市经济信息委员会网站、相关新闻报道以及已有学术研究文献。科技论文数量来自 VIP 论文数据库和 Web of Knowledge 外文数据库,专利数量来自国家知识产权局(SIPO)。根据投入产出效率指标数量宜少原则,要求(投入指标数目 + 产出指标数目)≤1/3DMU 个数(评价单元)。本书对长江经济带地级市进行研发投入产出效率测度分析。

(1)基尼系数(G)、泰尔指数(T)、变异系数(CV)为反映区域差异的主要测度指数,由于这些指数的测度原理各有侧重,因此会产生不同的结果走势。本书借鉴已有学者的做法将这三个指数进行整合,最终得出创新差异测度的整体指数(GDI),GDI = f(G, CV, T)。其中,基尼系数、泰尔指数、变异系数公式如下:

$$G = 1 + \frac{1}{N} - \frac{2}{N^2 \bar{y}}(y_1 + 2y_2 + \cdots + Ny_n) \quad (3-1)$$

$$T = \frac{1}{n}\sum_{i=1}^{n} \frac{y_1}{\bar{y}}\log\frac{y_1}{\bar{y}} \quad (3-2)$$

$$CV = \frac{\sqrt{\sum_{i=1}^{N}(y_1 - \bar{y})/N}}{\bar{y}} \quad (3-3)$$

其中,y_i 为第 i 个区域的创新产出,$\bar{y}$ 为区域创新产出均值,N 为区域数量。

$$GDI = \sum_{j=1}^{n} W_j f(y_i) \quad (3-4)$$

其中，W_i 为差异性系数的权重值。

（2）全局自相关分析：全局自相关分析主要探索某要素在区域中总体的空间关联和差异，一般采用应用较为广泛的 Moran 指数 I 进行分析。其公式为：

$$\text{Moran'sI} = \frac{\sum_{i=1}^{n}\sum_{j=0}^{n}W_{ij}(Y_i-\bar{Y})(Y_j-\bar{Y})}{S^2\sum_{i=1}^{n}\sum_{j=0}^{n}W_{ij}} \quad (3-5)$$

其中，$S^2 = \frac{1}{n}\sum_{i=1}^{n}[(Y_i-Y^-)Y^-] = \frac{1}{n}\sum_{i=1}^{n}Y_i$。n 为研究区总数，$Y_i$ 表示第 i 地区的观测值，W_{ij} 为二进制邻接矩阵。Moran 指数越大表明空间相关程度越高。

局部自相关分析：局部自相关分析能探究要素的局部空间变化，一般用局部指标 Lisa 来衡量，用 Moran 散点图来表示。局部自相关 Lisa 公式为：

$$\text{Lisa}_i = Z_{ij}\sum jW_{ij}Z_j \quad (3-6)$$

其中，Z_i 和 Z_j 是区域 i 和 j 上观测值的标准化，W_{ij} 是空间权重，$\sum jW_{ij} = 1$。

（3）趋势面是实际曲面的近似值，能模拟地理要素在空间上的分布规律与变化趋势。通常被用来模拟资源、环境、人口及经济要素在空间上的分布规律。通过从地理要素实际数据中分解趋势值来揭示地理要素的空间趋势及规律。利用趋势面分析探索区域创新产出的总体空间分异趋势。

其公式为：

$$Z_i(x_i,y_i) = T_i(x_i,y_i) + \varepsilon_i \quad (3-7)$$

其中，$T_i(x_i,y_i)$ 为趋势函数，表示大范围内的趋势值。ε_i 为自相关随机误差，表示第 i 个区域的创新产出水平真实值与趋势值之间存在的偏差。

（4）核密度估计法适合于点分布模式的可视化表达，公式为：

$$\gamma_h(p) = \sum_{i=1}^{n}\frac{1}{h^2}k\left(\frac{p-p_i}{h}\right) \quad (3-8)$$

其中，$\gamma_h(p)$ 为 p 点密度值；k 为权重函数；$(p-p_i)$ 代表需要密度估值的点 p 与 p_i 之间的距离；h 为带宽即搜索半径。

（5）数据包络分析（Data Envelopment Analysis，DEA）。近年来 DEA 已成为讨论研发及创新绩效问题的主要方法。本书借鉴已有研究方法，评价 M 个城市研发资源的投入产出效率，并假设评价指标体系分为 K 种投入指标，L 种产出指标，设 xmk（xmk>0）代表第 m 个城市的第 k 种资源投入量，yml（yml>0）代表第 m 个城市的第 l 种产出量。对于第 m（m=1,2,…,M）个城市，$\theta(0<\theta\leq1)$ 代表要素资源投入产出效率综合指数，简称综合效率指数；ε 为非阿基米德无穷小量；$\lambda_m(\lambda_m\geq0)$ 为权重变量，用来判断城市研发资源的规模收益情况；$s^-(s^-\geq0)$ 为松弛变量，表示研发资源达到 DEA 有效需要减少的投入量；$s^+(s^+\geq0)$ 为剩余变量，表示研发资源达到 DEA 有效需要增加的产出量（曹贤忠，2015）。公式如下：

$$\begin{cases} \min\left[\theta-\varepsilon\left(\sum_{k=1}^{K}s^-+\sum_{l=1}^{L}s^+\right)\right] \\ s.t. \sum_{m=1}^{M}x_{mk}\lambda_m+s^-=\theta x_k^m \quad k=1,2,\cdots,K \\ \sum_{m=1}^{M}y_{ml}\lambda_m-s^+=y_l^m \quad l=1,2,\cdots,L \\ \lambda_m\geq0 \quad m=1,2,\cdots,M \end{cases} \quad (3-9)$$

基于规模报酬不变（Constant Returns to Scale，CRS）的 DEA 模型，简称 CRS 模型。当存在最优解 $\theta_m=1$ 时，表明第 m 个城市研发资源运行在最优生产前沿面上，该城市研发产出相对于投入达到综合效率最优；当 $\theta_m<1$ 时，表明第 m 个城市研发资源效率无效，若 θ_m 值越接近于 1，表示第 m 个城市研发资源投入产出综合效率越接近有效，反之越低。

公式中引进约束条件 $\sum_{m=1}^{M}\lambda_m=1$，将其转变为规模报酬可变（Variable Returns to Scale，VRS）DEA 模型，简称 VRS 模型，利用 VRS 模型可将综合效率分解为纯技术效率与规模效率的乘积，即 $\theta_m=\theta_{TE}\times\theta_{SE}$。用 VRS 模型得到的效率指数 θ_m 为第 m 个城市研发资源的综合效率指数；θ_{TE} 为对应城市群的纯技术效率指数（Technical Efficiency），有 $0<\theta_{TE}\leq1$，$\theta_{TE}\geq\theta_m$；

规模效率指数（Scale Efficiency，记为 θ_{SE}），$0<\theta_{SE}\leqslant1$，$\theta_{SE}\geqslant\theta_m$。同样对于 θ_{TE}、θ_{SE} 的值越接近于 1，表示研发资源投入产出的纯技术效率、规模效率就越高。当 $\theta_{TE}=1$ 或 $\theta_{SE}=1$ 时，则该城市的研发资源分别为纯技术效率最优或规模效率最优。本书中研发资源投入产出综合效率指研发资源要素的配置、资源利用效率等综合效率，纯技术效率是指技术进步带来的生产效率，规模效率指研发资源当前规模与最优规模间的差距。

Malmquist 指数最早由 Malmquist（1953）作为消费指数提出。若 Malmquist 全要素生产率指数大于 1，表示生产率呈增长趋势；小于 1，则表示下降趋势。全要素生产率指在生产要素投入水平既定的条件下，所达到的额外生产效率。该指标的变化可反映一段时期创新过程中技术进步的情况或创新资源整合配置及效率变化的情况。因此，基于 Malmquist 指数的实证研究不仅能综合评价知识创新绩效，还能分析不同区域知识创新绩效动态变化，全面比较区域间绩效差异。因此，本书将这两种方法结合来测度 2000~2014 年长江经济带城市研发资源的投入产出效率变化。

二、区域经济发展水平空间差异凸显

长江经济带区域间经济发展差异巨大，各地市处于工业化不同发展阶段。人均 GDP 是反映工业化阶段的直观指标，长三角城市群整体已经进入后工业化阶段，而西部城市群整体还处于工业化的初期阶段。

虽然经济带内部具有较大的经济发展水平差异，但不同区域内及区域间也呈经济关系的相互作用网络及内部凝聚组团现象。具体来看，经济联系的高密度区位于长三角城市群以苏州、南京为中心的核心区，经济带的整体经济联系密度呈现向中、西部城市群逐渐减弱的缓冲发展态势；经济带中部城市群的代表城市武汉、南昌、长沙等表现出密度较高的核心特征并能够与下游城市群进行较为密切的经济联系；从经济带西部城市群来看，呈现多核心分散的密度分布状态，重庆、成都、宜宾、贵阳、昆明、遵义等城市各自成为当地的经济核心，但大多数城市与其他区域的联系较弱，只有重庆市通过宜昌与中部城市群进行了经济联系，但其联系通道密度尚待提升。而通过长江经济带凝聚子群分析明确经济带各城市群内部小团体集聚现象。通过长江经济带凝聚子群分析明确经济带各城市群内部小团体集聚现象,这种集聚说明集群内城市经济联系更加紧密,经济合作更加频繁,是经济层面亲疏关系的表现。

  长江经济带的整体经济联系网络密度还处于较低水平,网络城市等级鲜明区域子群内部经济联系显著,但跨区域子群间的互动较弱。从网络密度空间变化趋势来看,长江经济带呈自东部长三角区域向西部城市群逐渐减弱的梯度发展态势;东、中、西城市群各具密度特征:东部城市群整体密度最高,以上海、苏州、南京为中心,中西部城市群及长三角其他区域辐射,影响力最强;中部城市群以武汉、南昌、长沙等为核心,表现出密度较高的多核心特征并能与东部城市群进行较为密切的经济联系,起东西承接作用;西部城市群呈多核分散现状,多数城市与其他区域联系较弱,重庆通过宜昌与中部城市群进行较强经济联系。从次级子群来看,以苏州、南京为核心的经济子群是该区域的辐射中心,能与中部城市群产生经济联系及影响;中部城市群形成以武汉、南昌为核心多个组团并存的多核模式,以武汉为中心的经济子群是中部城市群的经济辐射中心,也是长江经济带经济发展承东启西的经济子群;西部子群以重庆子群为核心,经济联系整体以承接为主,外向的经济辐射效应不显著,对流域其他区域经济影响潜力尚待进一步挖掘。

三、区域创新产出空间差异显著

  在考量长江经济带整体区域经济发展及经济合作水平情况下,进一步对其创新情况,特别是区域创新产出进行不同区域空间差异的测度。以区域专利申请量、发表论文量及高新技术产品产值作为主要指标表征长江经济带不同区域的创新产出。由于长江经济带跨度较大,区域间创新产出的基尼系数、泰尔指数及变异系数普遍数值偏大,基尼系数和泰尔指数基本在 $0.5 \sim 0.7$,表示区域间差异较大,但波动变化并不显著。变异系数整体呈上升趋势,范围在 $3.17 \sim 3.79$,波动相对较明显。由于三个指标侧重有所不同,因此结果趋势有所不同,通过熵值法整合三个指标计算总体差异指数。由总体差异指数分析可见,2000~2014年长江经济带创新产出的整体差异呈逐步扩大的态势。2000~2005年区域间GDI由0.18升至0.27,表明经济带区域间创新产出差异逐年增大;2005~2008年呈回落平缓发展的态势,GDI指数由0.27降至0.21,表明区域创新差异略微缩小。2009年后GDI逐年上升,由0.21回升至0.29,地区间创新差异进一步扩大。整体来看,长江经济带区域间创新产出随时间变化略有波动,2008年左右受经济危机影响,区域创新差异变化放缓呈缓慢回落趋势,但从差异整体发展趋势来看,长江经济带区域间创新产出差异呈逐渐增大的发展态势。

长江经济带整体水平差异性呈整体扩大的发展趋势,由于经济带东西、南北向跨度较大,地区间的差异性是不可避免的。因此需要明晰区域间具体的差异走向及其随时间的变化趋势才能对经济带创新产出空间结构特征有更准确的把握。本书选取2000年和2014年的时间断面,进行创新产出空间趋势面分析。将采样点坐标绘在x,y平面上,属性值由z维高度表示。属性值将作为散点图投影到x,z和y,z平面,通过三维数据形成横向视图,通过多项式拟合获取空间维度创新差异的特征及变化趋势(见图3-1)。可见,2000~2014年,趋势面东高西低差异越来越明显,且南北向呈北高南低的特征,整体呈现"东北—西南"方向由高值核心向低值边缘发展态势。

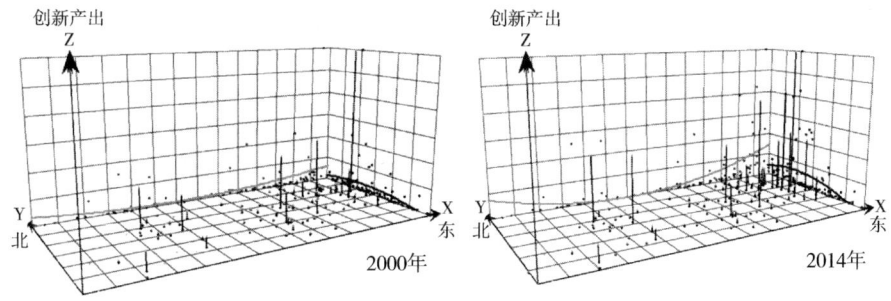

图3-1　2000~2014年长江经济带区域创新产出的趋势面分析

资料来源:邹琳等(2015),基于ESDA的长三角城市群研发投入空间分异特征及时空演化。

在内部创新产出差异扩大的整体趋势下，与区域经济凝聚特征相似，创新产出也呈现空间集聚的相关性特征。2000~2010年经济带Moran's I指数全部为正值，说明区域间出现了相似水平创新集聚的特征。随时间的推移Moran's I指数整体上升，可见，创新产出空间依赖特征越来越明显。呈现高水平区域间的集聚以及低水平区域趋向于与低水平区域集聚的特征。整体呈现高—高、低—低的集聚特征。通过Lisa局部自相关分析可见，2000年长江经济带创新产出的高值集聚现象并不显著，没有城市位于HH区域，上海、苏州、宁波、杭州、武汉、长沙、重庆等城市相对于周围城市表现出较高值特征；LL低值集聚显著地区主要位于长江西部城市群的丽江、临沧、保山、泸水等地。2005年HH高值集聚现象在长三角城市群出现，主要集中在包括上海、宁波、嘉兴等城市在内的环杭州湾城市。LL区域除在长江西部城市群也出现在长江中部城市群外，自北部的襄阳、随州、宜昌、荆门等城市连通岳阳、益阳、常德等与南部的邵阳、永州、郴州、衡阳、赣州等城市形成了显著的低值集聚区。

2005~2010年创新产出的高值集聚区在长三角城市群继续向北扩展，此时高—高显著区包括：上海、嘉兴、绍兴、宁波等及北部的南京、镇江和苏锡常地区，这些区域形成了西部城市群高值集聚区。中部南部的上饶、抚州、新余、宜春，中部北部的黄冈、黄石、六安等也显现出低值集聚的特征，整个长江经济带创新产出低值集聚现象由西部向中部城市群的延伸，可见中西部多数城市之间的创新产出水平逐渐趋于相似，但集聚的水平相对较低（见表3-1）。

表3-1　2000~2013年长江经济带区域创新产出的全局自相关分析

年份	2000	2005	2010	2013
Moran's I	0.023	0.074	0.314	0.482
p-value	0.011	0.000	0.000	0.000
z-score	2.59	3.56	10.53	15.25

资料来源：邹琳等（2015），基于ESDA的长三角城市群研发投入空间分异特征及时空演化。

从创新产出的各区域密度来看，经济带创新产出的整体密度较低，差异显著。密度高热点出现在长三角城市群的南京及苏锡常城市群、中部的长株潭城市群及武汉都市圈,这些热点区域自身的创新产出能力较高并能与周围城市建立一定的关联,对周围地区的影响强度较大。较高值地区以密度高的热点为圆心向外扩散,但扩散范围较小。西部城市群大部分地区为密度低的低值及较低值区域,核心对周边的影响强度普遍较低,并未出现高热点的核心。

四、区域创新绩效差异及问题突出

通过对长江经济带区域创新产出及区域经济发展水平测度可见,带内不同区域差异显著,长三角城市群经济及创新子群间合作更加密切,而该区域也是带内创新产出的热点。从经济地理学经济及创新"核心—边缘"空间划分可将长三角城市群划为长江经济带经济及创新发达的空间核心区,由此向中西部逐渐呈现高密度核心向相对欠发达边缘区转变的过程。进而思考,是否创新产出规模大的区域实际面临一些自身特定的创新资源问题,而创新产出绝对规模大的区域又具有自身的相对优势。笔者基于对区域经济发展及创新产出的测度基础进一步考虑区域创新绩效的问题,讨论不同经济及创新水平的区域其既定的创新规模及技术资源是否得到合理利用及不同区域存在何种各自的创新资源利用问题。

通过对研发投入及产出要素的绩效计算,长江经济带整体的创新绩效水平偏低。2000~2014年长江经济带综合创新绩效从 0.237 升至 0.275,14年间长江经济带创新绩效平均水平仍不足最优效率的50%。从整体发展趋势来看,创新绩效呈上升发展态势,区域创新整体绩效水平上升约3.8%。2000年长江经济带绩效水平处于50%以上的城市仅占15个,其中达到最优水平的有长三角城市群的上海、南京、温州、衢州,中部城市群的南昌、武汉、九江、张家界等,西部城市群的昆明、铜仁等。2014年绩效最优水平至50%以上的城市增至28个,但达到绩效最优的城市数量却有所减少,整体绩效水平提升但速度缓慢。可见,长江经济带提升区域创新需要解决的重要问题之一在于如何有效地进行创新资源利用,进而提升创新绩效方面。

纯技术绩效来看，47.6%的城市纯技术绩效都呈逐渐上升趋势，且纯技术效率整体高于综合绩效，2000～2014年的纯技术效率从0.411升至0.501。2000年长江经济带技术效率达最优水平的有15个，2014年纯技术效率达最优的城市增至18个且该现象不仅出现在经济及创新产出中心城市，还分散分布于中西部城市群中部分经济及创新产出的边缘区域城市。2000年纯技术效率达50%以上的城市为33个，占总数的31.4047/%，其中有24个城市的纯技术效率达70%以上。2014年纯技术效率达50%以上的城市为47个，占总数的44.7%，其中纯技术效率达70%以上的城市增至30个。对于城市数量多、发展差异巨大的区域来说，2000～2014年纯技术效率变化表明长江经济带整体的技术水平有了一定程度提升。从规模绩效来看，长江经济带城市规模效率通常高于同时期的技术及综合效率。2000～2014年规模效率从0.635降至0.620，2000年规模效率达最优50%以上的约占总量的62%，其中有53个达最优效率70%以上。2014年达到规模效率最优的50%及70%以上城市与2000年基本持平。因此，长江经济带规模效率变动趋势平稳但某些地区呈现下降的发展态势，如何实现资源整合利用是解决整体创新效率问题的关键。

虽然自2000～2014年起，长江经济带综合创新绩效缓慢上升但总体水平较低，多数城市与最佳绩效水平尚有很大差距。通过分析可见长江经济带区域创新产出量大的地区并非都能实现绩效最优，很多城市在技术效率达最优或接近最优的情况下，规模的扩大并未进一步实现效率提升。区域创新总量增长在很大程度上是大量物质投入及资源消耗的结果，而非资源效率提升结果，因此长江经济带研发或创新资源尚未实现优化配置，如何充分发挥创新的规模效益成为后续长江经济带创新水平提升需要重点解决的问题。

运用Malmquist-DEA模型对2000～2014年长江经济带研发资源Malmquist指数进行测算，2000～2014年长江经济带研发资源综合效率变动指数（0.845）、纯技术效率变动指数（0.835）两项小于1，而技术进步变动指数（4.573）、规模效率变动指数（1.013）及全要素生产率变化指数（4.196）均大于1，2000～2014年长江经济带全要素生产率指数为5.192，表明这段时期内生产率成整体呈增长趋势；且同时技术变动指数为

4.573，说明整体区域技术水平呈逐步提升的发展态势；由于技术效率小于1（0.835），说明虽然技术水平整体在提升但区域的技术效率在逐渐降低，表明长江经济带绩效变化主要由于技术的创新及进步实现，对已有技术并不一定实现充分利用。规模效率接近1，表明在这些年的调整中，区域创新逐渐向最适规模变化，逐渐接近固定规模报酬。也就是说，技术绩效水平虽然呈上升趋势但整体创新绩效水平相对较低，虽然部分城市经济发展水平较高、创新产出体量较大，但多是通过物质投入及资源消耗实现，并非通过对已有资源的充分利用实现，因此如何实现资源优化配置及合理利用是提升该区域创新水平需要重点解决的问题。

从长江经济带生产率及技术变动趋势来看，区域生产效率整体上升且整体技术水平大大提高，但技术效率却呈降低趋势，技术水平提升与技术效率下降的差距逐渐拉大，说明经济带现有的技术并未实现充分利用，绩效变化主要依赖于技术发展过程中整体技术水平的提升。从创新规模来看，长江经济带区域经过调整，规模逐渐趋于合理化。同时长江经济带内部各区域处于不同发展阶段，创新绩效也受区域创新投入、经济水平、技术水平、制度条件、社会文化条件等因素的影响。因此有必要对处于相似绩效水平的区域进行聚类分析，并有针对性地具体分析不同组团内的具体特征及制约条件。长江经济带内部区域经济发展水平及创新水平存在巨大差异，如何提升创新绩效成为区域创新亟须解决的问题。由于区域发展情境差异，不同城市或区域提升创新绩效所面临的问题及处理途径都不尽相同。因此，通过对创新绩效水平相似的区域进行聚类分析，可以有针对性地找出长江经济带不同绩效水平城市组团所面临的问题并提出解决问题的有效途径及方向。

对长江经济带2014年创新绩效进行Ward聚类分析，案例中长江经济带城市群可被划分为4个组群。4个组群的创新绩效分别为0.678、0.466、0.329及0.135（见表3-2）。其中组群1的城市数量为四个组中最少（18%），但创新绩效整体水平最高，综合绩效、纯技术绩效以及规模绩效都达到最优绩效的60%以上，其中有3个城市已达到最优绩效。组2综合绩效为0.466，纯技术绩效为0.632，规模绩效为0.738。后两组城市数量多但绩效水平相对较低，组3综合绩效为0.329，纯技术绩效为0.452，规模绩效为 0.729，高于组 4（综合绩效为 0.135，纯技术绩效为 0.237，规模绩效为 0.592）。整体来看，这两组投入冗余量较少。与组 1 和组 2 相比这两组城市绩效问题集中于创新产出不足，组 3 和组 4 中有 69.2% 的城市存在产出不足的现象，其中组 4 表现得尤其突出（89.7%），且产出不足问题多集中于应用型知识及高新技术产出不足。

表 3-2　　　　　　长江经济带各组群基本情况及创新绩效

组群	数量	百分比	整体绩效	技术效率	规模效率
组 1	19	18%	0.678	0.870	0.784
组 2	23	22%	0.466	0.632	0.738
组 3	30	29%	0.329	0.452	0.729
组 4	33	31%	0.135	0.237	0.592

资料来源：作者自行整理所得。

组 1 中位于长三角城市群的上海、杭州、南京等城市已达到效率最优，其他城市经济发展水平、创新投入及产出的绝对值远高于中西部城市群，但绩效水平却并不高于同组内其他城市。从绩效分析来看，城市中造成综合效率不高的主要原因是研发资源规模和投入、产出的不相匹配。DEA 测算结果显示，组 1 中长江经济带中下游的几个城市研发资源的规模报酬递减，因此它们可通过缩减一味投入的研发资源来提高综合效率。这与曹贤忠、曾刚（2014）等学者对长三角创新绩效的研究所指出的长三角技术创新投入与产出量都有所增加，但某些地区如上海的技术创新效率却相对减少的论点相一致。组 1 技术创新绩效存在的主要问题为创新规模与投入产出的不匹配，需要通过有针对性地适度缩减规模来实现最优绩效，避免资源浪费。组 2 中 83.7% 的城市存在投入冗余现象，特别是组内位于长三角的城市如杭州、温州、扬州、连云港等存在研发人员及经费投入都冗余的现象。因此，组 2 中城市实现绩效最优的主要途径是在适度调整研发经费投入量的同时鼓励发展基础型科研进步，由于该组内城市多呈现规模递减，所以在增强基础创新研究时不能一味扩大资源规模，而可以通过增强跨区域资源合理配置或跨区域高校间合作等途径实现区域协同发展进而实现绩效最优。

组 3 有 59.2% 的应用型知识及高新技术产出不足，组 4 城市群中高新技术产值及应用型知识产出不足分别占比 57.8% 和 35.9%。通过对比，组 3 城市群多为规模报酬递减，只有少数城市可继续通过增加资源规模来提升产出，而组 4 中 43% 的城市显示为规模报酬递增，因此该组中城市虽然创新绩效最低但可通过继续扩大资源投入规模实现绩效优化。组 3 和组 4 城市群的创新绩效较低，影响其绩效水平的最主要问题是产出严重不足，特别是应用型知识量产出少及高新技术产品产值低，从解决产出不足的途径来看两组需要区别对待，其中，组 3 需要通过提高已有资源利用率或通过跨区域合作实现资源优化配置等途径提高产出量，而组 4 则可通过继续扩大研发资源规模和鼓励新产品开发等途径优化绩效水平。从四个组群的空间分异来看，组 1 和组 2 中 85% 的城市位于处于后工业化时期或工业化后期的长三角及中部城市群；组 3 和组 4 中有 86.2% 的城市处于工业化中期或工业化初期的长江西部城市群内，其中，组 3 中 55.3% 的城市位于长江中部城市群，组 4 中 65% 的城市处于长江西部城市群。

长三角及中部城市群的部分城市创新绩效整体水平相对较高，但综合效率较低，其重要原因是研发资源规模与投入、产出不匹配，应该适度缩减规模，提升创新绩效；处于工业化发展中期向后期过渡或工业化发展中期阶段城市，创新绩效中技术绩效最优的城市不多，这些地区资源投入冗余显著且表现为规模递减，因此不能一味通过投入资源增加来实现产出体量增加，需要合理区域资源的优化配置，通过跨区域协作实现绩效优化；处于工业化发展初期或向中期过渡阶段的区域从绩效整体水平来看较低，这些区域整体表现为产出不足，特别是高新技术产量低或应用型知识产出匮乏影响了其绩效提升。

第三节

长江经济带装备工业知识合作趋势

装备工业属于里昂惕夫产业关联理论一个典型代表产业，其涉及的产业链条和参与主体、相关产业及经济关联程度都决定了该行业的创新水平必然会很高。装备工业，特别是高端装备工业，其涉及的知识和先进技术是非常多的,这意味着其创新合作所带来的知识溢出与技术扩散现象十分突出,如近年来我国一直提倡的产学研结合,其能够将高校及科研院所的先进知识和技术切切实实地转化为生产力,进而引领我国经济实力和创新水平进一步腾飞(马双等,2016)①。长江经济带装备工业在全国所占比重高,创新能力突出,对我国装备工业发展都有重要的意义,但也应该看到,由于长江经济带自身内部的经济水平差异显著、跨区域的经济关系不均衡、区域创新投入产出水平以及区域创新绩效都存在显著的不同,在这种区域经济环境及区域创新情境下的装备工业合作关系形成的网络也就有所差异,因此需要具体来看不同区域的地方情境及其在装备工业发展中的作用。

一、长三角城市群装备工业发展及知识合作过程

长三角城市群仅占全国2%和12%的面积和人口,但GDP占全国的1/5,国际贸易总量占全国的42%,至今,该地区制造业及服务业GDP都几乎达全国一半以上。长三角是最早对外开放的区域之一,因此该区域拥有政策上的发展优势。自1987年"T"字形战略提出以来,长江成为我国发展流域经济的重要区域,至1993年国家正式提出要建立以长三角带动长江沿江省市在内的经济区,整个长江区域内开始进行跨区域的协同合作。长三角装备工业具有良好发展基础,门类较多,在整个长江装备工业发展中起龙头的示范带动作用,在全国装备工业发展中也起到引领作用。自2003年起,《杭州宣言》进一步明确长三角在长江流域加强跨区域协同发展中的作用,长江装备工业跨区域合作以各种形式开展。2010年,长三角装备工业主要集中于电气机械及器材制造、通用设备制造、交通运输设备制造和通信设备制造四大领域(吕国庆等,2014)②,规模以上装备企业产值已达7.8万亿元。

---

① 马双,曾刚. 技术合作对企业创新绩效的影响研究——以我国装备工业为例 [J]. 华东经济管理, 2016, 30 (5): 160-165.

② 吕国庆,曾刚,顾娜娜. 经济地理学视角下区域创新网络的研究综述 [J]. 经济地理, 2014, 34 (2): 1-8.

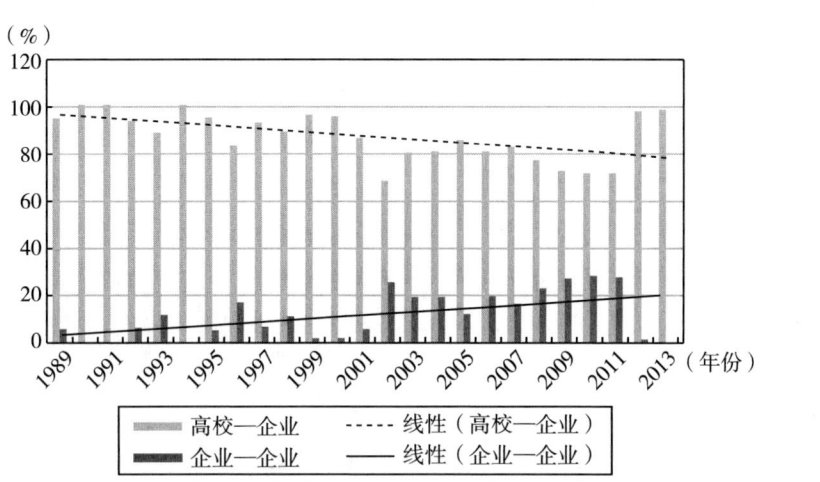

图 3-2　1989~2013 年长三角城市群装备工业技术知识合作关系演化过程
资料来源：作者自行整理所得。

长三角区域内及跨区域合作规模增加，装备工业合作专利及合作论文分别占全国的 42% 及 15%，合作关系明显高于其他区域，长三角地区在装备工业产业发展方面拥有良好的先发优势，同时具备产业发展必备的基础知识及技术知识，企业、高校、研究机构及政府建立了更加密切的相互联系。从长三角装备工业技术应用领域的组织间合作来看（见图 3-2），自 1989 年企业与高校的合作占比 94% 具备绝对优势，而企业间的合作仅占 6%；至 2009 年与高校的合作比例降至 70%，而企业间的合作关系逐渐密切升至 30%。自 2009 年之后，由于新专利法的颁布，对企业技术合作进行更规范的要求和控制，使 2010 年之后的技术企业间应用技术合作呈现显著下降的趋势，而企业与高校之间的技术应用合作继续上升，在技术知识合作中相对其他合作类型占绝对高的比例优势。

从基础研究知识的组织间知识合作来看（见图 3-3），长三角合作数量远超过其他区域。1989~2013 年，合作趋势逐渐由高校合作占据主导位置向多种关系合作共同较均衡发展的合作趋势过渡。最初的基础型研究合作主要集中于高校之间，随时间变化与高校之间合作继续增强，随之增加的企业与高校间合作及企业间合作开始增多。企业越来越多地意识到基础研究的重要性，及其对应用型研究作用和其对关系的拓展从而更多地参与

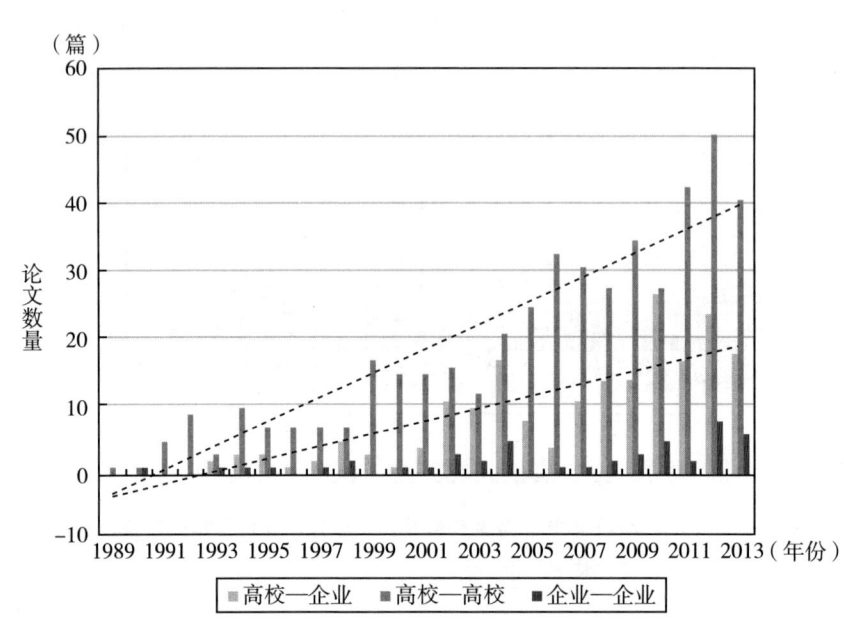

图 3-3　1989~2013 年长三角城市群装备工业基础知识合作关系演化过程
资料来源：作者自行整理所得。

到基础研究中。同时由于高校的研究优势及长三角自身拥有丰富的科研资源的现实状况，高校在基础研究合作中仍占据核心的位置，因此合作关系的建立更多的是为了满足企业不断增加的技术创新需求，但进一步也可以满足高校及科研机构对新研究的应用需求，表现出组织间基于不同合作目的的双向需求。其中与高校的合作表现出组织间关系桥接的作用，同时与技术研究发展趋势结合，也起到基础研究与技术应用之间的桥接作用。

二、长江中部城市群装备工业发展及知识合作趋势

长江中部城市群占全国 7% 和 17% 的面积和人口，制造业产值占整个区域的 51% 左右。中部城市群内部形成如武汉都市圈、长株潭城市群以及鄱阳湖经济区和合肥都市区等在内的城市群，每个城市群内部都有各自的经济核心城市，对城市群其他城市起辐射带动作用。2006 年，全国科学技术大会上提出的技术创新体系强调在市场导向下，发挥企业的

主体作用，同时将产学研结合发展。同年的《国家中长期科学和技术发展规划纲要（2006~2020年）》正式提出高校的研究需要满足企业的创新技术需求展开。政策导向奠定了高校及研究机构服务企业技术创新需求的格局。

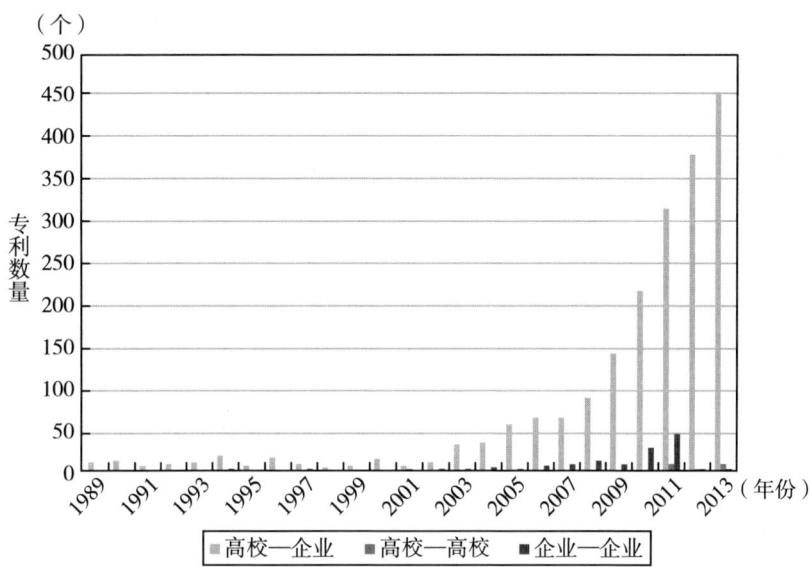

图3-4 1989~2013年长江中部城市群装备工业技术知识合作关系演化过程

资料来源：作者自行整理所得。

中部城市群在长江经济带制造业发展和转移中起到桥接作用，承接由东部长三角地区向中西部地区的产业转移。从装备工业合作的整体情况来看，装备工业专利申请及论文总量只占全国的4%和11%，但从相对总量占比较低的情况来看，长江中部城市群合作申请专利及合著论文的比例却相对高于总量所占比例，特别是联合申请专利量占全国10%。说明长江中部城市群装备工业的合作中技术应用型合作具有很重要的意义。与长三角城市群装备工业合作呈现不同的发展趋势，技术知识合作中仍以高校—企业合作占绝对优势，且相对于其他合作类型来看仍呈显著的快速上升趋势（见图3-4）。企业更倾向于与公共研究机构建立技术合作关系，这表明该区域的技术进步在很大程度上仍处于高校引导下的快速发展阶段。

基础知识的合作整体也呈现上升趋势，但与长三角城市群不同的是中部城市群装备工业基础研究合作中高校间的合作并非占据绝对优势,自1989年起高校间的合作与高校—企业间合作数量总量不多,但相对均衡,至2013年逐渐呈现高校与企业合作进行基础研究的数量赶超高校间合作的发展势头。这与长江中部技术合作表现特征一致,可见高校与企业的合作关系在长江中部城市群合作中表现出越来越重要的作用。长江中部城市群的组织关系有别于长三角城市群,与高校建立的关系在基础知识合作和技术应用合作中都发挥了重要作用,且这种关系以日益紧密的趋势发展。在基础研究知识的创新中,公共研究机构越来越多地选择与企业合作,实际在很大程度上是为了实现新知识或新技术的转化(见图3-5)。

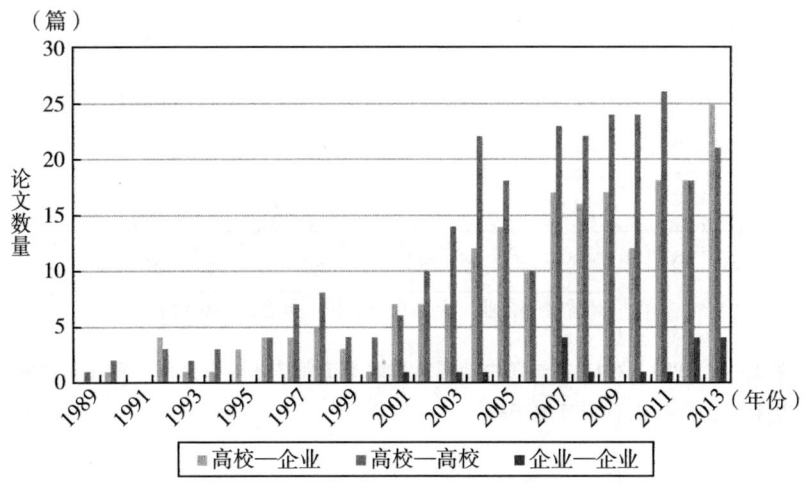

图3-5 1989~2013年长江中部城市群装备工业基础知识合作关系演化过程
资料来源:作者自行整理所得。

三、长江西部城市群装备工业发展及知识合作趋势

长江西部城市群处于中国经济发展及创新资源相对边缘区域,长江中部城市群占全国12%和14%的面积和人口。该城市群虽占据面积较大但人口密度低,GDP只占中国的9%。与长江中部城市群相似,长江西部城市群装备工业专利(3%)及论文(5%)数量所占全国比例非常低,但相对区域自身来看,合作比例特别是合作申请专利进行技术推进

比例（9%）较高。长江西部是西部大开发及实现全国制造业产业转移的关键区域，制造业是该区域的主导产业，占本区域 GDP 的 49%。在长江西部城市群内部呈现分别以重庆和成都为核心的城市空间结构。作为中国经济发展及创新的边缘区域，长江西部城市群相对缺乏产业及技术创新发展的基础，装备工业发展，特别是技术及知识合作也呈自身的发展特点。

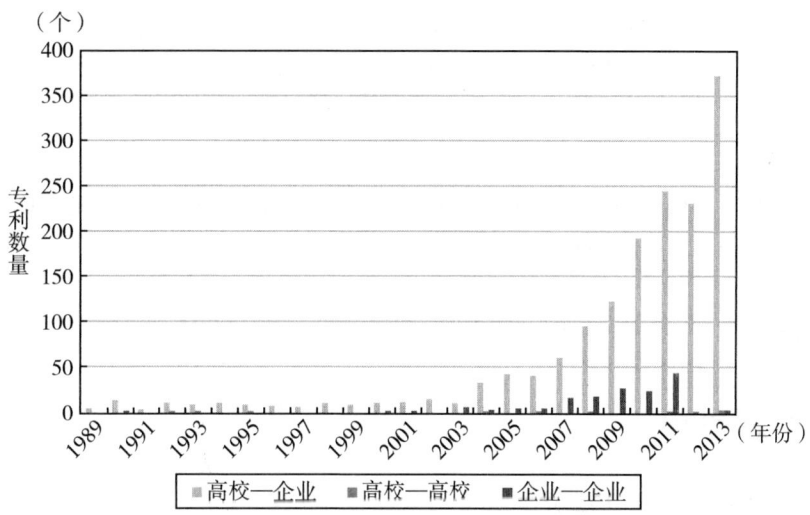

图 3-6　1989~2013 年长江西部城市群装备工业技术知识合作关系演化过程

资料来源：作者自行整理所得。

长江西部城市群的应用型技术合作与长江中部城市群相似，绝对数量低于中部城市群，以高校—企业合作关系占绝对优势（见图 3-6）。自 2002 年呈持续上升的快速发展态势，与高校的技术合作在该区域的技术创新中发挥了极为重要的作用。与长江中部城市群合作关系变化相似的趋势也表现在基础研究合作中，且西部城市群相比中部城市群的应用需求型合作特征更加显著。自 2006 年开始，基础合作中的高校—企业合作数量开始超过单纯高校或科研机构之间合作的数量，说明越往长江经济带西部区域，高校越倾向于寻求与企业的合作。而这种合作关系建立在一定程度上可被理解为满足高校知识转化的需求，也可被理解为同时满足企业对自身不具备知识的获取目的（见图 3-7）。

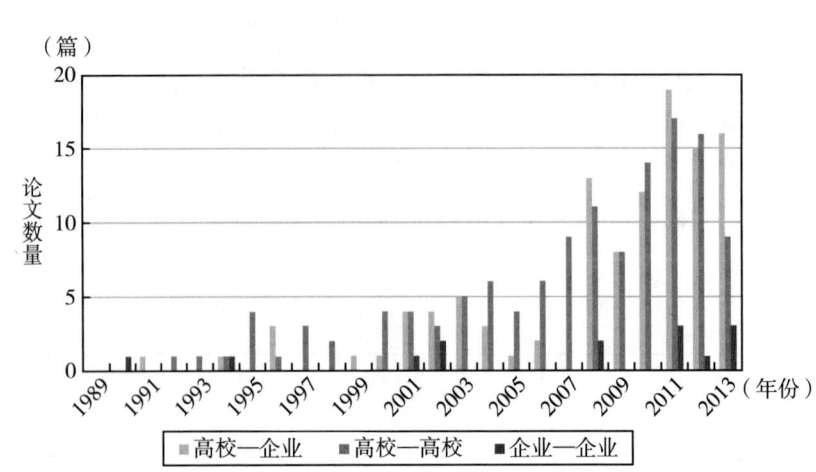

图3-7 1989~2013年长江西部城市群装备工业基础知识合作关系演化过程

资料来源：作者自行整理所得。

第四节 本章小结

分析可见，长江经济带装备工业已经历从准备阶段到发展阶段的跨越，这个过程中由于经济带区域间经济发展水平及创新水平的差异，导致不同区域创新总量、创新绩效及区域间的知识创新的组织间合作趋势都有较大的差异。

由于长三角地区相对长江中西部城市群具有经济发展及创新资源等方面的优势，其技术及基础研究总量都远超过其他两个区域。从应用技术及基础知识合作的角度来看，长三角及中部城市群、西部城市群表现出不同的特征。长三角城市群的技术应用与基础研究合作趋势表明，与高校建立的关系在整个装备工业的知识创新过程中整体起双向调节作用，随时间的变化实际促成了更多知识合作关系特别是高校—企业间基础知识合作及企业间应用技术合作关系，在一定程度上为满足企业或市场的技术需求建立桥接。也就是说，对与高校的合作起跨组织、跨领域的桥接作用，这种合作关系更具备双向互动型关系的倾向。

与之不同的是长江中部及长江西部城市群，虽然总量上中部城市群略高，但无论从技术应用还是基础研究合作方面，其趋势都有很大的相似之处，企业与高校的合作在两个子网络中都为主要关系类型。即便在通常以高校为主导的基础研究领域，高校仍保持与企业相对高比重的合作关系，也继续在技术应用领域与企业保持高速增长的高比重合作。这种现象在某种程度上可以被解释为：与高校建立的合作关系更多的是完成了各自知识领域内的桥接，选择与企业的基础研究合作并不是进行基础知识的研究创造，而是为了实现某些技术的应用转化或市场化；反之，企业获取专业化知识的合作过程也满足了自身对特定知识技术的需求。同时应该看到，不同区域的发展也面临众多问题，如自主创新能力不足、高端制造业核心技术不足、传统的经济增长方式如何进行模式转变等问题。因此，根据不同区域自身合作关系的特点总结出其差异性的发展路径，对分析不同区域的网络关系是必要的。

第四章

区域知识网络特征及变化

长江经济带不同区域经济发展水平、创新水平及资源要素都有较大差异。因此,网络关系的桥接作用不仅增强了长江经济带知识网络不同凝聚组元间的网络连通性,同时也实现了长江经济带不同区域(长三角城市群、中部城市群、西部城市群)间的知识桥接。笔者的网络关系研究以长江经济带知识网络为案例,将知识网络按"基础知识"和"技术知识"进行划分,用合作学术论文表征基础知识网络,用专利合作表征技术知识网络。本章分别讨论了长江经济带两个知识子网络的整体关系结构及变化趋势。进一步分别总结两个子知识网络的关系变化过程。在此基础上,从网络桥接作用的角度出发,不仅讨论桥接关系对网络连通的作用,更进一步讨论网络在跨区域知识桥接中发挥作用的关系变化过程。

第一节 研究方法及数据采集

一、社会网络分析法

社会网络分析(SNA)主要用于数据的处理、数据现状的分析、数据可视化等。在某些环境下也被称为社会网络理论或社会网络科学(刘军,2004)。该方法能够精准高效地进行创新合作网络结构的刻画,在创新及合作领域的应用相对广泛。Ter Wal 率领的研究团队在经过长期的研究和实证分析后,首次在创新网络研究中引入社会网络分析法,并在此基础上实现了网络结构及其演化的定量刻画及可视化,SNA 已被学界认为是发展前景最广、分析效果最好的实证分析工具之一。

社会网络分析法中的网络关系结构分析,按分析的范围可以将其划分为局部分析与整体结构分析两种类型。其中,局部分析将研究对象确定为行为主体,对这些行为主体的属性做深入的研究与对比,以此找到该网络内的核心指标,如节点的中心性/中心度(degree)、中介中心性(betweenness)和接近度(closeness)等;整体分析的研究对象是网络整体状况,这种研究模式下应用较为广泛的指标有网络密度(density)、网络中心度/中心势(centralization)和无标度特性等,借助这些指标来对网络整体状况进行描述;另外,可视化表达可分为:网络结构分析和网络空间分析两大部分。前者通常指的是,基于行为主体间的关系矩阵。主要对网络结构特点及不同节点地位及其变化进行研究、分析和对比,常用的指标包括中心势以及度数中心性、中间中心性和网络密度、平均路径长度等;后者指的是,借助对行为主体相关空间信息的分析,将网络关系表达出来。其中,大多使用核密度指标进行城市间网络连接强度,以及相互作用时空演化过程的描述、表达和研究(汪涛等,2011)[①]。

基于网络连通性思想,借助 PAJEK 网络分析软件运用社会网络分析法对网络中心性、网络密度、网络组元完备性及网络桥接进行统计及分析。其中对网络密度、点度、网络中心性等方面的分析,主要用于表征网络的扩散凝聚作用,同时明晰在凝聚过程中起关键作用的关系;对网络组元及桥接关系的分析能反映网络不同凝聚组块之间的连通性问题,明晰连通组元间的桥接关系如何发生作用。

(1)网络密度及点度。

网络密度指简单网络中实际存在的连线数量,以其占最大可能连线数的比例来表示,其中只有网络密度最大、最为健全完善的网络才能称为完

---

① 汪涛,Henneman S,Liefner I,等. 知识网络的空间极化与扩散研究——以我国生物技术知识为例[J]. 地理研究,2011,30(10):1861-1872.

备网络。网络密度这一指标能够精准高效地将网络内节点联系的紧密程度给呈现出来，指标的大小和节点间联系的紧密程度成正比，公式如下：

$$D = \sum_{i=1}^{k}\sum_{j=1}^{k}d(n_i,n_j)/k(k-1) \quad (4-1)$$

其中，D 所代表的为网络密度，K 所代表的为节点数，$d(n_i,n_j)$ 为节点 i、j 间的关系。

网络点度是一个顶点所拥有的连线数量，高点度会带来高密度，这是由于高点度参与了更多的联系，因此，通过计算所有顶点的平均点度来衡量网络的凝聚性。相对于网络密度而言，平均点度不受网络规模制约而在网络凝聚性测度方面更有优势，也因此平均点度可用于不同规模网络之间的比较。

（2）网络中心性及中心势。

网络中心性的作用是对节点在网络内中心性程度进行全面衡量并表示，分为点度中心度、接近中心度、中介中心度等。其中，点度中心度即对节点在网络中心位置的度量（邹琳等，2015）。综合考虑多方因素，本书选用点度中心度和中介中心度来作为核心计算指标，其公式如下：

$$CD(n_i) = \sum_{j=1}^{n}X_{ji} \quad (4-2)$$

其中，$CD(n_i)$ 代表的是程度中心度；X_{ji} 代表的则是节点间的联系强度。

另一个指标网络中心势的作用，是基于节点的中心度数，进行网络中心化程度的衡量。公式如下：

$$C = \frac{\sum_{i=1}^{n}(C_{max}-C_i)}{\max[\sum_{i=1}^{n}(C_{max}-C_i)]} \quad (4-3)$$

其中，C_{max} 代表的是网络内节点最大度数中心度，C_i 则代表节点 i 的度数中心度值。

（3）网络组元连通性及桥。

点度大于等于1的顶点至少与一个临点相连，这些点并不孤立，但并不意味着这些点组成网络中的团块,这样网络整体就被分割成多个碎片,网络中孤立的碎片被看作凝聚子群,因为凝聚子群中各顶点间是相互连通的,而不同碎片间并不连通。组元即网络中的连通部分,弱组元是最大弱连通子网络。

在连通网络中,桥是只要删除就会增加网络组元数量的网络关系,在此需要注意的是删除网络关系连线可以增加网络组元数量,同样删除网络主体点也会增加网络组元数量,因为删除主体的同时主体间关系也被删除,在连通网络中删除某个网络主体网络将不再连通,那该主体被认为是联通网络的关节点或割点。

双组元的分析是基于对网络连通及网络桥接的基础上,从网络割点的角度删除或调控单个顶点而言,双组元网络能相对较好地耐受这种操作,而不容易分裂出新的组元。双组元首先是最大连通网络,同时还是由不少于三个顶点组成的不含割点的组元,在双组元中没有主体能完全控制另两个主体间的信息交流,因为在两个主体之间总存在备用信息交流的路径,在无向网络中意味着主体都从至少两个途径获取信息。可理解为,双组元比强或弱组元更具凝聚性,因为在每一对顶点之间都存在至少两条不同的途径,且起点与终点并不共享点的途径。

二、数据采集及统计处理

构建知识网络基本数据主要来源于中国知识产权局(SIPO)装备工业专利数据以及中国知网(CNKI)的论文数据。

(1)专利数据。专利数据来自中国知识产权局,该专利数据库已成为继美国 USPTO 专利数据库后的全球第二大专利数据库,涉及内容非常全面。自 2010 年起,SIPO 建立了国家重点产业专利服务平台,涉及汽车、钢铁、电子信息、装备制造、船舶产业等相关的中国重点产业类别。国家知识产权局开始进行专利申请受理源于 1985 年,自 1987 年以来,长江流域被纳入国家"T"字形发展战略,成为重点开发的战略轴线之一。专利数据从申请到发布通常有 18 个月的滞后期,因此综合考虑长江经济带自身的阶段性战略开发意义,结合数据的可获取性、代表性及完整性因素,选取1989～2013年的数据作为研究对象,为避免确实尽量保证数据的完整性,将检索截止日期确定为2014年12月31日。

笔者以长江经济带的专利数据为基础,合作申请专利的组织机构需要至少有一个位于长江经济带所辖城市范围内,另外,合作伙伴可为经济带内也可以为中国其他城市。研究合作主体包括装备工业企业、高校、研究院所等,这些组织机构进行的所有合作关系类型都被纳入考量范围,因此"企业+高校""企业+企业""高校+高校""研究机构+研究机构""高校+研究机构"等合作关系都在本书的研究范围内。因此,通过SIPO的检索过程具体如下:首先限制专利检索,限制日期范围在1989～2014年;申请的组织包括公司、厂、企业与大学、学院、研究院、研究所等任意组合。

获取基础专利数据后,对原始数据进行了进一步的筛选处理,将原始数据中仅筛选至少有一个合作组织位于长江经济带9省2市范围内的专利进行保留;由于是对组织间知识网络开展研究,因此组织类型可以相同,但申请人需要隶属于不同组织;涉及两个以上组织进行合作的情况,按长江经济带城市涉及数量计入统计。

(2) 论文数据。论文数据来自CNKI数据库,该数据库内包含中文、外文、硕博士论文、统计年鉴、专利等统计数据及资源导航、检索等,覆盖基础科学、哲学与人文科学、工程科技、农业科技、经济管理、医药卫生、信息科技等领域(顾娜娜,2015)①。本书以CNKI为基础数据库,检索1989～2014年长江经济带装备工业领域合作发表的论文。

按国民经济的行业划分装备工业可分为7大类,而按照装备制造产品又可以进行更细致的划分,如包括数控机床、柔性制造系统、柔性制造单元、计算机集成制造系统、工业机器人、大规模集成电路及电子制造设备;电力设备、输变电、化工、交通运输、环保设备;液压、气动、轴承、密封、模具、刀具、低压电器、微电子、电力电子器件、仪器仪表及自动化控制系统等共23个小门类(顾娜娜,2015)。为保证数据获取的全面性,按以上装备工业产品分类进行合作论文检索。与专利检索保持一致,将检索时间设置为1989～2014年,检索CNKI的所有期刊类型,将7

---

① 顾娜娜.长江经济带装备工业产学研创新网络研究[D].上海:华东师范大学,2015.

大类装备工业国民经济分类与23小类装备工业产品共30个关键词进行逐一查找,获取长江经济带装备工业合作发表论文的原始数据。

与专利数据的处理方式相似,在获取联合发表论文的基础数据后进行剔除与整理。保留至少有一个组织在长江经济带内的论文,对全部组织都位于长江经济带外的数据进行剔除。此外,合作发表论文会涉及研究机构位于不同地区的分研究所问题,如"中科院四川研究所",对这种情况,为保证数据处理的准确性,本书采取组织统计时统一归并为一级单位组织内,但区域统计时对一级单位下设子研究机构的位置进行分别统计。

第二节 知识网络类型划分

从知识类型的划分来看,已有成果通常运用专利和论文数据代表技术知识(Owen Smith and Powell,2004,2009;Boshma,2012;Ter Wal,2013)[1][2][3]和基础知识(Ponds,2007;Hardeman,2012)[4][5],这种知识类型的划分及应用在技术密集型产业中尤为突出。从组织间合作实现知识创造的关系角度来看,组织间网络研究主体主要包括企业、高校、科研院所等。高校或科研机构的组织责任是进行知识特别是基础型知识的生产,其成果主要表现为发表科研论文及培养专业研究人才等方面;企业通过充分运用与高校合作获取学术研究知识,这种合作成为知识网络的重要组成并

---

[1] Owen-Smith J, Powell W W. Knowledge networks as channels and conduits: The effects of spillovers in the Boston biotechnology community [J]. Organization science, 2004, 15 (1): 5–21.

[2] Boschma R, Frenken K, Bathelt H, et al. Technological relatedness and regional branching [J]. Beyond territory. Dynamic feographies of knowledge creation, diffusion and innovation. Routledge, London, 2012: 64–81.

[3] Ter Wal A L J. The dynamics of the inventor network in German biotechnology: geographic proximity versus triadic closure [J]. Journal of Economic Geography, 2013, 14 (3): 589–620.

[4] Ponds R, Van Oort F, Frenken K. The geographical and institutional proximity of research collaboration [J]. Papers in regional science, 2007, 86 (3): 423–443.

[5] Hardeman S, Frenken K, Nomaler Ö, et al. A proximity approach to territorial science systems [C] //EUROLIO Conference on 'Geography of Innovation', Saint-Etienne, France. 2012: 24–26.

在很大某种程度上引领发展及经济繁荣（Fritsch and Slavtchev, 2007）①。企业间的合作或企业与中介机构间的合作产生的主要为应用型技术知识，该类合作多出于技术研发需求或满足市场产品或服务的需求而产生，表现形式多为合作申请专利或产出新产品等（Storper and Venables, 2004）②。

在创新的过程中，高校日益发挥了越来越重要的作用，已成为新技术的重要来源。企业在创新中往往会在高校体系中寻求专业化团队进行合作来实现新技术研究，这是为什么高校要参与申请专利的原因。高校间如今也建立了更加紧密的合作，学术研究领域合作发表论文日益增多，自然科学研究领域研究成果的需求以及研究费用也日益增加，使某单一高校研究团队往往不能满足研究的需求或是不能承担高昂的研究费用，也是单一高校会与其他高校进行合作的原因。另外，知识创新中学术论文及合作专利网络之间有着怎样的联系？为什么高校具有更中心的网络地位？因为高校的组织责任是将基础性研究知识进行更广范围的推广，而专利的性质是为了实现自己持有某项商业研究成果，所以在参与主体相同的情况下，合作基础性研究论文及专利是两项不同的知识创造活动，分别代表了知识创新中的基础型知识及技术应用型知识创新。

一、技术型知识网络

专利是衡量企业创新效果的重要指标，近年来经济地理学者常运用企业与其他组织间的合作申请专利数据，进行知识网络或区域创新的分析研究。分析及研究结果表明，合作专利数据能很好地刻画组织间知识创新关系（王秋玉等，2016；李丹丹等，2015）③④。合作专利对企业而言，具有

---

① Fritsch M, Slavtchev V. Universities and innovation in space [J]. Industry and innovation, 2007, 14 (2): 201 –218.

② Storper M, Venables A J. Buzz: face-to-face contact and the urban economy [J]. Journal of economic geography, 2004, 4 (4): 351 –370.

③ 王秋玉，曾刚，吕国庆. 中国装备工业产学研合作创新网络初探 [J]. 地理学报, 2016, 71 (2): 251 –264.

④ 李丹丹，汪涛，魏也华等. 中国城市尺度科学知识网络与技术知识网络结构的时空复杂性 [J]. 地理研究, 2015 (3): 525 –540.

十分重要的创新战略发展意义,通过企业间的技术合作能提升企业自身的市场竞争力或在市场上的垄断力。

自2006年起,我们对企业员工提供500万元的资金用于科研创新,最多的一次是一年之内对11项创新成果颁发了16万元的奖励金。我们也为有新发明和新专利的员工提供除奖励金外的更高职位和工资待遇。

——上海××重工经理×××　2015-11-15

目前,××拥有发明专利1400多件,爱立信、苹果、三星等公司将专利用作压制竞争对手的武器,我们××主要通过专利进行市场防守,通常我们也会与一些客户、大学等研究部门开展专利合作。

——××通信(上海)有限公司市场部高级海外市场拓展经理×××
2015-12-22

据统计,截至2013年,长江经济带装备工业专利数占整个中国专利总量的25.6%,占比并不高,但合作申请专利却占中国装备工业合作申请专利总数量的60%以上。该比例显著说明长江经济带区域的装备工业专利合作在中国装备工业的专利合作关系网络中占据重要的地位,具有很高的代表性。在这些专利合作中,最多拥有四个不同组织的合作者,98%的合作专利有一个合作者,1.5%的合作专利拥有两个以上的合作者(见表4-1)。

表4-1　　　　　　　1989~2013年合作申请专利　　　　　　单位:个

合作者数量	专利数量	百分比%
1	13643	98%
>1 of which		
2	208	1.5%
3	16	0.02%
4	1	0.01%

资料来源:作者自行整理所得。

从合作关系类型角度分析,企业间合作关系及企业—高校、研究机构的合作关系,是合作专利的主要关系形式。1989~2013年,合作申请专利数量及合作者数量都显著增多。1989~2000年,合作专利关系中企业与包括大学在内的公共研究机构合作关系与单纯企业间合作关系比约为10∶1。2000年后,中国开始进行专利法修订,随着2001年中国加入世贸组织(WTO)并施行新专利法,合作专利关系逐步发生变化。尽管企业与公共研究机构的关系比例还是占绝对优势,但其与企业间关系所占的比例开始呈反向的发展趋势。1989~2013年,企业—公共研究机构关系占比从93%降至84%,而企业间的合作关系从7%上升至16%。这意味着与高校或研究机构的关系仍在技术知识合作中起关键的主导作用,但在与高校等研究机构展开合作后,后续的企业间也开展了相应的技术合作且这种合作将呈现越来越重要的地位。

从合作的区域空间角度来看,长江经济带各区域(长三角城市群、长江中部城市群、长江西部城市群)都存在内外部合作,长三角城市群一直在合作专利数量上占绝对优势。长三角城市群合作专利占比从1989年的48%升至2013年的67%,而长江中部和西部城市群的比例相对下降(见表4-2)。

表4-2 1989~2013年长江经济带各区域装备工业合作专利比例变化

合作专利	区域1	区域2	区域3
1989~1993年	47%	27%	26%
1994~1998年	51%	25%	24%
1999~2003年	63%	18%	19%
2004~2008年	75%	13%	12%
2009~2013年	67%	18%	15%

资料来源:作者自行整理所得。

二、基础型知识网络

已有研究对组织间的知识流动及合作进行了较为深入的讨论和分析

(Yusuf, 2008; Kodama, 2008)[①][②]。高校及企业在区域创新系统内部通过建立子机构、认证及合作专利等多种途径进行知识创造。除上述如合作专利等途径外，高校间或公共研究机构与企业间也存在其他合作方式及合作产出，进行专业基础型知识的创新，而产出形式通常通过合作论文实现。跨区域高校或研究机构之间通常不会有技术应用型的专利合作，但这不代表跨区域的公共研究机构之间不存在知识创新合作关系，因为通常进行基础型研究的论文合作。鉴于公共研究机构合作关系的重要作用，并不能忽略这种跨区域的基础知识创新，因为公共研究机构跨区域的合作创新可以通过以合作论文产出为代表的基础研究合作实现。

在合作中我们通常是有签订协议的。当然独自拥有新知识无疑是好的。但对于基础研究及实验方面的知识我们是可以共享的，因为企业一般直接与市场相关，我们拥有更多这方面的信息以及与技术应用相关的企业家知识和市场管理能力；而高校在基础研究及实验方面更有优势，所以我们应该充分利用双方的优势并扩展合作。

××造船集团经理、技术工程师×××　2014-3-14

在与高校进行合作后，我们会共享知识成果，如果我们独自拥有知识产权，将花费非常多的资金。所以我们愿意与高校共享成果，这样既实现了对我们知识的保护，又可以推动高校进行基础研究的进步。

××动力技术工程主管×××　2015-7-15

通过观察装备工业合作论文关系，与专利所代表的技术知识网络相似，1989~2013年长江经济带装备工业基础知识合作论文总量仅占全国总量的1%，然而该领域合作论文比例为24%，远超过自身产出比例，可见长江经济带基础知识合作在全国装备工业中也具有很高的研究价值和代表意义。在合作关系中，与高校或研究机构抑或是公共研究机构自身之间的合作是主要合作形式。经过筛选最终共有922条论文合作关系得以统计保留，其中最多合作组织数为4，约80%的合作关系为一个合作组织，而拥有两个或以上的

---

① Yusuf S. Intermediating knowledge exchange between universities and businesses [J]. Research Policy, 2008, 37 (8): 1167-1174.

② Kodama M. New knowledge creation through ICT dynamic capability: Creating knowledge communities using broadband [M]. IAP, 2008.

合作组织的比例分别为14.7%、4.8%和0.4%（见表4-3）。

表4-3　　　　1989~2013年长江经济带各区域装备工业合作
论文合作组织比例变化

合作作者数量	论文数量	百分比%
1	738	80%
>1		
of which		
2	136	14.7%
3	44	4.8%
4	4	0.4%
total	922	100.0%

资料来源：作者自行整理所得。

与合作专利关系有所不同，高校间或研究机构之间的基础研究合作在每个区域都占绝对优势（>55%），企业间合作在每个区域都小于10%。在企业—公共研究机构类型的合作关系中，能够与公共研究机构建立合作关系的大部分为国有或具有一定实力的大型装备制造企业，它们的合作目的是进一步推动基础研究并使之引导技术进步。1989~2013年，以合作论文为代表的基础知识合作网络节点不断增多，合作关系总量翻了近35倍。从合作关系的空间尺度来看，1989~2013年长三角合作占比从56%下降至48%，中部城市群的基础研究合作占比也由34%将至31%，长江西部城市群合作占比由10%升至22%（见表4-4）。

表4-4　1989~2013年长江经济带各区域装备工业合作论文比例变化

合作专利	区域1	区域2	区域3
1989~1993年	56%	34%	10%
1994~1998年	51%	35%	14%
1999~2003年	53%	31%	16%
2004~2008年	46%	41%	13%
2009~2013年	48%	31%	21%

资料来源：作者自行整理所得。

第三节

长江经济带知识网络连通性及关系变化趋势

本书通过运用社会网络分析法,分别对长江经济带装备工业知识网络关系结构及 1989~2013 年网络结构特征变化进行描述性分析。对长江经济带知识网络整体结构特征及变化的分析分别从网络中心性、网络密度、网络弱联系及网络连通性等方面开展。

一、基础知识网络连通及桥接关系变化

本书选取不同组织间合作科研论文表征基础知识网络。其包括高校间合作关系、企业—高校合作关系、企业间合作关系共有 922 条,其中 80%以上的合作关系为单一合作组织,而拥有两个或以上的合作组织的比例分别为 14.7%、4.8% 和 0.4%。通过对网络关系基本结构及其变化趋势进行分析,认为长江经济带基础知识网络整体中心性下降、网络密度由于网络规模的扩大而降低,网络呈规模扩散趋势,但网络扩散并不影响整体网络关系连通。1989~2013 年,网络点度范围扩大,网络扩散的同时连通性增强,越来越多的独立关系组元实现了网络连通。基于不断增强的连通关系的网络复杂性增强,长江经济带基础研究型知识网络实现由单一组织合作关系到闭包桥接关系的演化。

(一)网络整体结构规模扩散

网络中心势是讨论网络结构变化不可缺少的重要指标之一,选取网络点度中心势(degree centrality)和中介中心势(betweennes centrality)分别表征与某网络主体联系的节点规模及最短网络途径中节点关系的控制作用。网络中心势变化表明网络主体通过建立更多合作伙伴或控制更多合作关系实现信息或知识流动及重组,通过知识重新整合实现创新。网络密度通过计算实际网络关系与潜在可能的网络关系比来表征网络整体紧密程度,网络密度体现了网络的凝聚性特征,完备网络的密度最大,因为该网

络中大多网络主体都存在相互关系的弧或自环（见表4-5）。

表4-5 1989~2013年长江经济带基础知识网络中心势及密度变化

年份	点度中心势	中介中心势	网络密度	年份	点度中心势	中介中心势	网络密度
1989	0	0	0.14	2002	0.04	0.004	0.03
1990	0	0	0.07	2003	0.09	0.011	0.02
1991	0.11	0.02	0.11	2004	0.11	0.033	0.02
1992	0.18	0.07	0.15	2005	0.15	0.105	0.03
1993	0	0	0.09	2006	0.1	0.019	0.02
1994	0.13	0.06	0.12	2007	0.03	0.007	0.02
1995	0.06	0	0.09	2008	0.05	0.003	0.02
1996	0.12	0.02	0.08	2009	0.04	0.004	0.02
1997	0.05	0.008	0.08	2010	0.05	0.005	0.01
1998	0.04	0.002	0.03	2011	0.05	0.004	0.01
1999	0.11	0.019	0.05	2012	0.07	0.011	0.01
2000	0.06	0.008	0.07	2013	0.06	0.003	0.013
2001	0.11	0.02	0.04	总计	1.79	0.436	1.343

资料来源：作者自行整理所得。

长江经济带基础知识网络中心性及密度变化，自1989~2013年网络中心性变化并不稳定，整体呈缓慢下降的趋势。网络点度中心势比中介中心势变化强度大，但趋势一致。网络点度中心势由1991年的0.11左右经过波动逐渐至2013年的0.06，中介中心势由0.02左右降至0.003左右。网络建立初期合作关系数量少，随网络规模的不断增大，合作关系数量增多，这一点由网络密度0.14降至0.013得以证实。将网络中心势及密度变化结合进行分析，网络规模扩大使网络主体可选合作关系增多，但合作可能性的增加并未直接增强网络整体凝聚力或单个组织的关系控制力，基础知识网络呈现越来越开放的规模扩散趋势，网络关系控制的可替代性增强。因此，1989~2013年长江经济带基础知识研究网络呈开放的规模扩散变化趋势（见图4-1、图4-2和图4-3）。

第四章 区域知识网络特征及变化

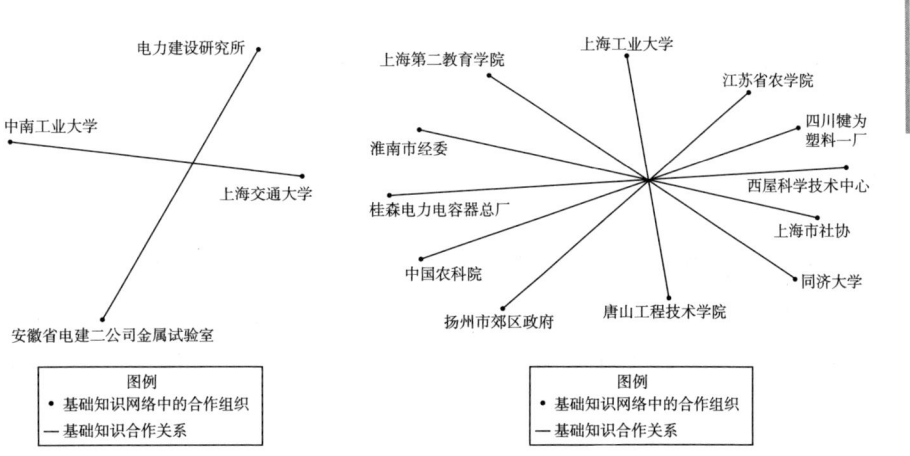

图 4-1 1989~1993 年长江经济带基础知识网络整体结构变化

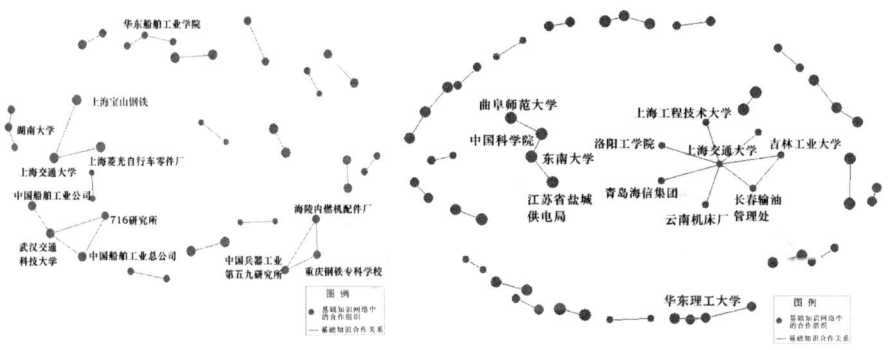

图 4-2 1998~2003 年长江经济带基础知识网络整体结构变化

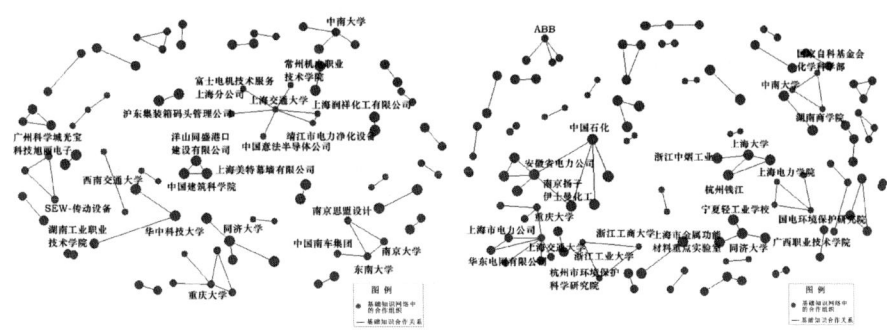

图 4-3 2008~2013 年长江经济带基础知识网络整体结构变化

资料来源：作者自行整理所得。

(二) 小规模子网凝聚力初显

点度有效地测度了网络拥有的关系数量,网络平均点度有效表征网络的凝聚性。相比于网络密度,平均点度由于不受网络规模约束而在测度具体的网络凝聚力方面更具优势,可用于比较不同时期、不同规模网络的凝聚性。基础知识网络整体呈规模扩散的趋势,结合平均点度测算可见,网络中逐渐显现出小规模子网凝聚特征。1989~2013年网络的整体点度由1增加至1.52,绝对点度由1增加至最多6~7(见表4-6)。

表4-6 1989~2013年长江经济带基础知识网络点度凝聚特征

年份	点度	点度频率	点频率比例(%)	累计频率	累计频率占比(%)	代表网络关系主体	平均点度
1989	1	4	1	4	1	安徽省电建二公司金属试验室	1
1993	1	12	1	12	1	桂森电力电容器总厂	1
1998	1	33	78.5	33	78.6	成都电子机械高等专科学校	1.24
	2	8	19.1	41	97.6	716研究所	
	3	1	2.38	42	100	武汉钢铁设计研究总院	
2003	1	52	85.24	52	85.24	北京燕化石油化工股份有限公司	1.29
	2	7	11.47	59	96.72	东南大学	
	3	1	1.63	60	98.36	华东理工大学	
	7	1	1.63	61	100	上海交通大学	
2008	1	65	72.22	65	72.22	安徽工业大学	1.37
	2	20	22.22	85	94.44	SEW-传动设备(天津)有限公司电子产品与技术中心	
	3	3	3.33	88	97.77	东南大学	
	4	1	1.11	89	98.88	重庆大学	
	6	1	1.11	90	100	上海交通大学	

续表

年份	点度	点度频率	点频率比例（%）	累计频率	累计频率占比（%）	代表网络关系主体	平均点度
2013	1	72	61.1	72	61	安徽省高程电子科技有限公司	1.52
	2	37	31.3	109	92.3	安徽省电力科学研究院	
	3	6	5.08	115	97.4	ABB	
	5	2	1.69	117	99.1	安徽省电力公司	
	6	1	0.84	118	100	上海交通大学	

资料来源：作者自行整理所得。

不难发现，点度高的网络主体频率实际非常低，在某时间段内能实现较高点度的主体组织仅有一两个，如 1989~1998 年的合作关系规模增加，但增加的都为两两之间相互独立的关系，此后高点度的网络节点逐渐增多。如 1998 年武汉钢铁设计研究总院点度值为 3，2003 年点度在 3 以上的为华东理工大学和上海交通大学，2008~2013 年，东南大学、重庆大学、上海交通大学、ABB、安徽省电力公司点度都高于 3，网络中能够实现关系凝聚的主体数量逐渐增多，且主要以高校为主，主体凝聚力也逐渐增强。因此长江经济带基础知识网络仍呈整体开放的规模扩散趋势，这也与基础研究知识的知识特性相一致，但不难看出近年来网络关系也逐渐显现出小规模子网凝聚特征，通过高校或研究机构实现了网络的凝聚，并使这种凝聚趋势变得逐渐显著。

（三）组元关系连通性有所增强

在网络中点度高于 1 的点至少与其他网络主体建立了合作关系，而并非独立存在于网络中，但并不意味着这些点能够形成团块。这是为什么网络规模扩大但呈现扩散的原因。而形成团块的网络碎片各自具有一定的凝聚力，在整体网络中看作不同的凝聚子群，因为凝聚子群中主体存在连通关系。而不同的团块或子群间是否存在关系取决于团块间的连通性，也就是能够建立弱联系的组元数及最大弱组元[①]的规模问题。

---

① 最大弱组元：即为最大的弱连通子网络；弱连通网络需要网络中每对节点之间都有一条弱联系途径。

为尽可能地考察到能够连通的子网络,将弱组元规模最小值设置为3进行观察。1989~1993年并未出现大于3的弱连通网络,这与网络点度凝聚特征相一致(见表4-7)。1998年大于3的弱组元共有5个,最大弱组员规模为4,主要包括武汉交通科技大学、中国船舶工业总公司、中国船舶工业公司、716研究所,其中武汉交通科技大学和中国船舶工业公司的点度为2;2003年弱组元共有6个,最大弱组元规模为8,规模为4的弱组元有两个,其中核心节点分别为上海交通大学、华东理工大学,点度分别为7和3;2008年大于3的弱组元增至11个,最大弱组员规模为7,规模为4的弱组元有两个,规模为5的弱组元有1个,其中核心节点分别为同济大学、中南大学、东南大学、重庆大学、上海交通大学,核心节点点度分别为3、4、6;至2013年,网络连通性进一步增强,大于3的弱组元增至17个,最大弱组元规模为9,规模为4的弱组元有五个,其中核心节点分别为重庆杜克高压密封件有限公司、上海交通大学、安徽省电力公司、国电环境保护研究院、上海大学、同济大学、ABB、江苏大学,其中发挥桥接网络的连通关系包括重庆大学—上海交通大学、中国石化—安徽省电力公司。

表4-7　　1989~2013年长江经济带基础知识网络组元连通性

年份	网络规模	>3弱联系组元数	最大弱组元占比	最大弱组元规模
1989	4	—	—	2
1993	12	—	—	2
1998	42	5	9.52%	4
2003	61	6	13.11%	8
2008	90	11	7.78%	7
2013	118	17	7.62%	9

资料来源:作者自行整理所得。

可见,长江经济带基础知识网络小规模凝聚的团块间连通性逐渐增强,组元间通过弱联系实现桥接,形成规模较大的弱组元,整体网络连通性进一步加强。在不断增强的连通网络中,与综合技术水平较高的高校或专业技术类研究院所等建立的网络关系在不同的网络组元件实现了桥接,是实现网络连通的关键。

(四) 高校在基础知识网络中的跨区域桥接作用

从观察长江经济带整体基础知识网络关系结构变化可知，网络关系规模扩大，导致关系规模扩散的趋势。在整体扩散的趋势下，小规模组块开始凝聚，小组块间也通过某些桥接关系实现连通，从而使基础知识网络整体扩散关系的连通性有所增强。由于长江经济带不同区域自身经济发展水平、创新水平及资源要素都有较大差异，因此，桥接作用不仅增强了网络组块间的连通性，同时实现了长江经济带不同区域（长三角城市群、中部城市群、西部城市群）间的桥接。本书观察了在长江经济带基础知识网络中能实现区域内及跨区域桥接作用的组织关系类型。

从网络关系数据统计可见，三大区域中企业间合作关系、高校间合作关系及企业—高校间合作关系同时存在，其中跨区域关系在50%以上，分别占三种关系的65%、66%和65%。从数据统计来看，长江经济带装备工业论文合作的主要关系为高校和研究机构之间的关系（886）及企业和高校之间的关系（664）所组成的云集团。与合作专利网络不同，跨区域云集团与区域内云集团相比具有显著优势。65%的合作论文都通过跨越地理区域边界的合作关系实现。跨区域高校或研究机构间的合作关系远超过企业基础的合作关系。通常来说，企业与基础研究型知识的关系本身比较少，但高校或研究机构可作为基础研究知识的共同创造者参与到知识合作创新过程中。进一步证明高校在基础知识网络中的媒介作用，与高校或研究机构建立的组织合作关系成为基础研究知识向技术知识跨区域转化的桥梁（见表4-8）。

表4-8　1989~2013年长江经济带高校—企业合作论文关系量　　单位：条

关系类型	区域内关系	区域间关系	小计
企业—企业关系	56（35%）	102（65%）	158（100%）
高校—高校关系	300（34%）	586（66%）	886（100%）
企业—高校关系	250（35%）	414（65%）	664（100%）
总计	606（35%）	1102（65%）	1708（100%）

资料来源：作者自行整理所得。

（五）基于桥接关系的连通网络演化

整体网络关系规模扩散及凝聚团块间连通性增强的网络发展趋势下，与工业技术类高校的合作增强了整体网络的连通性。基于跨区域的网络连通性梳理每阶段具体的网络关系特征，对长江经济带基础研究型知识网络进行关系演化阶段划分，网络关系发展轨迹呈现由单一合作关系向闭包扩散的桥接网络转变。

知识网络整体结构变化及弱组元连通性分析都已证实，1989～1993年并未出现三个或以上主体间的相互关系。1998～2003年随网络规模增大，知识网络开始出现三者间的相互作用关系，闭包关系下的完备三方组出现（中国电力工程、重庆钢铁专科学校、海陵内燃机配件厂），并开始由闭合三方组关系向外扩散（武汉交通科技大学、中国船舶工业总公司、716研究所、中国电子工程设计院）。2003～2008年网络连通性进一步增强，多数三方关系具有完备性特征，除三方组关系外，网络呈现向外的星型扩散关系，及闭包三方组和星型扩散结合的网络结构。如上海交通大学、长春输油管理处长春维修队、吉林工业大学之间形成完备三方组关系，同时上海交通大学也是星型结构的核心；同样上海交通大学作为星型核心也与靖江市电力净化设备厂和上海润祥化工有限公司构成闭包关系结构（见图4-4）。

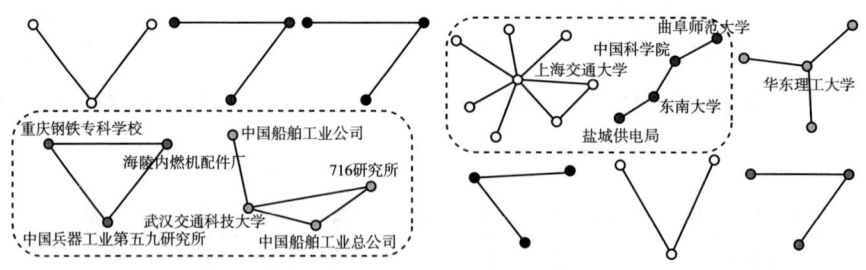

图4-4　1998～2003年长江经济带基础知识网络完备组团结构变化
资料来源：作者自行整理所得。

2013年，闭包关系与星型扩散结合的关系结构增多的同时，连通性增强实现了不同闭包及扩散组块之间的桥接。如上海交通大学作为星型网络核心，其与上海市电力公司和华东电网有限公司构成完备三方组关系，由于其与重庆大学间的桥接关系也将重庆科技学院和重庆杜克高压密封件有限公司纳入弱组元中，扩大了网络连通的规模。中国石化与安徽省电力公司分别为各自星型关系的核心，两者间关系实现了两个星型组块间的桥接，同时两者与南京扬子伊士曼化工有限公司又形成完备三方组，增强了网络连通的完备性。在基础知识网络中，高校在网络连通关系中占比约63%，而其中技术水平较高专业型高校及研究院所占比为58%以上（见图4-5）。

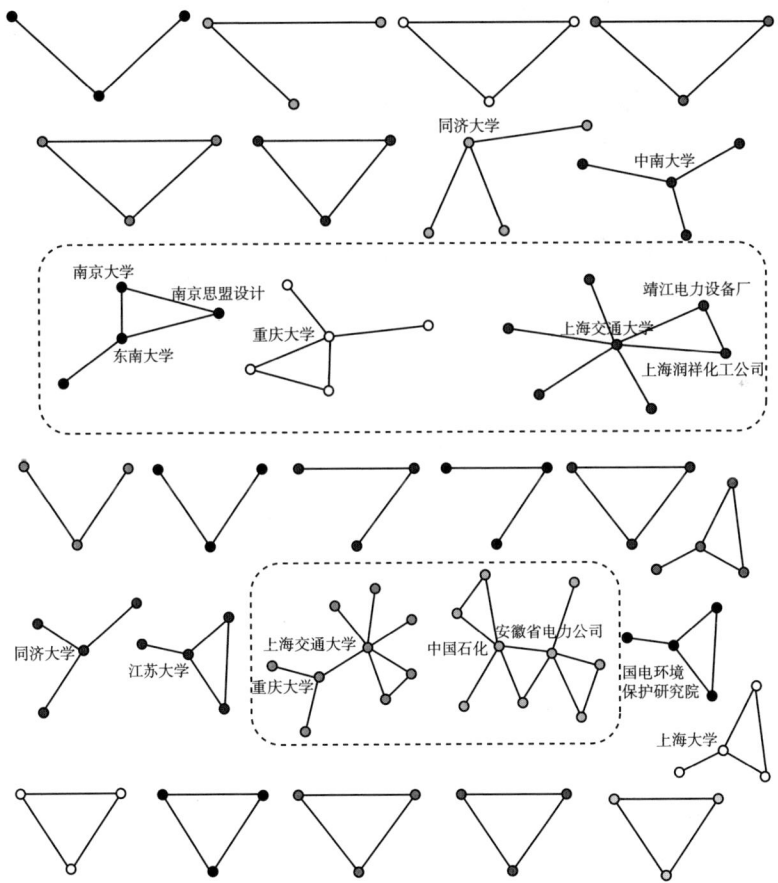

图4-5 2008~2013年长江经济带基础知识网络完备组团结构变化

注：点表示参与基础知识网络的组织；线表示组织间的关系；颜色差异表示为不同的网络组元。

资料来源：作者自行整理所得。

网络关系的变化进一步证实装备工业基础知识网络中，发挥网络桥接作用的更多的是专业型的工科类高校或研究院所，在工科类高校的桥接作用下，长江经济带基础知识网络连通性增强，网络关系越来越完备，其变化呈现：单一合作网络—三方组网络—星型扩散网络—双组元桥接网络的变化轨迹。同样，将这种关系演化通过空间分析可见，当完备网络形成向扩散网络及双组元桥接网络变化时，知识实现了越来越多的跨区域桥接，这种跨区域桥接开始更多地发生于长江经济带内城市与带外的其他城市群，而后长江经济带内部发生了越来越多的内部跨区域知识合作关系。

二、技术知识网络连通及桥接关系变化

本书选取不同组织间合作专利表征技术知识网络。与基础知识网络一致，技术知识网络关系也包括高校之间合作关系、企业—高校合作关系、企业间的合作关系共有14012条，其中98%以上的合作关系为单一合作组织。通过对网络关系基本结构及其变化趋势进行分析，认为长江经济带技术知识网络中心性增强、网络密度由于网络规模的扩大而降低，网络整体核心——边缘结构显著；网络规模增大加之核心边缘结构的日益显著，但与基础知识网络不同，技术知识网络核心能够连通的组块越来越多，网络核心凝聚力越来越强，特别2003~2013年，能连通的最大弱组元点度从12升至68，点度大于3的组元数量也倍增。在高度连通关系下，技术知识网络不仅关系复杂性增强，且多种关系的组元相互连通构成了规模更大、结构更复杂的核心组元。

（一）网络核心——边缘特征显著

观察网络中心势来讨论技术知识网络中网络主体伙伴关系建立及网络关系的控制作用问题，同时结合网络密度变化表征网络凝聚性。通过观察长江经济带技术知识网络中心势及密度变化可见，网络整体密度由1989年的0.03降至2013年的0.001，网络规模大幅增加，合作关系数量在原有基础上急速增长。网络规模扩大的特征与基础知识网络相似，但不同的是，技术知识网络规模的扩大并未表现出网络的规模扩散，而是随时间主体关系更加紧

密，网络核心越来越显著。1989~2013年，技术知识网络中心性变化相对稳定，有所波动但基本呈上升趋势。其中网络中介中心势比点度中心势变化强度大，中介中心势由0.003升至0.14，点度中心势由0.03增至0.05。由此可见，一方面，网络主体合作伙伴关系建立更加集中密切，某些网络主体拥有越来越多潜在可调用的信息；另一方面，该网络趋势更多地表现出网络信息传递作用的增强，更多网络主体参与到信息及知识传递过程中，更多的点起到中介作用。将网络中心势特别是中介中心势显著增强趋势及密度变化结合进行分析，网络规模扩大使网络主体的可选合作关系增多，与基础知识网络开放的扩散趋势不同，技术知识网络合作规模的增大，增强了原有网络中某些节点的中介作用，或为原有网络新增了未连通的中介节点，更好增强了部分网络的凝聚力及组织关系控制力。因此，随时间变化技术知识网络逐渐呈"核心—边缘"的网络关系特征，核心网络组块内凝聚力较强，组块间的连通性也较好，而网络边缘部分一般由相对孤立的组块或连通性较差的组元构成（见表4-9、图4-6、图4-7和图4-8）。

表4-9　1989~2013年长江经济带技术知识网络中心势及密度变化

年份	点度中心势	中介中心势	网络密度	年份	点度中心势	中介中心势	网络密度
1989	0.03	0.003	0.03	2002	0.06	0.007	0.014
1990	0.08	0.023	0.029	2003	0.05	0.007	0.008
1991	0.05	0.003	0.025	2004	0.05	0.073	0.006
1992	0.06	0.003	0.025	2005	0.05	0.099	0.004
1993	0.02	0.003	0.019	2006	0.05	0.007	0.004
1994	0.02	0	0.015	2007	0.05	0.086	0.004
1995	0.03	0.002	0.018	2008	0.07	0.142	0.003
1996	0.01	0.002	0.019	2009	0.05	0.078	0.002
1997	0.03	0.003	0.02	2010	0.05	0.09	0.002
1998	0.05	0.006	0.023	2011	0.05	0.075	0.001
1999	0.13	0.078	0.029	2012	0.06	0.2	0.001
2000	0.08	0.011	0.02	2013	0.05	0.14	0.001
2001	0.12	0.029	0.02	总计	0.71	0.166	0.292

资料来源：作者自行整理所得。

基于连通性视角的长江经济带装备工业知识网络演化研究

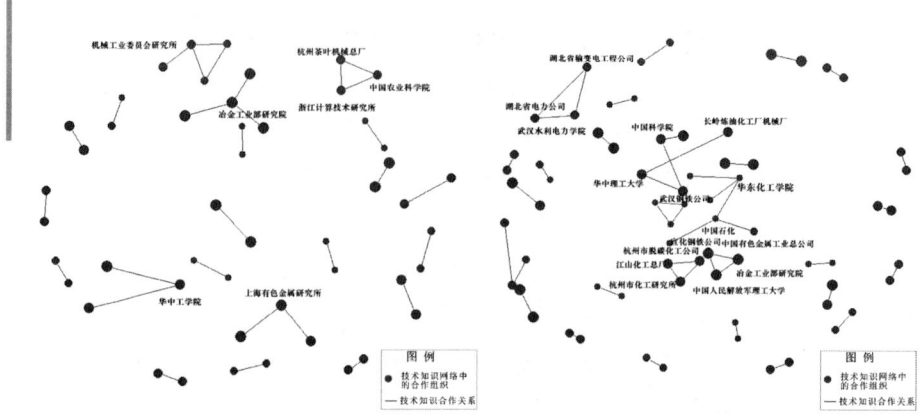

图4-6　1989~1993年长江经济带技术知识网络整体结构变化

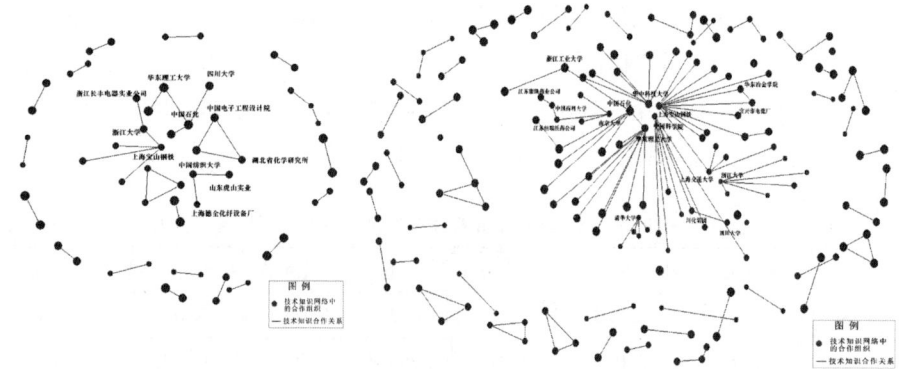

图4-7　1998~2003年长江经济带技术知识网络整体结构变化

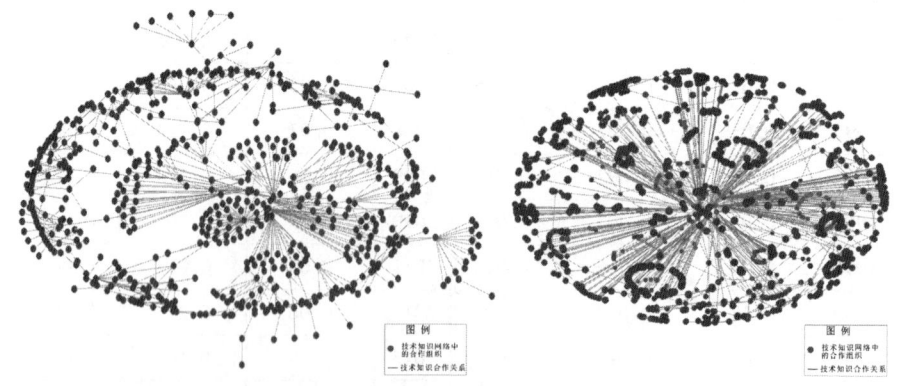

图4-8　2008~2013年长江经济带技术知识网络整体结构变化

资料来源：作者自行整理所得。

（二）核心网络关系结构关系复杂性剧增

对点度的测度有效表征了基础知识网络的小规模凝聚特征，且由于不受网络规模约束而可以进行不同规模网络凝聚力的比较。而技术知识网络1989~2013 年，每五年的平均点度分别为 1.22、1.29、1.26、1.48、1.73 和 2.1。整体都高于同时期的基础知识网络，且差距呈扩大趋势。这证明前面论证的基础知识网络呈规模扩散，而技术知识网络呈显著的核心凝聚的观点。技术知识网络与基础知识网络凝聚的特征有所不同，并非规模均等的小规模子网凝聚，而是在网络核心呈大规模连通的凝聚子群。这一网络关系与基础研究型知识的开放性及技术知识受保护性特征相一致。1989~2013 年，网络整体最大组元点度由 1989 年的 3 个增加至 2008 年的 46 个，又倍增至 2013 年的 68 个，说明网络核心组元连通性，如华东理工大学、浙江大学、上海交通大学、四川大学、东南大学、浙江工业大学等迅速增强。

1989~1993 年及 1993~1998 年虽然网络规模呈扩大趋势，参与网络合作主体体量增加，但网络关系结构并未发生很大的变化。在两段时期内，最大弱组元点度都为 3 且这样的点在每个时间段也都非常少。1998~2003 年，网络关系结构开始出现急速调整，合作关系规模增加，与基础知识网络不同，增加的不仅为两两间相互独立的合作关系，更多增加了关系结构多样性及复杂性。如 2003 年出现了以上海宝山钢铁为核心点度为 12 的关系结构，及以华东理工大学为核心点度为 10 的关系结构。2008 年的华东理工大学、上海交通大学、上海宝山钢铁、浙江大学都分别建立了点度在 20 以上的连通关系。2013 年网络关系更为复杂，共有 13 个代表组织建立了点度 20 以上的复杂连通网络，其中四川大学、东南大学、浙江工业大学、东华大学、华东理工大学、浙江大学、上海交通大学点度值都在 30 以上（见表 4-10）。

表 4-10　1989~2013 年长江经济带技术知识网络点度凝聚特征

年份	点度	点频率	点频率比例（%）	累计频率	累计频率占比（%）	代表网络关系主体	平均点度
1989	1	40	81.63	40	81.63	安徽众鑫电力技术有限公司	1.22
	2	7	14.28	47	95.81	北京康思瞄医药技术开发有限公司	
	3	2	4.08	49	100	机械工业委员会研究所	

续表

年份	点度	点频率	点频率比例（%）	累计频率	累计频率占比（%）	代表网络关系主体	平均点度
1993	1	50	73.52	50	73.52	鞍山钢铁	1.29
	2	16	23.52	66	97.05	杭州市化工研究所	
	3	2	2.94	68	100	华东化工学院	
1998	1	45	78.94	45	78.94	（株）汉萨有限公司	1.26
	2	10	96.49	55	96.49	JCK株式会社	
	3	1	1.75	56	98.24	安徽国祯环保节能科技股份有限公司	
	4	1	1.75	57	100	艾泰斯热系统研发（上海）有限公司	
2003	1	140	75.67	140	75.67	安徽大学	1.48
	2	31	16.75	171	92.43	安徽临泉化工股份有限公司	
	3	6	3.24	177	95.67	南京大学	
	4	2	1.08	179	96.75	清华大学	
	5	1	0.54	180	97.29	浙江大学	
	6	2	1.08	182	98.37	华中科技大学	
	7	1	0.54	183	98.91	中国科学院	
	10	1	0.54	184	99.45	华东理工大学	
	12	1	0.54	185	100	上海宝山钢铁	
2008	1	499	77.5	499	77.5	（株）汉萨有限公司	1.73
	2	88	13.66	587	91.14	UT斯达康	
	3	18	2.79	605	93.94	北京建工金源环保发展有限公司	
	4	10	1.55	615	95.49	华中科技大学	
	5	4	0.62	619	96.11	华东师范大学	
	6	3	0.46	622	96.58	贵州大学	
	7	4	0.62	626	97.2	北京科技大学	
	8	3	0.46	629	97.67	上海医药工业研究院	

续表

年份	点度	点频率	点频率比例（%）	累计频率	累计频率占比（%）	代表网络关系主体	平均点度
2008	9	3	0.46	632	98.13	东南大学	1.73
	10	3	0.46	635	98.6	东华大学	
	11	1	0.15	636	98.75	中国科学院	
	13	1	0.15	637	98.91	浙江工业大学	
	16	2	0.31	639	99.22	清华大学	
	18	1	0.15	640	99.37	复旦大学	
	22	1	0.15	641	99.53	华东理工大学	
	24	1	0.15	642	99.68	上海交通大学	
	30	1	0.15	643	99.84	上海宝山钢铁	
	46	1	0.15	644	100	浙江大学	
2013	1	1014	71.83	1014	71.81	阿旺赛镀膜技术（上海）有限公司	2.1
	2	231	16.35	1245	88.17	阿尔斯通电网英国有限公司	
	3	60	4.24	1305	92.42	安徽大学	
	4	19	1.34	1324	93.76	安徽工业大学	
	5	17	1.2	1341	94.97	东北大学	
	6	10	0.7	1351	95.67	北京大学	
	7	7	0.49	1358	96.17	北京科技大学	
	8	5	0.35	1363	96.52	北京理工大学	
	9	5	0.35	1368	96.88	湖南农业大学	
	10	7	0.49	1375	97.37	北京化工大学	
	11	4	0.28	1379	97.66	贵州大学	
	12	3	0.21	1382	97.87	合肥工业大学	
	13	3	0.21	1385	98.08	电子科技大学	
	14	2	0.14	1387	98.22	复旦大学	
	17	4	0.28	1391	98.51	南京大学	
	18	2	0.14	1393	98.65	南京航空航天大学	

续表

年份	点度	点频率	点频率比例（％）	累计频率	累计频率占比（％）	代表网络关系主体	平均点度
2013	20	1	0.07	1394	98.72	武汉理工大学	2.1
	22	2	0.14	1396	98.86	清华大学	
	23	3	0.21	1399	99.07	常州大学	
	25	1	0.07	1400	99.15	中国人民解放军理工大学	
	28	1	0.07	1401	99.22	南京工业大学	
	29	3	0.21	1404	99.43	江南大学	
	31	1	0.07	1405	99.5	四川大学	
	33	2	0.14	1407	99.64	东南大学	
	34	1	0.07	1408	99.71	浙江工业大学	
	38	1	0.07	1409	99.78	东华大学	
	62	1	0.07	1410	99.85	华东理工大学	
	66	1	0.07	1411	99.92	浙江大学	
	68	1	0.07	1412	100	上海交通大学	

资料来源：作者自行整理所得。

与基础知识网络的凝聚特征不同，技术知识网络并非小规模、相似结构子网凝聚，而是快速地进行大规模、复杂网络关系的构建及桥接。在复杂的网络桥接关系中，与基础知识网络相似且更显著的是，高校在网络连通关系中占比约80％。其中，水平较高的综合型或工科高校、技术研究院又占60％以上。这更好地论证了装备工业技术研究网络中不仅企业，工科类高校或研究院所在不同网络凝聚组元间均起到重要桥接及网络连通作用。在工科类高校桥接作用下，长江经济带装备工业网络核心形成了连通性极强的更为复杂的网络关系，从而使整个网络结构整体表现出"核心—边缘"差异化特征。

（三）核心网络关系连通性极强

技术知识网络核心凝聚特征表明，网络不同团块间具有桥接关系，较好的桥接关系增强核心网络连通性，实现网络规模扩大，但核心组元越来越凝聚的特征。因此,进一步就技术知识网络中的最大弱连通组元进行分析。

为尽可能地考察能够连通的子网络,与基础知识研究网络设置保持一致,继续将弱组元规模最小值设置为3进行比对。1989~1998年大于3的弱连通网络从5个增长到7个,1989年最大弱组元定点数为4(冶金工业部研究院、云南省楚雄州禄丰钢铁厂、湘潭钢铁、铁道部研究所),其他弱组元中核心参与者分别为上海有色金属研究所、华中工学院、浙江省计算技术研究所/中国农业科学院/杭州茶叶机械总厂、机械工业委员会研究所;1993年和1998年最大弱组元规模增至6,最高点度网络参与者分别为华东化工学院/中国石化和上海宝山钢铁。至2003年,点度大于3的弱组元数激增至20个,最大弱组元规模也倍增至18,其中与华东理工大学、中国石化、上海宝山钢铁、上海交通大学、中国科学院、清华大学、浙江大学、华中科技大学等组织建立的关系最多,且这些组织位于星型扩散网络的核心。华东理工大学与中国石化、上海宝山钢铁与上海交通大学间的关系桥接了两个较大的星型网络,起到重组复杂网络的作用。2008~2013年,大于3的弱组元数量以倍增速度增长,2008年弱组元数量为33,2013年增至65,且最大弱组元规模从323倍增至944(见表4-11)。

表4-11 1989~2013年长江经济带技术知识网络组元连通性

年份	网络规模	>3弱联系组元数	最大弱组元占比(%)	最大弱组元规模
1989	49	5	8.2	4
1993	68	7	8.82	6
1998	57	6	10.52	6
2003	185	20	9.7	18
2008	644	33	50.15	323
2013	1412	65	66.85	944

资料来源:作者自行整理所得。

组元数量增加和最大弱组元规模的激增,并未导致网络关系的离散,相反在工业技术类高校或研究机构的桥接作用下,网络凝聚性更强,集中密集。不断增加的网络规模和关系在原有网络基础上，通过技术类高校或研究机构不断网络桥接，实现不同网络组块间的连通效应。网络整体连通性和核心组块连通性得到极大提升，网络复杂性增强导致网络凝聚进一步增强。通过工科高校建立的复杂网络关系，结合不同组块间弱连接，弱连接发挥的桥接作用实现大型复杂网络的强连通性。因此，具体分析长江经济带技术知识网络如何在工业技术类高校的桥接作用下，基于网络连通性实现关系演化。

（四）高校在技术知识网络中的跨区域桥接作用

长江经济带技术知识网络关系结构演变过程显示，网络关系规模扩大并未像基础知识网络一样导致网络关系的规模扩散。相反，技术知识网络核心凝聚性越来越强，呈大规模核心凝聚的关系结构，凝聚组元通常本身关系结构也已比较复杂，加之技术知识网络连通性极强，使近年来网络最终形成复杂的大规模连通网络。虽然与基础知识网络整体变化趋势及路径有所不同，技术知识网络的桥接作用也不仅作用于桥接网络本身，实现区域间知识的桥接及促进跨区域知识流动的作用。因此，本书也就技术知识网络组织关系如何实现跨区域知识桥接进行分析。

与基础知识网络关系都以跨区域关系为主的特征不同，技术知识网络关系中以企业间关系（4014）及企业—高校合作关系为主。可见，企业是进行技术创新的重要参与主体。其中，跨区域关系占整个网络关系的42%，在所有跨区域关系中，企业间关系、企业—高校关系及高校之间关系分别占38%、43%和56%。观察网络组织关系的连通性，不同关系中分析网络割点及网络桥接的构建。据网络统计，在技术知识网络中有20%的高校处于整个网络的割点位置，而只有6%的企业位于这种位置。高校一般在整个网络中能保持与其他组织立七次相互关系，而企业在相同的网络中只与其他两个左右的网络参与者保持联系。在各种组织类型中，高校或研究机构的中间中心度（23.040）是企业中间中心度（1.772）的13倍。这充分证明高校及研究机构在知识合作创新网络中的中介作用，也进一步证明，与高校或研究机构建立的关系在技术应用的合作创新网络中沟通不同网络云集团的桥梁（见表4-12）。

表4-12　1989~2013年长江经济带装备工业高校—企业专利关系　　单位：条

关系类型	区域内关系	区域间关系	总量
企业—企业关系	2500（62%）	1514（38%）	4014（100%）
高校—高校关系	262（54%）	225（56%）	487（100%）
企业—高校关系	7366（57%）	5669（43%）	13035（100%）
总量	10128（58%）	7408（42%）	17536（100%）

资料来源：作者自行整理所得。

装备工业的合作专利网络中的主要关系类型为企业—高校关系（13035）。企业间的合作关系（4014）略少，而频率最低的是高校或研究机构之间的合作关系（487）。尽管区域内部关系比区域间关系所占比例高，但显著的是高校和研究机构比企业建立了更多跨区域的关系。也就是说，高校和研究机构在构建跨区域知识创造关系中发挥了非常重要的作用（见表4-13）。

表4-13　1989~2013年长江经济带不同区域技术知识合作关系比例

关系类型	区域1	区域2	区域3
高校—企业关系	82.6%	93.2%	90.2%
高校—高校关系	1.1%	0.9%	0.8%
企业—企业关系	16.3%	5.8%	9.0%
高校—企业			
1989~2003年	4.0%	6.1%	6.8%
2004~2013年	78.6%	87.1%	83.4%
企业—企业			
1989~2003年	0.3%	0.1%	0.2%
2004~2013年	16.1%	5.7%	8.8%

资料来源：作者自行整理所得。

此外，长江经济带不同区域的合作专利关系，83%~93%的专利合作关系都在企业—高校云集团中。从长江经济带的三个城市群来看，三个区域开始都有较高比例的基于高校合作的关系。而基于高校的合作关系中，基础研究知识比例又略高于应用研究型知识。这主要是因为，基于高校或研究机构间的合作多集中于基础研究领域而非技术知识。高校或研究机构的作用可被理解为：基础研究到技术应用的转化机制，与高校或研究机构间建立的关系在实现基础研究到应用型研究的知识转化过程中起跨区域的桥接作用。

(五) 基于连通性的网络关系演化

在网络核心—边缘分化显著的整体特征下,结合网络核心组元凝聚性和连通性极高的关系特征,梳理每阶段具体的网络关系特征,进而对长江经济带技术知识网络进行关系演化阶段的划分。

基于装备工业特性,技术知识网络与基础知识网络不同。其本身网络规模较大,关系结构具有一定的先发优势。自1989年起具有5个大于3的弱联系组元,且已经完备的三方组关系结构有两组,分别是浙江医药股份有限公司、浙江省计算技术研究所、杭州机械总厂以及机械工业委员会研究所、常熟喷嘴厂、北京钢铁学院。该阶段网络在技术类研究院所的跨区域桥接作用下,以完备三方组及简单的星型辐射关系为主。1989~1998年关系结构在原有基础上,通过工业技术类高校的跨区域桥接,网络关系出现了链型关系结构,并起到简单桥接作用的关系。如长岭炼油化工厂机械厂、华中农业大学、武汉钢铁公司、中国科学院、中国科学技术大学的链型关系及华东化工学院、中国石化关系的建立起跨区域的桥接作用。至2003年,随着网络规模继续增大,完备三方组数量增加,复杂网络间的连通关系增强形成新的复杂关系网络。多个完备三方组互相桥接,形成新的完备四边形(上海宝信软件有限公司、上海发电设备成套所、中国石油天然气、上海白玉兰建设工程设备监理有限公司)。分别以华东理工大学和上海宝山钢铁为核心向外辐射的星型网络规模增大,点度增高,两者分别与以中国石化和上海交通大学为核心的星型辐射星型网络建立桥接关系,形成双核星型网络。

2008~2013年,技术知识网络关系变化较大。一方面,网络关系规模急速扩大;另一方面,如前一阶段所出现的完备关系组合叠加、不同关系结构桥接激增,使2008年最大弱组元占比50.51%。2013年,最大弱组元占比达66.85%。整个技术知识网络中一半以上网络参与者都能通过不同组块间的弱联系,实现桥接并组成规模更大的复杂连通网络,最大弱组元规模已达944。如图4-9、图4-10和图4-11所示,在最大联通网络中通过专业技术类高校实现的桥接,一方面表现在网络层面的技术网络组元关系连通方面;另一方面也表现在跨区域知识桥接作用方面。长江经济带技术知识网络连通性高于基础知识网络,且网络连通性变化也快于基础知识研究网络。随网络规模扩大,技术知识网络进一步增强了核心凝聚力作用,完备的网络整体呈现:完备三方组及星型网络——闭包桥接网络——多组元连通复杂网络的变化轨迹。

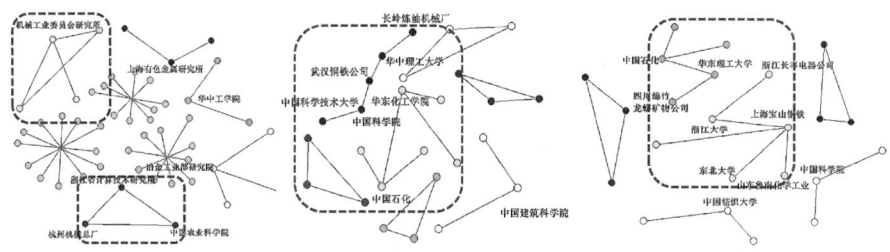

图4-9 1989~1998年长江经济带技术知识网络完备组团结关系构变化

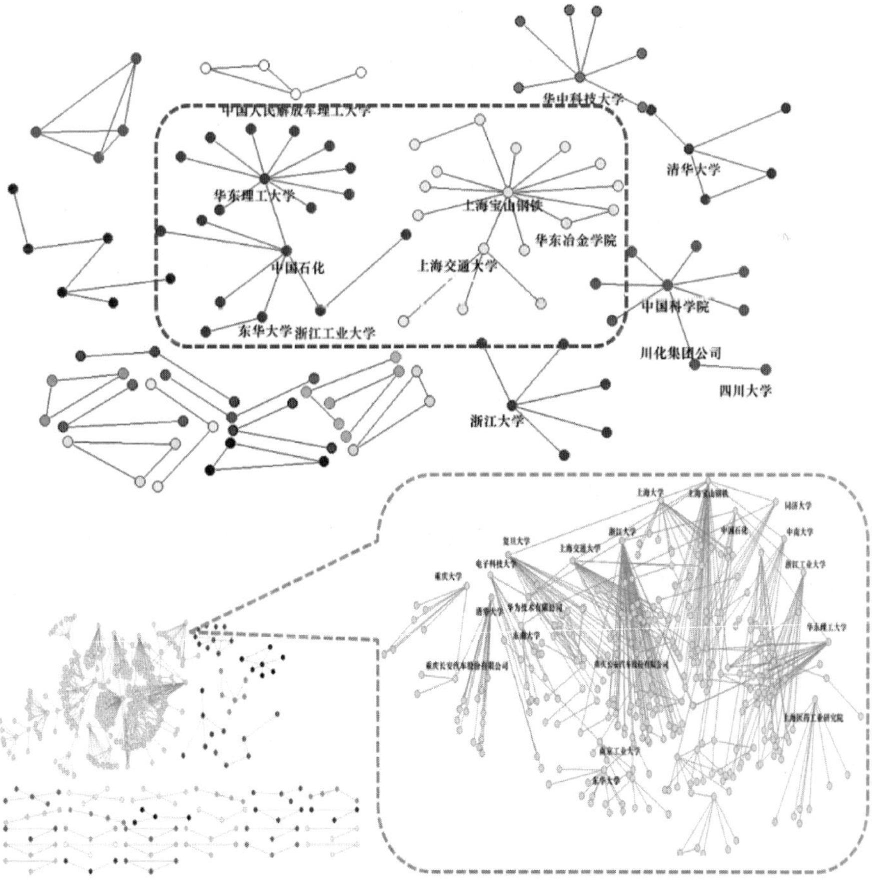

图4-10 2003~2008年长江经济带技术知识网络完备组团关系结构变化

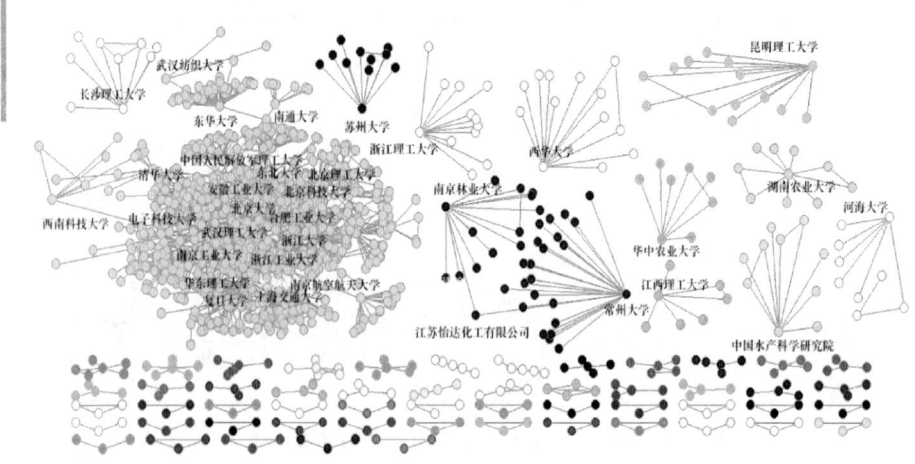

图 4-11　2013 年长江经济带技术知识网络完备组团关系结构

注：点表示参与技术知识网络的组织；线表示组织间的关系；灰度差异表示为不同的网络组元。

资料来源：作者自行整理所得。

长江经济带整体网络关系变化，及不同区域间基础研究和技术知识网络关系可见，不管在专利合作的技术知识网络还是论文代表的基础知识网络中，都能发现多数情况下工科类高校和研究机构成为不同网络云集团之间联系的桥梁，同时还发挥了网络桥接作用。更重要的是，装备工业知识网络中工科类高校和研究机构的网络桥接作用不仅存在于区域内部，也存在于区域之间。总结来说，不管在合作论文所表征的基础知识网络还是合作专利表征的技术知识网络中，工科类高校或研究机构都对跨区域桥接及区域层面经济主体间的联系产生重要作用。因此，从知识网络视角认知到学术论文与专利的差异并将其分别表征"基础知识"和"技术知识"，两者将组织合作进行知识创造的理论与实践相结合。因此，从两个知识子网络的视角，将两者相互作用的层面分析区域的创新过程是十分必要的。

第四节

本章小结

在长江经济带装备工业知识合作关系中，不论以合作专利为代表的技术知识网络还是以合作论文为代表的基础知识网络,高校和研究机构是不同网络云集团间的桥梁,发挥网络桥接作用。装备工业产业技术特性,使网络中工科类高校或研究院所在网络间桥接及跨区域桥接作用中发挥更重要的作用。从跨区域网络桥接作用过程来看,工科类高校或研究院所在知识网络形成初期起关系凝聚作用。通过将分散网络关系主体凝聚成初具规模的网络子群,进一步与这些工科类高校和研究机构的网络关系成为不同规模网络云集团间的关系桥梁,有助于提升知识网络连通性,连通性增强的知识网络,通过不断加入的企业及高校等主体关系实现跨区域复杂网络的连通,而此时工科或专业技术水平较高的高校或研究院所即发挥了跨区域知识网络的桥接作用。

从长江经济带装备工业知识网络视角,基础知识网络和技术知识网络间存在相似网络特征。由于发生作用的主要关系类型差异也使两个子网络的关系和变化存在差异。第一,从基础知识网络来看,1989~2013年网络规模不断扩大,网络规模扩大使网络主体的可选合作关系增多。这种合作可能性的增加并非直接增强网络整体凝聚力,或单个组织的关系控制力。基础知识网络呈现越来越开放的规模扩散趋势,网络关系控制力的可替代性增强,长江经济带基础知识研究网络呈规模扩散变化趋势。第二,在扩散的网络关系中逐渐出现小规模的子网凝聚特征,通过以高校为代表的关键组织节点,这种趋势特征逐渐显著。第三,不同的网络碎片各自具有一定的凝聚力,可在整体网络中被看作不同的凝聚子群,但不同的团块或子群间是否存在关系,取决于组团间的连通性。通过对网络弱组元分析可见,通过专业化水平较高的技术类高校或研究院所的网络桥接作用,基础知识网络关系不断变化。至 2013 年,网络连通性进一步增强,大于 3 的弱组元增至 17 个,其中发挥桥接网络的连通关系代表包括重庆大学、上海交通大学、中国石化、安徽省电力公司等。也就是说,此时基础知识网络小规模凝聚的团块间通过与高校建立关系,网络的连通性逐渐增强。组元间通过弱联系实现桥接,形成规模较大的弱组元,整体网络连通性进一步加强。且高校桥接作用下的连通网络也起到跨区域的基础知识桥接作用。第四,基于高校跨区域桥接作用下的网络连通性,对长江经济带基础研究型知识网络进行关系演化阶段的划分。1989~1993 年的基础知识网络并未出现三个或以上主体间的相互关系;1998~2003 年随着网络规模增大，网络开始出现三者间的相互关系，闭包关系下的完备三方组出现并向外扩散，至2013年，闭包关系与星型扩散结合的关系结构增多的同时，连通性增强实现了不同闭包及扩散组块之间的桥接。长江经济带基础知识网络关系的变化轨迹主要经历了：单一合作网络——三方组网络——星型扩散网络——双组元桥接网络的变化过程。

与基础知识网络有一定网络关系差异的长江经济带技术知识网络，虽然网络规模急速增加，网络关系并未因为规模增大而互相离散。第一，随时间变化，技术知识网络逐渐呈核心—边缘的网络关系特征，核心网络组块内通过专业技术类高校增强网络凝聚力及网络连通性，网络边缘一般由相对孤立组块或连通性较差的组元构成。第二，与基础知识网络的凝聚特征不同，技术知识网络并非小规模、相似结构子网凝聚，而是通过技术研究类高校快速地进行大规模、复杂网络关系的构建及桥接，在桥接复杂的网络关系后，网络核心形成了连通性极强且更为复杂的网络关系，使整个网络结构整体表现出核心—边缘的差异化特征。第三，不断增加网络规模及关系是在原有网络基础上不断进行网络桥接，实现不同网络组块间的连通，网络整体连通性使核心组块的连通性得到极大提升，复杂网络关系连通实现不同组块间的弱连接，弱连接发挥的桥接作用实现大型复杂网络的强连通性。第四，基于网络连通性对长江经济带技术知识网络进行关系演化阶段的划分，1989年起技术知识网络就已存在完备三方组关系结构，网络在原有基础上出现链型关系结构和简单桥接作用关系，2008~2013年，前一阶段所出现完备关系组合叠加、不同关系结构桥接激增，2013年整个网络中一半以上的网络参与者能通过不同组块间弱联系实现桥接并组成规模更大的复杂连通网络。长江经济带技术应用完备三方组及星型网络——闭包桥接网络——多组元连通复杂网络的变化过程。

在长江经济带装备工业的知识网络中，工科类高校及专业水平较高的高校及研究院所一方面对知识网络的凝聚力提升及网络连通起桥接作用；另一方面在实现跨区域知识桥接过程中也起桥接作用。从知识网络视角认知到学术论文与专利的差异并将其分别表征"基础知识"和"技术知识"，两者实际是将组织合作进行知识创造的理论与实践相结合，分别从知识子网络视角出发，从两者相互作用层面分析区域的创新过程是十分必要的。

第五章

区域在知识网络中的发展路径

在合作知识创新过程中,组织关系起不同知识网络间的组织关系桥接作用,同时也起区域内及跨区域空间桥接作用。而这种网络桥接关系建立在区域知识创新中是否是基于不同目的?区域合作创新过程真的是为了实现新知识的应用转化,或是差异性区域在网络创新过程中遵循了不同发展路径吗?

本章以长江经济带装备工业知识网络为例,讨论差异区域在知识网络中的不同发展路径,为后续差异性区域的创新研究打下基础。并依次将长江经济带划分为长三角城市群、长江中部城市群及长江西部城市群,将装备工业知识网络按知识类型划分为基础研究型知识网络、技术应用型知识网络和基于企业层面的企业家精神。在此划分基础上,分别讨论各城市群在装备工业知识网络中的发展路径。

第一节 理论推演及实证假设

一、概念框架及理论推导

现有众多研究成果表明网络在本质上与知识流动类型密切相关(Giuliani, 2007)[①]。虽然特定网络中网络参与者位置具有一定权力,这与

[①] Giuliani E. The selective nature of knowledge networks in clusters: evidence from the wine industry [J]. Journal of Economic Geography, 2007, 7 (2): 139 – 168.

资源相关,但网络参与者在现有关系间的作用并非一成不变。从个体层面来看,这些资源以社会资本形式体现,包括从个体间网络产生的相关利益(Coleman,1988)[①]。从组织层面来看,这些资源被看作网络资本,包括组织间的利益等(Huggins,2012;Huggins and Thompson,2014)[②][③]。这就指出了关注不同知识资源、不同知识活动及差异化区域情境的重要性,与网络参与主体位置及其作用变化相关,进而也对区域创新绩效产生差异化的影响。

从知识类型划分来看,合作申请专利及合作发表论文分属不同的创新活动类型及知识类型。因此,从地理学研究将不同层面网络活动放到区域空间视角,提出不同地理情境下如何随时间变化影响网络体系内部关系,以及不同区域间的网络参与者如何参与这些活动。将知识网络参与者所在区域嵌入网络研究中,是否能发现区域的某种发展路径或顺序?或不同区域情境下知识溢出的路径是不同的?某些区域如遵循一般规律,从内部/外部指向的基础型研究开始,实现内部/外部指向知识的应用转化最终作用于区域创新。而这并非唯一路径,在其他区域还可能遵循反向推进过程。将知识子网络结合到一起,是否能更好刻画究竟何种关系推动整个知识网络的轨迹变化?区域间知识创造及流动过程中,知识子网络间是怎样相互作用的?其又对区域发展如何发挥作用?这些方面的研究可更好地解释将经济区视角嵌入后知识创新网络结构及变化轨迹。

在网络如何作用于区域发展层面,已有研究将网络与区域关系结合,讨论区域创新或区域经济绩效和网络参与者在整体网络中位置的关系(Boschma and Frenken,2010)[④]。由于空间距离作用,远距离知识创造及流动过程中的作用正逐渐降低。相关研究通过统计分析案例证明,拥有更

---

① Coleman J S. Social capital in the creation of human capital [J]. American journal of sociology, 1988 (94): S95 – S120.

② Huggins R, Johnston A, Thompson P. Network capital, social capital and knowledge flow: how the nature of inter-organizational networks impacts on innovation [J]. Industry and Innovation, 2012, 19 (3): 203 – 232.

③ Huggins R, Thompson P. A Network-based view of regional growth [J]. Journal of Economic Geography, 2014, 14 (3): 511 – 545.

④ Boschma R, Frenken K. The spatial evolution of innovation networks. A proximity perspective [J]. The handbook of evolutionary economic geography, 2010: 120 – 135.

多跨区域网络联系主体的区域，比区域内联系主体多的区域更有利于创新及经济发展。强调网络参与者作为桥接机构对跨边界合作关系建立的重要性（Cassi and Plunket，2015；Fleming and Waguespack，2007）[1][2]。此方面的研究搭建了区域创新及区域经济发展与网络结构间的联系，肯定了拥有不同尺度联系的区域，创新及经济绩效是有差异的。单纯的统计研究忽视了区域随时间的变化过程，即区域如何拥有不同种联系的类型中变化？是否在网络中有一定的变化次序？这种次序是否因不同的地理情境或不同的地理发展阶段不同？区域在网络中轨迹的分析，对实证研究中差异性区域如何更好实现区域创新提供了良好的决策基础。在区域发展政策决策中，不仅要考虑区域所拥有的网络主体及联系类型的现状，也要将区域情境差异及其遵循的不同路径过程纳入考虑范围。嵌入发达区域与落后区域情境及阶段差异的整体研究视角，才能更好地讨论区域如何实现创新的过程问题。

二、调研设计及实证假设

笔者2013~2015年对装备工业企业的深入访谈有助于对知识网络演化的相互关系、次序及基本情况进行探究和证明。访谈通过两种途径实现：一是直接到相关装备工业企业，对不同层级的企业管理及工作人员进行面对面长时间交流，访谈持续时间为60~120分钟；二是在中国国际工业博览会（2014年在上海浦东的新国际博览中心，2015年在上海虹桥国家会展中心）开展实地调研访谈，访谈时间为15~30分钟。通过对访谈资料的整理归纳，16次涉及相关问题的访谈得以总结分析。访谈涉及企业为装备工业不同行业的企业，涉及类型较为全面如上海振华重工、沪东中华造船有限公司、齐耀动力、东方有线、上海电气、三一重工、上海航天工程装备公司等（见表5-1）。考虑到受访者应对企业知识来源、技术来源、企业合作情况等方面有全面的理解，受访人员包括企业主管、管理者、工

---

[1] Cassi L, Plunket A. Research collaboration in co-inventor networks: combining closure, bridging and proximities [J]. Regional Studies, 2015, 49 (6): 936-954.
[2] Fleming L, Waguespack D M. Brokerage, boundary spanning, and leadership in open innovation communities [J]. Organization science, 2007, 18 (2): 165-180.

程师、技术人员以及资深市场或销售经理等。所有访谈都有电子录音及记录，并对关键问题进行定性内容分析。定性内容转录分析的关键词包括知识来源、组织间合作、知识合作顺序、关系的空间作用等。访谈被用于解释并证明中国跨区域组织间知识网络的演化问题。

表5-1　　　　2013~2015年装备工业企业访谈基本信息

年份	企业数量	企业名字	受访人员	时间	时长
2013	3	上海振华重工	技术工程师	11~13	25分钟
		安徽艾夫特（Effort）智能装备有限公司	经理	11~13	20分钟
		汉川数控机床股份公司	市场部经理	11~13	20分钟
2014	4	上海电气	经理	3~14	2小时30分
		上海沪东	经理/工程师	3~14	2小时
		上海隧道	经理	3~14	1小时30分
		上海思博特轴承技术研发有限公司	技术工程师	4~14	1小时30分
2015	9	上海集成电路技术与产业促进中心	董事长	7~15	2小时
		德国伦茨	经理	7~15	1小时
		东方有线	技术主管/IT技术经理	7~15	1小时30分
		齐耀动力	高级工程师/工程技术主管	7~15	1小时50分
		上海振华重工	经理	11~15	2小时30分
		三一重工	董事长	11~15	20分钟
		安徽艾夫特（Effort）只能装备有限公司	高级工程师	11~15	25分钟
		上海航天工程装备公司	工程师	11~15	15分钟
		上海航畈信息技术有限公司	市场部经理	11~15	25分钟
总计	16				

资料来源：作者自行整理所得。

访谈中多数企业认同专利及论文是当下企业进行知识创造及进行技术应用转化的主要途径。知识的创造通过两种途径实现,一种是自下而上的技术指向型;另一种是自上而下的基础知识应用型。

我们与其他企业有基于两种目的合作途径,一种形式是寻求技术合作(如WIFI或蓝牙技术),这种合作一般以获取我们自身需要的技术为主要动力,合作后我们会逐渐形成一种行业标准。另一种形式的合作一般是基于价值链,为了满足市场的需求而产生。

上海××××技术与产业推广中心董事长×××　2015-7-15

技术指向型知识创新关系一般发生于企业之间及企业和高校或研究机构的正式契约式合作关系中。他们建立合作关系的目的是追求新技术或满足市场的需求,在这种合作中具有一定实力的大型装备制造企业,通常拥有自己的技术研发团队,一般不倾向于选择与小企业建立更多的知识合作。其合作关系的建立一方面会通过与其他大企业建立正式合作关系或通过海外并购直接获取国际公司的技术知识;另一方面,这些装备企业也会与专业知识领域声望高的高校或研究院所进行合作,从而获取该领域的新知识并进行应用转化。

我们是中国首批进行大规模智能机器人研发的企业之一。我们企业拥有自己的研发小组,为了增强并实现在自身技术领域的领先地位,我们并购了意大利的CAM机器人公司,现在该领域的相关技术,我们都可以直接从意大利获取。而后我们会根据自身的情况进行技术的改进,以实现在同领域市场的绝对优势。

×××智能装备有限公司经理×××　2015-11-13

我们是大型海洋工业装备的央企,自身拥有高水平的创新研究小组,因此对我们而言,与其他中小型企业的相关领域合作意义不大。但是我们愿意与高校如上海的同济大学进行合作,或与西门子(电气机械生产)和FMP等海外企业进行合作。

上海××机械集团经理×××　2015-11-15

另一种是基础知识应用型创新合作关系,这种关系同城建立在高校之间或企业和高校之间,该类合作可为正式契约合作也可为非正式个人合作，本书中的合作关系选取组织间正式合作。基础知识应用型合作的目的主要为实现新基础研究成果的应用转化，这种情况主要发生于专业性极强的高端装备工业领域，如航空航天、智能制造等，其合作关系具有双向性：一方面企业通过合作获取最新的基础知识来指导技术应用和转化；另一方面高校及研究机构也需要专业化程度较高的企业对其创新的基础知识进行应用转化，从而走向市场，这类合作在一定程度上加速推进了原有技术的改进升级。

我们属于中国航天科技集团公司，由于我们行业的专业性，大学是我们最主要的合作伙伴。我们合作目的一方面是需要大学提供专业化的新技术知识；另一方面，大学也会主动跟我们寻求合作，因为他们拥有需要扩展或进一步应用的新知识，我们可以帮助他们进行研究及实现工业化的应用设计（例如：流体系统，热动力工程，仪器仪表等方面）。

上海×××航天工程装备公司技术工程师×××　2015 - 11 - 15

基于已有学者对知识创新及网络演化等方面的研究成果，结合对中国装备工业企业的深度访谈分析总结，装备工业知识创新中知识类型可划分为基础研究型知识和技术应用型知识（见表 5 - 2）。基于主体分类的关系主要包括企业——企业关系、企业——高校关系、高校——高校关系，在合作组织（企业、高校、研究机构等）相同甚至主体在关系网络中位置相似的情况下，组织间合作目的和合作路径存在很大差异，而合作目的和方式的不同将会继续影响后续网络关系的建立及新知识的创造。基于不同合作目的及合作活动路径所建立的关系大致可以分为两大类，自下而上的技术指向型合作和自上而下的基础知识应用型合作。

表 5 - 2　　长江经济带装备工业组织间知识合作类型划分

类型	关系	合作目的及方式
技术指向型 （自下而上）	企业——企业 企业——高校	为满足产业发展的技术需求或满足市场新需求，进行新技术的组织间合作 企业并购获取新技术知识

第五章　区域在知识网络中的发展路径

续表

类型	关系	合作目的及方式
基础知识应用型（自上而下）	企业——高校 高校——高校	高校——企业：某些专业化强的特殊行业需实现新基础研究知识的应用转化，而寻求企业进行合作 企业——高校：寻求自身不具备的基础研究知识来加速自身知识提升 高校——高校：处于研究领域发展需求、研究经费共担需求等合作实现相关领域基础研究知识的进步

资料来源：作者自行整理所得。

当讨论城市尺度下的区域发展时，纳入对知识创新网络不同组织关系的思考，讨论不同区域特别是经济或创新水平差异化区域在网络中的发展路径差异性。根据对前述网络关系路径的总结，结合区域在知识创新网络中的发展路径并提出本章的基本假设，构建区域在知识网络中发展路径的概念框架图（见图5-1）。

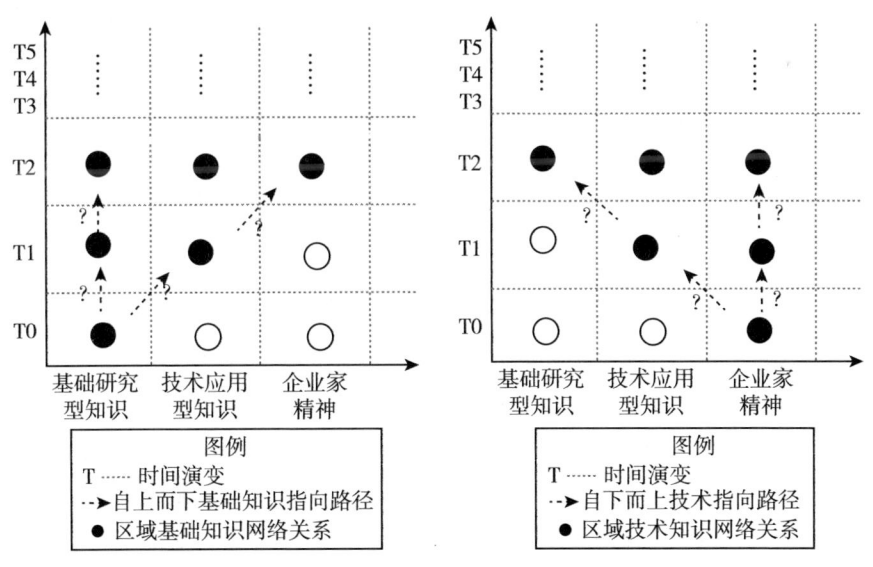

图5-1　区域在知识网络中发展路径（假设概念图）

H5-1：区域在知识网络中的发展路径遵循市场或企业需求驱动下的，自下而上应用技术指向型发展路径，主导路径为：企业家精神——技术应用型知识——基础科研型知识。

H5-2：区域在知识网络中的发展路径遵循基础研究需求驱动下的，自上而下的基础知识应用型发展路径，主导路径为：基础科研型知识——技术应用型知识——企业家精神。

第二节
研究方法与数据处理

一、VAR 向量自回归模型

传统计量经济方法通常能够较好地刻画并描述变量关系，但在对变量间的动态联系研究方面尚存在一定的不足，因此 1980 年 Christopher Sims 提出了向量自回归模型（VAR）。

从地理学研究来看，近年来 VAR 模型被广泛应用到对区域发展指标相关性的分析中。该模型对解决大尺度时间序列中的宏观经济及产业动态问题作用尤为显著。如前所述，该模型中的每个变量都会对其自身及其他变量的滞后值进行回归，VAR 模型的基本公式如下：

$$Z_{i,t} = a + \sum_{\tau=t-s}^{t-1} b_{i,\tau} Z_{i,\tau} + \varepsilon_{i,t} \qquad (5-1)$$

其中，"Z"是包含合作申请专利、合作发表论文、区域新企业数、区域装备工业 GDP 以及装备工业从业人数的矢量。联合申请专利数及合作发表论文都是申请单位或申请人至少有一个在长江经济带所划分的分区域范围内，分析的数据是年度观察所得数据（$1990 \leq t \leq 2013$）。在统计过程中，数据是否具有稳定性是分析大跨度时间段相关性问题所必须考虑的因素之一，因为这会导致数据的"伪相关"。费歇尔检验（Fisher-type tests）在原时间序列中不拒绝非平稳（单位根）的零假设。相反，对第一次不同的时间序列，在所有面板中的非平稳性假设都被拒绝。因此，所有的估计都在最初的差异中进行，这使我们能控制时间不变的非观测非均匀性。

简化形式的面板 VAR 模型的一个关键限制问题就是由于 VAR 模型只

能表明这些指标随大时间尺度的变化存在相互关系,但并不能表明它们之间存在因果关系,因此单纯由 VAR 模型的结果并不能得出指标间存在相互依赖的关系。考虑到该模型并没有反映临时变量之间的相互依赖性,因此不能用这一步结果直接解释一些经济现象或问题(Hoover,2001)①。但是我们可以使用简化 VAR 模型来测试 Granger 之间的因果关系(Granger,1969;Stock and Watson,2001)②③。因此对数据进行格兰杰因果检验,可以明确指标之间存在怎样的因果关系。

二、数据处理及模型检验

长江经济带装备工业知识网络中各组织所在区域不同,以城市为基础单元可划分为三大区域:区域 1 为长三角城市群(R1);区域 2 为长江中部城市群(R2);区域 3 为长江西部城市群(R3)。区域范围划分确定后,对 1989~2013 年 25 年间,至少一个组织单元位于该区域内的装备工业企业合作发表论文及联合申请专利的数量进行逐年统计,分别记录每条专利或论文的名称、组织类型、所在城市、申请或发表年份等相关信息,剔除信息不全的个别条目进行统计分析。通过查阅 1989~2013 年《中国工业经济统计年鉴》《中国统计年鉴》统计该段时间内每年长江经济带装备工业 GDP、就业人数(E)以及新企业数量(F)等数据。进一步分别对三个区域的数据进行平稳性检验、Johansen 协整检验和格兰杰(Granger)因果检验。

(一)单位根平稳性检验

单位根检验指的就是借助数学手段来检验序列内单位根的存在状况,如果检验结果显示有单位根就说明该序列属于非平稳时间序列。只要序列内出现了单位根,那么其单位根过程平稳性就无法保证,进而导致回归分

---

① Hoover K D. Causality in macroeconomics [M]. Cambridge University Press, 2001.
② Granger, C. W. J. Investigating causal relations by econometric models andcross-spectral methods. Econometrica. 1969, 37 (3), 424 – 438.
③ Stock J H, Watson M W. Vector autoregressions [J]. Journal of Economic perspectives, 2001, 15 (4): 101 – 115.

析阶段出现"伪回归"。

单位根检验属于随机过程问题。对随机序列进行定义，t = 1，2，…是一单位根过程，若 $x_t = \rho x_t - 1 + \varepsilon$，t = 1，2…且 $|\rho| < 1$，$\{\varepsilon\}$ 为一平稳序列，$E[\varepsilon] = 0$，$V(\varepsilon) = \sigma < \infty$，$Cov(\varepsilon,\varepsilon) = \mu < \infty$，这里 t = 1，2…若 $\rho = 1$，那么该式就会成为随机序列。所以说随机序列属于相对简单的一种单位根过程。如果将定义进行改写，变成：$1 - \rho L$ $x_t = \varepsilon$，t = 1，2，…且 L 为滞后算子，$1 - \rho L$ 为滞后算子多项式，其特征方程为 $1 - \rho z = 0$，有根 $z = 1/\rho$。在 $\rho = 1$ 的状态下，时间序列内就会出现单位根，即 $\{x_t\}$ 是一个单位根过程。当 $\rho < 1$ 时，$\{x_t\}$ 为平稳序列。而当 $\rho > 1$ 时，$\{x_t\}$ 就是具备爆炸根的非平稳过程，在完成差分处理后其非平稳状态不会发生改变，也就不能被视为单整过程。在绝大多数时候，我们都可以将单整过程和单位根过程视为一致。

时间序列进行平稳性检验可被认为是一个假设，即假定所研究对象：时间序列是由具备白噪声随机误差项的一阶自回归过程 AR(1) 形成的。不过在绝大多数的实际检验过程中，其随机误差项不一定是白噪声，抑或可能由高阶自回归过程生成，这就导致了借助 OLS 法来进行估计可能会出现自相关随机误差，进而影响到 DF 检验的结果。除此之外，假如时间序列内出现了较为明显的随时间波动趋势，也同样有可能导致误差。为了让 DF 检验过程随机误差项白噪声特性得到保障，国外著名学者 Dicky 和 Fuller 在长期的研究和实践后将 DF 检验进行扩充，以此来构建 ADF 检验，为学术界提供了更加稳定、高效的检验手段。

现阶段年学术界时间序列分析领域的研究重点是单位根检验时间序列下的单位根研究，可认为时间序列特性中的时变行为就是其非平稳性质的体现。对这种时间序列，通常采取将不平稳特性消弭，使其变成平稳序列，然后结合平稳序列的研究方式来对其进行研究。假如非平稳序列中有单位根，那只须使用差分手段就能实现平稳序列的转换，这种具备单位根的时间序列，其记忆性和波动持续性比较明显，单位根检验已经成为协整关系存在性与序列波动持续性讨论的基础。研究借助单位根检验对长江经济带 1989~2013 年的合作论文、合作专利及区域 GDP 等指标进行时间序列的平稳性检验，以期在通过平稳性检验的基础上讨论区域的发展路径问题。

(二) Johansen 协整检验

协整理论能对经济现象及其预测现象进行精准高效的解释,理论框架下的误差修正模型能够对变化的影响因素进行分解,将其视为长期静态关系与短期动态关系的和。该理论由国外著名学者 Engle and Granger 于 20 世纪 70 年代末正式提出。在该理论正式提出之前,为了确保回归的准确率,回归模型的建立基本上都是借助平稳时间序列来建立的,抑或将非平稳时间序列转化为平稳序列后才开始回归。在该理论下不同的同阶单整时间序列中有一定概率出现长期稳定关系,这种线性组合会对单整阶数产生影响,有可能会导致其降低。

Johansen 协整检验的观点是:假如长期静态模型内存在多个变量,则协整关系同样可能会出现多个。Johansen 协整检验即在 VAR 系统下使用极大似然估计来进行多变量间协整关系的检验。其检验过程需要假定序列 y_t 之 DGP 为 p 阶的 VAR,即:

$$y_t = A_1 y_{t-1} + \cdots + A_p y_{t-p} + B x_t + \varepsilon_t \quad (5-2)$$
$$t = 1, \cdots, T$$

其中,y_t 代表的是 (n×1) 向量,其包含的的 n 个经济变量都属于 I(1) 序列;x_t 代表的是 y_t 生成阶段可能存在的确定性成分,属于典型的 d 维向量;ε_t 代表的是新息向量。Johansen 和 Juselius 在进行 y_t 内不同变量间协整关系存在与否的检验时,将该 VAR 进行转换,使其成为向量误差修正模型 (VECM):

$$\Delta y_t = \prod y_{t-1} + \sum_{i=1}^{p-1} \Gamma_i \Delta y_{t-i} + B x_t + \varepsilon_t \quad (5-3)$$

假定 $rank(\prod) = 0$,那么 y_t 中拥有的 n 个变量均为单位根过程,n 个变量之线性组合不可能平稳,因此变量并不协整;若 $rank(\prod) = n$,那么模型就可以被视为差分方程之收敛系统,这种情况下全部变量均平稳;只有 $0 < rank(\prod) < n$ 才是协整分析的研究重点。

Granger 理论观点是:假如系数矩阵 $\prod$ 的秩 $0 < r < n$,那么就会出现两个秩都是 r 的 (n×r) 矩阵 α 和 β,进而导致 $\prod = \alpha \beta'$ 且 $\beta' y_t$ 是 $I(0)$。在

这里，β 的各行属于协整关系，r 就属于协整秩，也就是所谓的协整关系数量，α 内各元素是 VECM 模型内速度调整系数（adjustment coefficients）。所以说在某种程度上 Johansen 的极大似然估计方法（Maximum likelihood method）在典型相关理论（canonical correlations）的支持下借助降秩回归（reduced rank regression）手段从无约束 VAR 开始进行降秩后 Π 所受约束条件是否具备限制作用的检验，以此来最终估计出矩阵 Π。假如借助 $\lambda_1 \geq \cdots \geq \lambda_n$ 来进行矩阵 Π 的特征根的估计，在实践中借助下述统计量进行特征根的个数显著性检验实现上述目的，也就是所谓的迹统计量 λ_{trace} 与最大特征根统计量 λ_{max}：

$$\lambda_{trace}(r) = -T\sum_{i=r+1}^{n} \ln(1-\lambda_i) \qquad (5-4)$$

$$\lambda_{max}(r, r+1) = -T\ln(1-\lambda_{r+1}) \qquad (5-5)$$

迹统计量通常情况下被用于零假设的检验，拥有最多为 r 个不同协整关系的最大特征根统计量被用来检验零假设：协整关系为 r 个。需要注意的是，上述两种统计量对模型等式右边确定性成分 BXt 具备较强的选择敏感性，如果确定性成分不同，那么统计量极限分布也不一样，进而导致临界值出现差异。现在学术界基本上都是借助不同确定性成本所对应的不同约束来进行模型的扩展，然后使用如蒙特卡洛模拟、数值计算以及极限分布推导等手段来进行计算，求出扩展后的 5 个模型所对应 1%、5%、10% 显著性水平下的临界值。

运用该检验的目的是考量并确定所选变量之间的均衡关系。通过 Johansen 协整检验确定长江经济带装备工业合作论文、合作专利、新企业、产业 GDP 等变量在 1989~2013 年存在长期稳定的均衡关系。

（三）Granger 因果检验

该检验为 Clive W. J. Granger 所创建的，其目的是对变量间格兰杰因果关系进行研究和分析，也就是对依赖于使用过去某些时点上所有信息的最佳最小二乘预测的方差进行系统的研究和分析。

其中，如果在包含 Y 与同时包含变量 X、Y 的两种过去信息条件下，对变量 Y 进行预测，后者预测效果要明显比前者好，也就是说，变量 X 在一定程度上对变量 Y 的变化预测有所帮助,即说明变量 X 是引致变量 Y 的格兰杰原因。Granger 因果检验必须在平稳时间序列下进行,如果时间序列不平稳,有很大的概率导致虚假回归。为了避免这种情况出现,在进行该检验前应该先用 ADF 检验对时间序列平稳性进行检验。

格兰杰因果关系检验同样需要进行假设,即假设所有和 X、Y 变量预测相关的信息都蕴含在其时间序列内。检验需要对下述回归进行估计:

$$y_t = \sum_{i=1}^{q} a_i x_{t-i} + \sum_{j=1}^{q} \beta_j y_{t-j} + u_{1t} \qquad (5-6)$$

$$x_t = \sum_{i=1}^{s} \lambda_i x_{t-i} + \sum_{j=1}^{s} \delta_j y_{t-j} + u_{2t} \qquad (5-7)$$

上述公式内 u_{1t}、u_{2t} 假定为不相关。

式 (5-6) 的假定是当前阶段 y 与 y 自身以及 x 的过去值有关,式 (5-7) 对 x 进行同样假定。

因此式 (5-6) 零假设 $H_0: \alpha_1 = \alpha_2 = \cdots = \alpha_q = 0$。

式 (5-7) 零假设 $H_0: \delta_1 = \delta_2 = \cdots = \delta_s = 0$。

检验的过程中需要结合实际情况来进行针对性的分析和讨论。Granger 因果检验对滞后期长度的选择较敏感。不同的滞后期可能会得到完全不同的结果。通过运用 Granger 因果检验配合单位根稳定性检验及协整检验来分别测度长江经济带不同区域(长三角、中部城市群、西部城市群)在装备工业知识网络中的发展路径。

第三节

区域在知识网络中的差异化发展路径

长江经济带三个区域,经过一阶或二阶差分后,所有变量在 1989~2013 年时间内都为平稳时间序列。在确定每个区域时间序列的平稳性后,进行 Johansen 协整检验并为长江经济带内各区域确定协整方程。通过检验,确定长江经济带每个区域存在长期均衡关系。根据给出的协整向量,三个区域的协整方程可分别表示为:

R1:CP1 = -0.2641 × E + 0.5997 × F + 0.7875 × GDP;

$$CP2 = -2.4023 \times E + 0.5582 \times F + 0.7363 \times GDP。$$

R2：$CP1 = 1.6142 \times CP2 - 1.7484 \times E + 4.2530 \times F - 0.5836 \times GDP。$

R3：$CP1 = -2.4850 \times CP2 - 2.5986 \times E - 0.1316 \times F + 2.9752 \times GDP。$

从协整方程可看出，对区域1（长三角城市群）而言，合作专利、合作论文与装备工业新企业、区域产业GDP均具有正向长期影响关系，其中，装备工业新企业、区域产业GDP对合作专利的影响系数分别为0.5997、0.7875，两者对合作论文的影响系数则分别为0.5582、0.7363。对区域2（中部城市群）而言，合作专利与合作论文、装备工业新企业存在正向长期影响关系，其中，合作论文、装备工业新企业对合作专利的影响系数分别为1.6142、4.2530。对区域3（西部城市群）而言，合作专利与区域产业GDP存在正向长期影响关系，其中，区域产业GDP对合作专利的影响系数为2.9752。

对上述长江经济带数据完成平稳性检验和确定各区域的协整关系后，进一步对合作专利（CP1）、合作论文（CP2）、装备工业新企业（F）、企业员工（E）及区域产业GDP进行格兰杰因果检验，由于本部分的研究目的是探究上述变量之间是否在一定的时间序列内保持稳定的相互关系，而它们之间又存在怎样的相互关系。因而得出，随时间变化不同区域在不同知识子网络中所遵循的发展路径。

一、长三角城市群在知识网络中的发展路径

（一）长三角发展路径的平稳性检验

单位根检验，用于判断各个时间序列是否是平稳序列（stationary series），这是后续分析的基础。如果原始数据平稳则可进行格兰杰因果检验，如不平稳则对其进行差分。

从表5-3可见，CP1、CP2、E、F、GDP五个变量单位根检验的统计量都远远超出1%以及5%的临界值，显著性分别为0.9699、0.1378、0.9832、0.6323与0.8906。因此，可认为所有五个变量的水平值均为非平稳时间序列。由此，对五个原始变量进行一阶差分。经过对D(CP1)、D(CP2)、D(E)、D(F)、D(GDP)五个一阶差分变量进行平稳性检验，统计量显著性

分别为 0.0003、0.0002、0.0170、0.0221、0.0001，在 5% 水平下显著。由此拒绝原假设，可认为一阶差分值均为平稳时间序列。因此，说明五个变量为一阶单整序列，将其标记为 I(1)。下面将进行滞后期数选择。

表 5-3　1989~2013 年长三角城市群知识网络路径单位根检验

变量名	ADF 统计量	1% 临界值	相伴概率	检验结果
CP1	0.2459	-3.7378	0.9699	non-stationary
CP2	-2.4574	-3.7378	0.1378	non-stationary
E	0.5044	-3.7378	0.9832	non-stationary
F	-1.2564	-3.7378	0.6323	non-stationary
GDP	-0.4199	-3.7378	0.8906	non-stationary
D(CP1)	-5.3037	-3.7529	0.0003	stationary
D(CP2)	-5.5459	-3.7529	0.0002	stationary
D(E)	-3.5113	-3.7529	0.0170	stationary
D(F)	-3.3914	-3.7529	0.0221	stationary
D(GDP)	-5.8649	-3.7529	0.0001	stationary

表 5-4 表明，在 LR、FPE、AIC、SC、HQ 等准则中，均在 2 阶的统计量上标记显著。因此，根据各准则总体判断，VAR 模型滞后期数应选择 2 阶。可认为，区域 1（长三角城市群）相关数据经差分后已满足进行协整检验的前提，下一步将进行 Johansen 协整检验。

表 5-4　1989~2013 年长三角城市群知识网络路径
VAR 模型滞后阶数选择

阶数	LogL	LR	FPE	AIC	SC	HQ
0	-40.89017	NA	3.72e-05	3.990450	4.237296	4.052531
1	49.63643	133.8219	1.33e-07	-1.707515	-0.226436	-1.335028
2	92.82835	45.06983*	3.92e-08*	-3.289421*	-0.574109*	-2.606528*

注：变量包括 R1CP1、R1CP2、R1E、R1F、R1GDP；样本年份 1990~2014；LR：sequential modified LR test statistic（each test at 5% level）；FPE：Final prediction error；AIC：Akaike information criterion；SC：Schwarz information criterion；HQ：Hannan-Quinn information criterion.

（二）长三角发展路径的 Johansen 协整检验

将时间序列导入 EViews 软件进行计算，得到迹统计量与最大特征值方法的 Johansen 协整检验结果。表 5-5 列出了迹统计量方法的结果，从表 5-5 中可以看出，"不存在协整方程""最多存在一个协整方程"的显著性分别为 0.0000、0.0147，在 5% 水平下应当拒绝原假设；而"最多存在两个协整方程"及更多的假设显著性超过临界值，无法拒绝原假设。总之，迹统计量检验表明在 0.05 显著性下存在两个协整方程。表 5-6 列出了最大特征值方法的结果，从表中可以看出，"不存在协整方程""最多存在一个协整方程"的显著性分别为 0.0000、0.0468，在 5% 水平下应当拒绝原假设；而"最多存在两个协整方程"及更多的假设显著性超过临界值，无法拒绝原假设。总之，最大特征值检验也表明在 0.05 显著性下存在两个协整方程。

表 5-5　1989~2013 年长三角城市群知识网络路径 Johansen 协整检验（迹统计）

原假设的协整方程数量	特征值	迹统计量	0.05 临界值	相伴概率**
None*	0.923906	112.3850	69.81889	0.0000
At most 1*	0.701515	53.14185	47.85613	0.0147
At most 2	0.522871	25.33401	29.79707	0.1498
At most 3	0.277652	8.314712	15.49471	0.4324
At most 4	0.035612	0.834007	3.841466	0.3611

注：序列包括 R1CP1、R1CP2、R1E、R1F、R1GDP；样本年份（调整后的）1992~2014；趋势设定：线性确定性趋势；迹统计量检验表明在 0.05 显著性下存在两个协整方程；* 表示在 0.05 水平下拒绝原假设；** P 值根据 MacKinnon-Haug-Michelis (1999) 计算。

表 5-6　1989~2013 年长三角城市群知识网络路径 Johansen 协整检验（最大特征值）

原假设的协整方程数量	特征值	最大特征值统计量	0.05 临界值	相伴概率**
None*	0.923906	59.24316	33.87687	0.0000
At most 1*	0.701515	27.80784	27.58434	0.0468

续表

原假设的协整方程数量	特征值	最大特征值统计量	0.05 临界值	相伴概率**
At most 2	0.522871	17.01929	21.13162	0.1711
At most 3	0.277652	7.480705	14.26460	0.4339
At most 4	0.035612	0.834007	3.841466	0.3611

注：最大特征值检验表明在 0.05 显著性下存在两个协整方程；* 表示在 0.05 水平下拒绝原假设；** P 值根据 MacKinnon-Haug-Michelis（1999）计算。

稳健性检验、协整检验计算结果表明，长三角区域五个变量时间序列间存在两个协整关系。说明长三角装备工业合作专利、合作论文、就业人数、新企业数量、产业 GDP 之间存在长期的均衡关系。由此满足研究设定的前提条件，可对其进行格兰杰因果检验。

（三）长三角发展路径的 Granger 因果检验

据统计，区域 1（长三角城市群）发展路径的格兰杰因果检验结果如表 5-7 所示。从长三角在知识网络中的发展路径来看，该区域相互关系中有多项显著呈因果相关。首先，在 1% 水平下显著的假设有"R1GDP 对 R1E"；在 5% 水平下显著的假设有"R1CP1 对 R1E""R1F 对 R1CP1""R1F 对 R1E"；10% 水平下显著的假设则有"R1CP1 对 R1CP2""R1E 对 R1CP1""R1CP1 对 R1GDP""R1GDP 对 R1CP2""R1CP2 对 R1GDP"。据上述结果，认为以上各组格兰杰因果关系成立，由此可以绘制出由以上因素组成的发展路径图（见图 5-2）。

表 5-7　1989~2013 年长三角城市群知识网络路径格兰杰因果检验

原假设	观测数	F 统计量	相伴概率
R1CP2 does not Granger Cause R1CP1	23	0.45481	0.6417
R1CP1 does not Granger Cause R1CP2		3.44016	0.0543
R1E does not Granger Cause R1CP1	23	3.11457	0.0689
R1CP1 does not Granger Cause R1E		3.64723	0.0468
R1F does not Granger Cause R1CP1	23	3.67329	0.0459
R1CP1 does not Granger Cause R1F		0.95909	0.4020

续表

原假设	观测数	F 统计量	相伴概率
R1GDP does not Granger Cause R1CP1	23	0.73256	0.4945
R1CP1 does not Granger Cause R1GDP		2.69564	0.0946
R1E does not Granger Cause R1CP2	23	0.21268	0.8104
R1CP2 does not Granger Cause R1E		1.24950	0.3104
R1F does not Granger Cause R1CP2	23	0.21120	0.8116
R1CP2 does not Granger Cause R1F		0.20974	0.8127
R1GDP does not Granger Cause R1CP2	23	3.47170	0.0531
R1CP2 does not Granger Cause R1GDP		2.76822	0.0895
R1F does not Granger Cause R1E	23	5.93233	0.0105
R1E does not Granger Cause R1F		1.33857	0.2871
R1GDP does not Granger Cause R1E	23	6.01480	0.0100
R1E does not Granger Cause R1GDP		0.84388	0.4464
R1GDP does not Granger Cause R1F	23	1.80852	0.1924
R1F does not Granger Cause R1GDP		0.20637	0.8154

注：样本范围为 1989~2013 年滞后阶数：2。

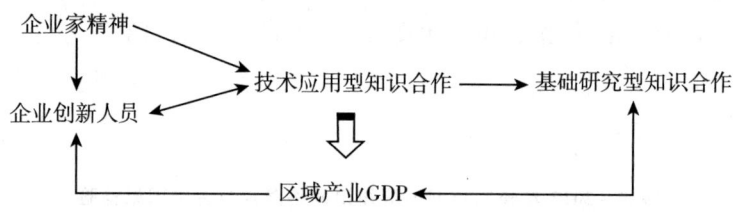

图 5-2 长三角城市群知识网络发展路径

企业需求是合作技术应用型的重要原因，而技术知识的合作又进一步作用并影响基础研究知识的进步。从区域经济发展来看，无论技术应用还是基础研究型知识，都能积极促进产业经济发展，而产业经济水平的提升又能激发企业员工的进一步创新，也同时可以推动区域基础研究的进步。

长三角区域在知识网络中为自下而上的技术指向型发展路径，虽然与高校的合作关系在技术应用型和基础研究型知识网络中整体仍占较高比重。但不难看出，在两个网络中越来越多地与企业合作关系比重实际在增长。初期与高校合作关系建立后，随时间与企业关系的显著性在两个网络中都急速增强。这与同区域内的产业企业通常建立竞争关系，而非直接的合作关系论述具有相似性。

长三角装备工业知识网络中合作初期通过与高校建立的合作，在两个网络间构建组织间桥接关系，实现后续更多企业参与知识创造过程。与长三角区域技术指向型路径的论断结合，区域创新系统内的知识网络关系可具体被解释为：技术应用合作中通过高校——企业合作关系，更多地实现企业间自身应用技术合作，本区域增强的技术需求推动了基础研究知识的合作创新。为满足技术创新需求，在基础知识合作领域呈现常规高校间合作关系，向高校——企业合作关系变化的趋势。

从网络知识合作目的或路径角度综合判断，长三角区域内的装备工业知识合作网络中，虽然高校或研究机构在每个子网络中都占据重要的网络位置和关系比重，但组织间知识合作创新，是以满足企业的应用技术或市场需求为目的。与高校建立高比重桥接关系本质上并不是实现区域创新知识的应用转化，相反是为满足企业家所感知的市场需求或企业所需的技术要求。在市场或企业驱动下提升的基础知识合作，也带动区域产业经济发展，推动技术进步或企业发展。因此，长三角装备工业为市场或企业需求驱动下的，自下而上应用技术指向型发展路径。

二、长江中部城市群在知识网络中的发展路径

（一）长江中部城市群发展路径的平稳性检验

区域2（R2：长江中部城市群）的合作专利（CP1）、合作论文（CP2）、装备工业新企业（F）、企业员工（E）及区域产业GDP五个变量首先进行单位根检验。经计算，得到单位根检验结果如表5-8所示。

表 5-8　1989~2013 年长江中部城市群知识网络路径单位根检验

变量名	ADF 统计量	1% 临界值	相伴概率	检验结果
CP1	-0.0960	-3.7378	0.9392	non-stationary
CP2	-1.2579	-3.7378	0.6316	non-stationary
E	-3.4077	-3.7880	0.0224	stationary
F	-2.3431	-3.7378	0.1675	non-stationary
GDP	0.4026	-3.7378	0.9788	non-stationary
D(CP1)	-6.3603	-3.7529	0.0000	stationary
D(CP2)	-7.0961	-3.7529	0.0000	stationary
D(F)	-6.1423	-3.7529	0.0000	stationary
D(GDP)	-2.6964	-3.8315	0.0929	stationary

从表 5-8 可见，除变量 E 外，CP1、CP2、F、GDP 四个变量单位根检验的统计量都远超出 1% 和 5% 的临界值，显著性分别为 0.9392、0.6316、0.1675 与 0.9788。可以认为所有四个变量的水平值均为非平稳时间序列。由此，考虑对这四个原始变量进行一阶差分。经过对 D(CP1)、D(CP2)、D(F)、D(GDP) 四个一阶差分变量进行平稳性检验发现，统计量显著性分别为 0.0000、0.0000、0.0000、0.0929，在 10% 水平下显著。由此拒绝原假设，可认为一阶差分值均为平稳时间序列。因此，说明几个变量为一阶单整序列，标记为 I(1)。下面将进行滞后期数选择。

根据表 5-9，在 LR、FPE、AIC、SC、HQ 等准则中，均在 1 阶的统计量上标记显著。根据各大准则总体判断，VAR 模型的滞后期数应选择 1 阶。可以认为，区域 2（长江中部城市群）相关数据经差分后已满足进行协整检验的前提，下一步将进行 Johansen 协整检验。

表 5-9　1989~2013 年长江中部城市群知识网络路径的 VAR 模型的滞后阶数选择

阶数	LogL	LR	FPE	AIC	SC	HQ
0	-83.01282	NA	0.001451	7.653289	7.900135	7.715370
1	-0.530108	121.9310*	1.04e-05*	2.654792*	4.135871*	3.027279*
2	19.88074	21.29827	2.23e-05	3.053849	5.769161	3.736743

注：变量包括 R2CP1、R2CP2、R2E、R2F、R2GDP；样本年份 1990~2014 年；LR：sequential modified LR test statistic (each test at 5% level); FPE: Final prediction error; AIC: Akaike information criterion; SC: Schwarz information criterion; HQ: Hannan-Quinn information criterion.

(二) 长江中部城市群发展路径的 Johansen 协整检验

长江中部城市群五个变量时间序列进行计算,得到迹统计量与最大特征值方法的 Johansen 协整检验结果。表 5-10 列出迹统计量方法的结果,"不存在协整方程"的显著性为 0.0097,在 1% 水平下应当拒绝原假设;"最多存在一个协整方程"及更多假设显著性超过临界值,无法拒绝原假设。迹统计量检验表明在 0.01 显著性下存在一个协整方程。表 5-11 列出最大特征值方法结果,从表中可以看出,"不存在协整方程"显著性为 0.0262,5% 水平下应当拒绝原假设;"最多存在一个协整方程"及更多的假设显著性超过临界值,无法拒绝原假设。最大特征值检验也表明在 0.05 显著性下存在一个协整方程。

表 5-10 1989~2013 年长江中部城市群知识网络路径 Johansen 协整检验(迹统计量)

原假设的协整方程数量	特征值	迹统计量	0.05 临界值	相伴概率**
None*	0.792460	77.95518	69.81889	0.0097
At most 1	0.642101	41.78926	47.85613	0.1647
At most 2	0.368293	18.15668	29.79707	0.5545
At most 3	0.280866	7.592086	15.49471	0.5100
At most 4	0.000384	0.008826	3.841466	0.9248

注:序列包括 R2CP1、R2CP2、R2E、R2F、R2GDP;样本年份(调整后的)1992~2014;趋势设定:线性确定性趋势;迹统计量检验表明在 0.05 显著性下存在一个协整方程;* 表示在 0.05 水平下拒绝原假设;** P 值根据 MacKinnon-Haug-Michelis (1999) 计算。

表 5-11 1989~2013 年长江中部城市群知识网络路径 Johansen 协整检验(最大特征值)

原假设的协整方程数量	特征值	最大特征值统计量	0.05 临界值	相伴概率**
None*	0.792460	36.16592	33.87687	0.0262
At most 1	0.642101	23.63258	27.58434	0.1481
At most 2	0.368293	10.56459	21.13162	0.6905
At most 3	0.280866	7.583260	14.26460	0.4227
At most 4	0.000384	0.008826	3.841466	0.9248

注:最大特征值检验表明在 0.05 显著性下存在一个协整方程;* 表示在 0.05 水平下拒绝原假设;** P 值根据 MacKinnon-Haug-Michelis (1999) 计算。

上述两个方法的结果都表明，长江中部城市群五个变量的时间序列之间存在一个协整关系。说明长江中部城市群装备工业合作专利、合作论文、就业人数、新企业数量、产业 GDP 之间存在长期的均衡关系。由此满足研究设定的前提条件，可对其进行格兰杰因果检验。

（三）长江中部城市群发展路径的 Granger 因果检验

格兰杰因果检验表明，长江中部城市群知识网络关系中存在显著的多重因果相关关系（见表 5-12）：首先，5% 水平下显著的假设有 "R2CP1 对 R2E" "R2CP1 对 R2GDP" "R2GDP 对 R2CP2"；其次，在 10% 水平下显著的假设则有 "R2CP2 对 R2CP1" "R2GDP 对 R2CP1" "R2F 对 R2E"。根据上述结果，认为以上各组格兰杰因果关系成立，由此可以绘制出由以上因素组成的发展路径图（见图 5-3）。

表 5-12　　　1989~2013 年长江中部城市群知识网络发展
路径的格兰杰因果检验

原假设	观测数	F 统计量	相伴概率
R2CP2 does not Granger Cause R2CP1	24	4.04954	0.0572
R2CP1 does not Granger Cause R2CP2		2.75209	0.1120
R2F does not Granger Cause R2CP1	24	0.76848	0.3906
R2CP1 does not Granger Cause R2F		0.12036	0.7321
R2E does not Granger Cause R2CP1	24	1.42343	0.2461
R2CP1 does not Granger Cause R2E		5.70824	0.0263
R2GDP does not Granger Cause R2CP1	24	4.00996	0.0583
R2CP1 does not Granger Cause R2GDP		6.09747	0.0222
R2F does not Granger Cause R2CP2	24	1.54078	0.2282
R2CP2 does not Granger Cause R2F		0.50296	0.4860
R2E does not Granger Cause R2CP2	24	0.81115	0.3780
R2CP2 does not Granger Cause R2E		0.01406	0.9067
R2GDP does not Granger Cause R2CP2	24	4.55507	0.0448
R2CP2 does not Granger Cause R2GDP		1.53872	0.2285

续表

原假设	观测数	F统计量	相伴概率
R2E does not Granger Cause R2F	24	0.35243	0.5591
R2F does not Granger Cause R2E		4.01484	0.0582
R2GDP does not Granger Cause R2F	24	0.03755	0.8482
R2F does not Granger Cause R2GDP		0.01724	0.8968
R2GDP does not Granger Cause R2E	24	1.18606	0.2885
R2E does not Granger Cause R2GDP		0.46457	0.5029

注：样本范围为1989~2013年；滞后阶数：1。

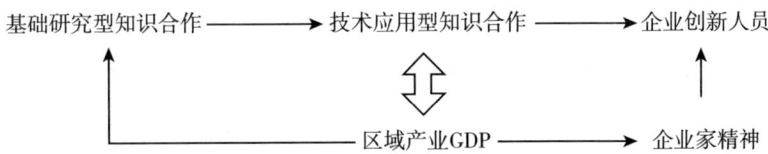

图5-3 长江中部城市群在知识网络中的发展路径

基础研究型知识是后续技术引用合作的重要动力。通过新知识的技术应用过程，提升企业创新人员的技术水平和企业技术创新。从区域经济发展来看，对新知识的应用转化必然会带动区域产业经济发展。但基础知识并非直接对产业经济产生作用，而更多的是通过转化的过程实现，产业经济水平的提升必然也进一步带动技术的提升和基础研究的进步，属于间接双向互动的关系。

长江中部城市群在知识网络中的发展路径与长三角差别较大，是自上而下的知识转化应用过程。特征与中部地区知识网络合作关系整体以高校——企业关系为主的论断一致，这种知识网络关系仍在中部城市群的整个知识网络中持续增长。

由于长江中部城市群与长三角城市群处于不同的经济及创新阶段，面临现状及问题不同。与高校建立的网络关系在该区域的桥接作用主要为满足新知识转化需求。企业至今仍倾向于与公共研究机构进行合作，表明其在技术创新及应用过程中亟须相应专业知识的引导。中部城市群的发展路径与基础知识合作关系变化趋势结合，可解释高校并非以绝对选择与相似的公共研究机构建立合作关系,而越来越多地与企业建立关系。其目的在于,推进基础知识的过程中需要企业参与,进行新知识或新研究成果引用转化。

从长江中部城市群知识网络合作目的和路径判断,装备工业知识网络中高校或研究结构等在每个子知识合作网络中都占据绝对优势地位,且重要性仍呈快速持续增强的发展趋势。与长三角城市群所呈现企业和市场需求驱动型不同,该区域高校等公共研究机构的桥接作用,主要为实现新知识的应用转化。使研究型知识创新能够通过企业实现技术应用,进而创造更大知识价值。现有研究知识的产业化或市场化过程所创造的实际价值,带动该区域产业经济水平的提升。因此,长江中部城市群装备工业为以高校或公共研究机构驱动下的、自上而下的基础知识应用指向型发展路径。

三、长江西部城市群在知识网络中的发展路径

(一)长江西部城市群发展路径的平稳性检验

对区域3(R3:长江西部城市群)的合作专利(CP1)、合作论文(CP2)、装备工业新企业(F)、企业员工(E)及区域产业GDP五个变量首先进行单位根检验。经计算,得到单位根检验结果如表5-13所示。

表5-13   1989~2013年长江西部城市群知识网络路径的单位根检验

变量名	ADF统计量	1%临界值	相伴概率	检验结果
CP1	0.8437	-3.7529	0.9926	non-stationary
CP2	-0.4108	-3.7529	0.8917	non-stationary
E	-1.0310	-3.7378	0.7251	non-stationary
F	-2.3204	-3.7378	0.1740	non-stationary
GDP	0.2836	-3.7378	0.9723	non-stationary
D(CP1)	-2.3358	-3.7880	0.1708	non-stationary
D(CP2)	-5.5486	-3.7695	0.0002	stationary
D(E)	-3.6251	-3.7529	0.0133	stationary
D(F)	-6.0981	-3.7529	0.0000	stationary
D(GDP)	-5.1730	-3.8315	0.0013	stationary
D(CP1,2)	-3.7006	-3.8573	0.0137	stationary

从表 5-13 可看出，区域 3 的 CP1、CP2、E、F、GDP 五个变量单位根检验的统计量都远远超出 1% 和 5% 的临界值，其显著性分别为 0.9926、0.8917、0.7251、0.1740 与 0.9723。因此，可以认为所有五个变量的水平值均为非平稳时间序列。由此，考虑对五个原始变量进行一阶差分。经过对 D(CP1)、D(CP2)、D(E)、D(F)、D(GDP) 五个一阶差分变量进行平稳性检验，其统计量显著性分别为 0.1708、0.0002、0.0133、0.0000 与 0.0013。除 D(CP1) 以外，其余四个统计量在 5% 水平下显著。由此拒绝原假设，可认为其一阶差分值均为平稳时间序列。对 CP1 进行二阶差分，发现其显著性为 0.0137，在 5% 水平下显著，可以认为该变量的二阶差分值也为平稳时间序列。至此，下一步将进行滞后期数选择。

从表 5-14 可见，在 LR、FPE、AIC、SC、HQ 等五个准则中，有三个准则在 1 阶的统计量上标记显著，其余两个选择了 2 阶，但其统计量与 1 阶的差别较小。因此，根据各大准则的总体判断，该 VAR 模型的滞后期数应选择 1 阶。可以认为，区域 3（长江西部城市群）的相关数据经差分后已满足进行协整检验的前提，下一步将进行 Johansen 协整检验。

表 5-14 1989~2013 年长江西部城市群知识网络路径 VAR 模型的滞后阶数选择

阶数	LogL	LR	FPE	AIC	SC	HQ
0	-62.68454	NA	0.000248	5.885612	6.132459	5.947694
1	12.50066	111.1434*	3.35e-06*	1.521681	3.002761*	1.894169
2	41.33677	30.08985	3.45e-06	1.188107*	3.903419	1.871000*

注：变量包括 R3CP1、R3CP2、R3E、R3F、R3GDP；样本年份 1990~2014；LR: sequential modified LR test statistic (each test at 5% level); FPE: Final prediction error; AIC: Akaike information criterion; SC: Schwarz information criterion; HQ: Hannan-Quinn information criterion.

（二）长江西部城市群发展路径的 Johansen 协整检验

将长江西部城市群五个变量的时间序列进行计算，得到迹统计量与最大特征值方法的 Johansen 协整检验结果。表 5-15 列出迹统计量方法的结果，"不存在协整方程"的显著性为 0.0451，在 5% 水平下应当拒绝原假设；而"最多存在一个协整方程"及更多的假设显著性都超过临界值，无法拒绝原假设。总之，迹统计量检验表明在 0.05 显著性下存在一个协整方程。表 5-16 列出最大特征值方法的结果，"不存在协整方程"的显著性为 0.0354，在 5% 水平下应当拒绝原假设；而"最多存在一个协整方程"及更多的假设显著性都超过临界值，无法拒绝原假设。最大特征值检验也表明在 0.05 显著性下存在一个协整方程。

表 5-15　　1989~2013 年长江西部城市群知识网络路径 Johansen 协整检验结果（迹统计量）

原假设的协整方程数量	特征值	迹统计量	0.05 临界值	相伴概率**
None*	0.782749	70.37847	69.81889	0.0451
At most 1	0.525583	35.26437	47.85613	0.4341
At most 2	0.419859	18.11400	29.79707	0.5576
At most 3	0.215791	5.590885	15.49471	0.7432
At most 4	2.00E-06	4.59E-05	3.841466	0.9962

注：序列包括 R3CP1、R3CP2、R3E、R3F、R3GDP；样本年份（调整后的）1992~2014 年；趋势设定：线性确定性趋势；迹统计量检验表明在 0.05 显著性下存在一个协整方程；* 表示在 0.05 水平下拒绝原假设；** P 值根据 MacKinnon-Haug-Michelis（1999）计算。

表 5-16　　1989~2013 年长江西部城市群知识网络路径 Johansen 协整检验结果（最大特征值）

原假设的协整方程数量	特征值	最大特征值统计量	0.05 临界值	相伴概率**
None*	0.782749	35.11410	33.87687	0.0354
At most 1	0.525583	17.15037	27.58434	0.5671
At most 2	0.419859	12.52312	21.13162	0.4969
At most 3	0.215791	5.590839	14.26460	0.6661
At most 4	2.00E-06	4.59E-05	3.841466	0.9962

注：最大特征值检验表明在 0.05 显著性下存在一个协整方程；* 表示在 0.05 水平下拒绝原假设；** P 值根据 MacKinnon-Haug-Michelis（1999）计算。

上述两个方法的结果都表明，长江西部城市群五个变量的时间序列之间存在一个协整关系。说明长江西部城市群装备工业合作专利、合作论文、就业人数、新企业数量、产业 GDP 之间存在长期的均衡关系。由此满足研究设定的前提条件，可对其进行格兰杰因果检验。

（三）长江西部城市群发展路径的 Granger 因果检验

区域 3（长江西部城市群）发展路径的格兰杰因果检验结果如表 5-17 所示。从长江西部城市群在知识网络中的发展路径来看，通过检验该区域的相互关系中有多项显著呈因果相关。首先，在 1% 水平下显著的假设有"R3GDP 对 R3CP1""R3GDP 对 R3CP2"；其次，在 5% 水平下显著的假设有"R3CP2 对 R3CP1""R3CP1 对 R3CP2""R3CP1 对 R3GDP""R3CP2 对 R3GDP"；最后，在 10% 水平下显著的假设则有"R3F 对 R3CP2"。根据上述结果，认为以上各组格兰杰因果关系成立，由此可以绘制出由以上因素组成的发展路径图（见图 5-4）。

表 5-17　1989~2013 年长江西部城市群知识网络发展路径的格兰杰因果检验

原假设	观测数	F 统计量	相伴概率
R3CP2 does not Granger Cause R3CP1	24	6.20622	0.0212
R3CP1 does not Granger Cause R3CP2		5.15185	0.0339
R3E does not Granger Cause R3CP1	24	1.48422	0.2366
R3CP1 does not Granger Cause R3E		0.77901	0.3874
R3F does not Granger Cause R3CP1	24	0.22497	0.6402
R3CP1 does not Granger Cause R3F		0.05052	0.8243
R3GDP does not Granger Cause R3CP1	24	12.6952	0.0018
R3CP1 does not Granger Cause R3GDP		5.65123	0.0270
R3E does not Granger Cause R3CP2	24	2.24913	0.1486
R3CP2 does not Granger Cause R3E		0.87453	0.3603
R3F does not Granger Cause R3CP2	24	3.03944	0.0959
R3CP2 does not Granger Cause R3F		0.07098	0.7925
R3GDP does not Granger Cause R3CP2	24	16.3341	0.0006
R3CP2 does not Granger Cause R3GDP		5.03639	0.0357

续表

原假设	观测数	F统计量	相伴概率
R3F does not Granger Cause R3E	24	0.26659	0.6110
R3E does not Granger Cause R3F		2.08592	0.1634
R3GDP does not Granger Cause R3E	24	0.29905	0.5902
R3E does not Granger Cause R3GDP		0.24213	0.6278
R3GDP does not Granger Cause R3F	24	0.03917	0.8450
R3F does not Granger Cause R3GDP		0.09509	0.7608

注：样本范围为1989~2013年；滞后阶数：1。

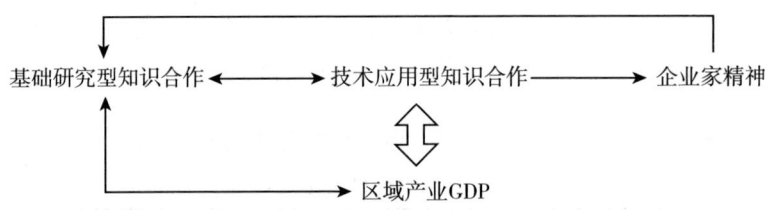

图5-4 长江西部城市群在知识网络中的发展路径

该区域表现的整体发展路径及特征与长江中部城市群极为相似，是以基础研究型知识推动、后续基础合作的主要路径。与中部城市群略有不同的是，西部城市群基础知识经过技术转化实现企业或市场化后，反过来对直接提升区域基础知识合作的作用更加显著。西部地区整体经济发展和创新水平相对长三角及中部城市群较薄弱，但从区域在知识网络中发展路径的分析来看，带动该区域产业经济发展的，不仅是技术应用型知识，基础研究型知识同样也起到重要作用。整体来看，要素间形成了直接双向互动循环作用。

长江西部城市群也属于显著自上而下基础知识转化应用型发展路径。特别在与中部城市群整体特征相似的情况下，路径与趋势差异表现极为吻合。随时间变化，基础知识合作中高校与企业合作远超过公共研究机构间的合作。进一步论证，基础知识合作关系的需求及其在整个知识网络中相比，中部城市群发挥更显著的驱动引导作用。

从长江西部城市群知识网络合作目的和路径角度判断，该区域装备工业，知识网络中包括高校在内的公共研究机构等，在知识子网络中的主导作用凸显，且主导性越来越强。西部城市群的作用相对中部城市群更加显著，基础知识合作导向既可直接作用于区域产业经济发展，也可通过基础知识的应用型转化或市场化价值实现带动区域产业经济提升。因此，长江西部城市群装备工业为与中部的路径相同，也是以高校或公共研究机构驱动下的、自上而下的基础知识应用指向型发展路径。

从区域差异性视角，长江经济带不同城市群在知识网络中的发展路径差异较大，差异实际与区域情境差异有较大的相关性。整合长江中西部城市群在知识网络中的发展路径，其与长三角城市群表现出基本相反的发展路径。而中西部城市群的整体路径相似，但也有细微的差别。这种差别与其表现的网络关系变化趋势吻合。从差异性区域情境来看，长三角区域拥有更多的高技术大型企业、跨国公司、更广阔的市场，市场需求及企业技术需求很强，但基础知识转化问题并不显著。因此，表现出自下而上的技术指向型路径。与之不同，中西部城市群在市场及企业规模和能级上都有一定局限性，且这种限制越往西部城市群表现得越明显。因此，两个区域不管技术知识网络，还是基础知识网络所表现出的合作关系类型及趋势一致，都具有极强的新知识转化导向，为实现基础知识的应用转化和市场化而建立关系。

第四节

本章小结

1989~2013年，长三角城市群在装备工业知识网络中的发展路径有别于长江中部及西部城市群，表现出市场或企业需求驱动下自下而上应用技术指向型发展路径。长三角城市群经济及创新水平都高于中西部城市群，装备工业领域拥有更具影响力的跨国企业、大型国有装备企业等，FDI水平及技术研发水平及绩效都相对较高，且该区域拥有相对开阔的国内外市场。在区域自身发展情境下，该区域新知识的基础研究转化问题并不凸显。反之，市场需求及企业新技术需求是区域知识网络发展的重要动力，在整个路径发展中起导向作用。

虽然从知识网络的组织合作关系来看，该区域中高校或研究机构在网络中仍占重要网络位置，发挥组织间及知识子网络间桥接作用。但从关系变化趋势来看，更多起到网络组织间桥接作用，更多企业间建立了后续技术应用合作，并参与到基础知识合作中。与企业的知识合作关系在长三角区域知识网络中通过高校桥接发挥了越来越重要的作用。通过发展路径分析不难发现，与公共研究机构建立的桥接关系本质是为了满足企业技术或市场需求，而并非实现基础研究知识的应用转化。企业或市场驱动下的网络合作关系，对长三角装备工业产业经济的发展产生了积极的推动作用。

与长三角城市群发展路径不同，长江中西部城市群表现出与之相反的发展路径。是在基础研究合作关系的驱动下自上而下的基础知识应用指向型发展路径。与长三角地区经济及创新优势不同，中西部城市群在一定程度上缺乏创新优势，创新具有一定局限性，但仍能通过不同的知识创新路径，实现装备工业产业经济的提升。从知识网络组织关系视角，这两个城市群装备工业知识网络与高校的合作关系仍发挥更加重要的作用，与高校关系主要起到知识转化的桥接作用，其目的是实现创新基础知识的应用转化及市场化过程，通过基础研究指的是应用及市场化实现对产业经济的带动作用。这种路径也通过中西部城市群网络关系变化趋势，区域路径的细微差别表现出越往西部城市群越显著的整体特征（见图5-5）。

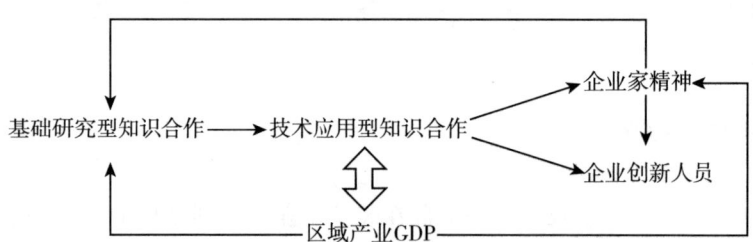

图5-5　长江中西部城市群在知识网络中的发展路径

第六章

知识网络发展路径的关系作用机理

长江经济带整体知识网络连通性不断增强,不仅表现在技术应用知识领域,也表现在科学研究知识领域。知识网络整体连通性的提升,有助于长江经济带不同区域间技术知识及科学知识的跨区域流动及协同发展。与工科类高校及专业技术水平较高研究院的知识网络关系,在跨区域知识共享及技术转化中起到重要桥接作用,此关系作用下的不同区域的演化路径也大不相同。

本章以长江经济带跨区域知识网络相互合作关系为具体案例,将长江经济带划分为长三角城市群、长江中部城市群及长江西部城市群,装备工业知识网络划分为基础研究型知识网络、技术应用型知识网络,两者按网络关系类型划分各自区域内部和外部的企业间、企业—高校、高校间关系。讨论在各自区域发展路径下不同区域的网络关系如何在两个知识子网络间相互桥接,最终实现跨区域知识共享转化问题。一方面,在高校跨区域桥接关系下,不同区域发展路径问题从网络关系相互作用的视角提供解释;另一方面,为后续进一步讨论区域多层网络相互作用关系打下基础。

第一节

理论推演及假设提出

一、理论框架及研究推演

现有研究已从网络与空间相互作用的视角,特别是网络关系构建如何作用于区域发展层面指出,空间距离的阻滞作用在远距离知识创造及流动过程中正逐渐降低。拥有更多跨区域网络关系主体的区域,比内部关系主体多的区域更有利于区域的知识创新,强调能发挥跨区域知识桥接作用网络关系的重要性。在关于知识创造及流动的研究中,高校日渐成为知识生产的重要主体之一,并逐渐在产业经济发展的创新中起引领作用(Fritsch,2002;Huggins,2008)[①][②]。Owen Smith(2004)[③] 研究指出,网络关系中高校关系的目的是实现基础研究知识的开放式流动,与高校合作会实现基础知识溢出。即高校关系的重要作用表现在区域内基础知识的流动溢出方面。高校关系在区域连通性逐渐变强的不同类型知识网络中都发挥桥接作用,重点强调高校关系发挥的桥接作用不仅作用于区域内部知识流动转化,更作用于跨区域的知识流动,是实现区域间知识流动及转化的桥接者。

长江经济带整体网络研究表明,不管在基础研究还是技术知识网络中,与高校建立的合作关系实现的不仅是区域内的知识溢出,更承接了跨区域的知识流动及转化。地理学强调地方区域差异性研究,进一步思考是否高校进行跨区域知识桥接作用对不同的区域作用相同,又是否有自身的作用路径问题。本书第五章对长江经济带长三角、中部及西部城市群的网络路径研究证明,在高校发挥跨区域桥接作用的情况下,不同区域在知识子网络中实现知识流动,并作用于区域创新及经济发展的路径不同,大致遵循自上而下和自下而上的相反路径。所以不难提出更深入的思考是,高校发挥网络桥接作用下不同区域知识流动及转化路径如何发挥不同作用,高校跨区域桥接关系如何在不同区域实现知识流动及转化路径的。

对网络关系变化与区域路径关系的思考有迹可循,已有研究从网络演化视角提出前一时间段的组织关系将作用于下一时间段组织关系的形成

---

① Fritsch M. Measuring the quality of regional innovation systems: A knowledge production function approach [J]. International Regional Science Review, 2002, 25 (1): 86 – 101.

② Huggins R, Johnston A, Steffenson R. Universities, knowledge networks and regional policy [J]. Cambridge Journal of Regions, Economy and Society, 2008, 1 (2): 321 – 340.

③ Owen-Smith J, Powell W W. Knowledge networks as channels and conduits: The effects of spillovers in the Boston biotechnology community [J]. Organization science, 2004, 15 (1): 5 – 21.

(Kenis and Knoke, 2002)①。即先有关系的形成累积作用于不同路径的形成,网络的路径依赖、偏好依附、嵌入及多层关系等都作用于区域在网络中的路径,而因特殊地理空间情境不同知识创新路径有所差别,且两者关系相互影响(Glückler, 2013)②。近来的研究强调对广泛区域及区域体制的分析,进而更好地理解真正区域经济变化(Rodrı́guez-Pose and Storper, 2006)③。长期持续性的网络演化路径受多样性关系变化作用影响。已有研究提出网络参与者作为桥接机构对跨边界合作关系建立的重要性(Cassi and Plunket, 2015; Fleming and Waguespack, 2007)④⑤。此方面的研究搭建了区域知识创新与网络关系变化之间的关系,肯定了区域内外关系共同作用对区域创新的重要作用,但对随时间变化网络关系过程的缺失,在一定程度上忽略了网络关系跨区域桥接实现的根本问题,也淡化了不同区域桥接作用发挥的意义差异机理问题。

第五章不同网络路径的分析已证实,知识网络跨区域桥接作用实现在不同区域的意义具有相反的路径差异性。但究竟何种关系的累积及相互作用能够实现这种网络路径?不同区域的内部及跨区域桥接关系如何实现,作用机理怎样?这种区域内及跨区域的关系又如何通过不同的知识子网络实现等问题是本章承接前两章的内容进行的机理推演。而这种对区域路径和网络关系变化的分析,从实证研究来看能更好地为不同区域的知识合作创新提供决策基础,区域的知识创新发展不仅需要将本区域的特殊情境差异及自身所遵循的适合路径考虑在内,构建更适合本阶段本区域创新多需的合作关系,才能更好地实现区域协同知识创新。

---

① Kenis P, Knoke D. How organizational field networks shape interorganizational tie-formation rates [J]. Academy of Management Review, 2002, 27 (2): 275 – 293.

② Glückler J. Knowledge, networks and space: connectivity and the problem of non-interactive learning [J]. Regional Studies, 2013, 47 (6): 880 – 894.

③ Rodríguez-Pose A, Storper M. Better rules or stronger communities? On the social foundations of institutional change and its economic effects [J]. Economic geography, 2006, 82 (1): 1 – 25.

④ Cassi L, Plunket A. Research collaboration in co-inventor networks: combining closure, bridging and proximities [J]. Regional Studies, 2015, 49 (6): 936 – 954.

⑤ Fleming L, King III C, Juda A I. Small worlds and regional innovation [J]. Organization Science, 2007, 18 (6): 938 – 954.

二、调研设计及实证假设

笔者分别于 2017 年 11 月 7 日至 11 日在中国国际工业博览会问卷调查、2017 年 11 月 12 日至 18 日赴云南昆明和贵州贵阳重点企业调研访谈、2017 年 11 月 29 日至 12 月 2 日在上海法兰克福汽车配件展与参展的装备制造相关企业进行访谈,在访谈过程中设计了"企业是否与本地或其他地区的高校建立合作关系""合作关系建立后是否会申请专利""合作专利或基础知识合作对企业的意义是什么""与高校或研究机构的跨区域合作是怎么建立的""与高校或研究机构建立合作后是否会带来其他合作关系"等相关问题。得到有效访谈共计 19 次。赴云南昆明及贵州贵阳的访谈时间一般在 60~120 分钟;在上海的博览会进行的访谈时间一般在 10~15 分钟。访谈企业涉及装备工业的不同行业、不同区域,受访人员会包括企业主管、管理者、工程师、技术人员以及资深市场经理等。笔者对访谈全过程进行电子录音及记录,并对关键问题进行定性内容分析,结合 2013~2015 年已有的调研资料,进行整合用于提出假设并证明不同区域网络路径的作用机理问题(见表 6-1)。

表 6-1　　　　　　2017 年装备工业企业访谈基本资料

年份	企业数量	企业名字	受访人员	时间	时长
2017	2	大族激光	技术工程师	11~9	15 分钟
		武汉华工激光工程有限责任公司	技术工程师	11~9	10 分钟
2017	4	昆明经济技术开发区管委会	办公室主任	11~14	2 小时
		昆明市云内动力集团	技术工程师 董事长助理、 财务部部长	11~14	2 小时
		昆明台正精密机械有限公司	企业经理	11~14	1 小时
		昆明高新技术产业开发区 贵研铂业	企业经理 技术工程师	11~15	2 小时

续表

年份	企业数量	企业名字	受访人员	时间	时长
2017	7	浙江吉尚汽车部件有限公司	技术工程师	11~30	9分钟
		山东正凯新材料股份有限公司	经理	11~30	20分钟
		Sampa Automotive	技术工程师	11~30	13分钟
		安徽科达汽车轴瓦有限公司	市场部经理	11~30	9分钟
		King Stell	技术工程师	11~30	10分钟
		上海肯尔自动化技术有限公司	市场经理	11~30	10分钟
		JHJDOA	经理	11~30	10分钟
2017	6	泉州开普勒车用电机有限公司	技术主管	12~1	10分钟
		瑞安市力鹏汽车电机有限公司	技术主管	12~1	10分钟
		河北永久	经理	12~1	11分钟
		温州市大全汽车电器有限公司	经理	12~1	10分钟
		YASD	技术工程师	12~1	12分钟
		合肥华集汽车部件有限公司	市场经理 技术主管	12~1	11分钟
总计	19				

资料来源：作者自行整理所得。

通过2013~2017年的实地访谈调研可见，对中国不同区域的企业创新，专利申请意义是实现知识保护及知识技术提升的重要途径。越来越多企业与高校进行跨区域的合作，合作一方面提供了基础研究知识，特别是具有专业化的技术研究知识，这是企业不具备的优势；另一方面通过与高校合作实现新关系的构建。高校关系为桥梁构建了更多跨区域企业间，或企业高校间的技术合作关系。

我们与高校的合作分两种情况，对技术合作产生的专利来说我们通常买断专利权进行知识保护，而对于基础研究方面我们多数情况下会互相共享成果。这是由于在技术研发中，专业人员会与市场有敏锐的判断，而高校能进行更好的基础研究和实验，所以在不同的合作中我们会充分发挥不同合作类型的优势。

上海×××机械装备公司经理×××　2014 - 3 - 14

我们与高校的合作（如上海的复旦大学及同济大学等）更加关注技术应用及产品市场开拓，通常我们会基于新技术寻求高校或研究机构进行合作。我们与这些高校合作的一个重要原因之一就是这些高校中的教授及研究团队声望高，在研究领域中更加专业。

×××动力技术主管×××　2015 - 7 - 15

我们会与一些高校合作，这些合作一般我们不会考虑距离问题。和这些高校的合作主要因为他们可以研究一些我们没法实现的技术。在跟他们合作之后也会介绍一些他们已有的合作企业给我们，这样我们也可以通过他们获得新的合作，这也是为什么我们愿意跟你们高校里的人聊天的一个原因。

××新材料股份有限公司经理×××　2017 - 11 - 30

结合已有对区域发展和网络组织关系变化的研究，实证调研观点及本书已有关于高校跨区域桥接作用及不同区域差异化路径的研究。不同区域网络路径的关系作用机理，分别对不同区域路径下的网络关系相互作用可能性进行假设，具体如下：

H6 - 1：自下而上的技术指向型路径关系：跨区域基础知识合作路径关系构建。

H6 - 1a：纯技术合作关系衍生的跨区域基础知识合作关系；

H6 - 1b：外向型技术合作为桥梁向外延伸的基础知识合作关系。

网络路径实现源于本区域内部的企业—高校技术应用合作需求，区域内企业—高校技术合作关系，通过网络主体与其他区域高校—企业或企业间的技术合作关系实现跨区域技术应用合作。基于跨区域应用技术合作获得与其他区域网络主体合作的可能。其他区域内技术合作并不突出，但具有较强内外部基础知识溢出。通过基础知识关系在其他区域内部的溢出，及跨区域技术知识共享最终实现跨区域基础知识合作关系的构建。该类基础知识合作关系既存在于高校或研究机构之间也存在于高校与企业之间（见图6-1）。

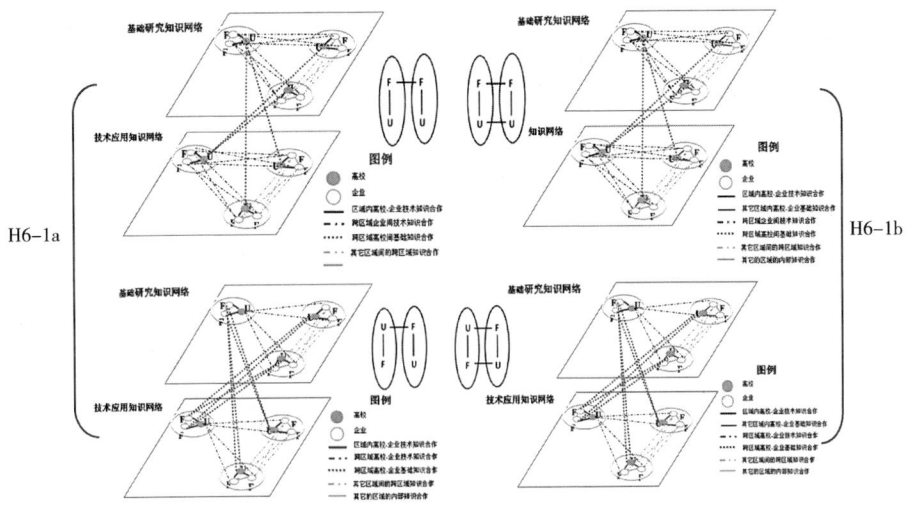

图6-1　跨区域基础知识合作路径关系假设（假设概念图）

H6-2：自上而下的基础知识应用路径关系：跨区域技术应用路径关系构建。

H6-2a：纯基础知识合作关系衍生的跨区域技术应用合作关系；

H6-2b：外向型基础合作为桥梁向外延伸的技术应用合作关系。

知识网络路径的实现，源于本区域的企业—高校基础研究知识的转化需求。通过自身网络合作关系主体进行高校间或高校—企业间跨区域的基础研究合作，实现区域间基础研究知识流动，其他区域自身内部具有较强的技术知识合作关系。进而通过另一区域内部的企业—高校专业化技术知识合作，实现跨区域基础知识的转化过程，最终实现跨区域技术应用合作关系的构建。该类技术应用合作关系既存在于企业间，也存在于高校与企业之间。总结来说，不管处于何种关系变化所形成的路径，都能通过网络的连通及桥接，一方面推动专业化基础知识的跨区域溢出，另一方面实现应用技术知识的集成转化创新（见图6-2）。

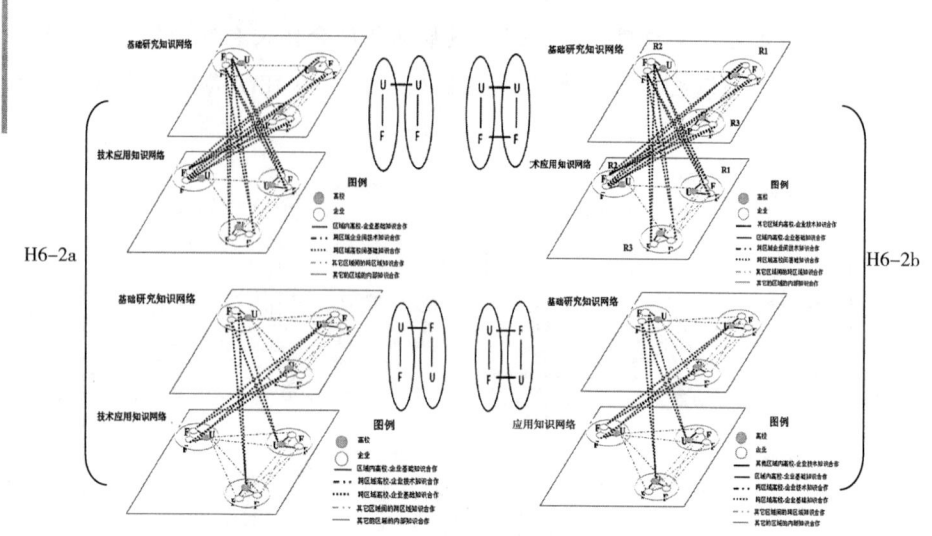

图6-2 跨区域技术应用路径关系假设（假设概念图）

第二节 研究方法与数据处理

一、回归分析法

回归分析在经济地理学研究领域中应用较为广泛，能针对变量间关系进行研究和分析，包括线性/非线性回归分析、二元/多元回归分析等方式。根据本书的研究目标和数据类型特征，拟采用多元线性回归分析方法，对知识网络发展路径的关系作用进行分析。

各种回归分析方法在很多领域都得到了广泛的应用，特别是在创新网络实证研究方面的应用程度很广，常见的有基于被解释变量特征的Logit模型、基于残差分布特征的多层次模型与空间自回归模型等。近年来，学术界逐渐尝试将被解释变量和残差分布特征整合到一起，对某些条件下的回归模型进行重点研究，如非线性条件下，非线性变量就是被解释变量类型的回归模型。这方面的主要研究成果有国外著名学者

Broekel 和 Boschma（2011）①所进行企业间创新网络邻近性影响因素的研究，其借助包含网络自相关的 QAP-logit 回归模型来进行分析，在此基础上深入研究了多种邻近性影响因素对创新绩效可能带来的干扰。Herstad（2014）②分别借助 Probit 回归分析模型和似无关回归分析模型（SUR）两种模型对企业参与全球创新网络行为的影响因素进行系统全面的分析；Fritsch 和 Kauffeld-Monz（2010）率领的研究团队在多元线性回归模型的辅助下对创新网络内知识及信息交换的影响因素进行了全面深入的分析；Fitjar 和 Rodríguez-Pose（2013）③运用 Logit 回归分析分析了网络合作关系给创新水平及模式带来的影响；Morrison（2013）④率领的研究团队对全球通道及知识守门员等网络要素给集群知识扩散状况带来的影响进行了分析，其分析是基于线性回归模型进行的；Huggins（2012）⑤同样使用线性回归对网络资本及网络变化给创新可能带来的影响进行了系统全面的分析。上述研究成果极大地促进了创新网络实证领域的发展。

笔者选择运用线性回归模型分析装备工业知识网络关系的相互作用机理问题，线性回归分析中因变量是连续的，自变量可以是连续的也可以是离散的，而回归拟合曲线的性质是线性的。线性回归使用最佳的拟合直线在因变量（Y）和一个或多个自变量（X）之间建立一种关系。本书中多元线性回归的表达式为：$Y = \alpha + \beta_1 X_1 + \beta_2 X_2 + \beta_3 X_3 + \varepsilon$，其中 α 为常数项，Y 与 X 分别为各个区域中根据假设设定的因变量和自变量，而 ε 为随机误差项。

二、数据处理

数据主要包括合作发表论文数据和合作申请专利数据，其中，专利数

---

① Broekel T, Boschma R. Knowledge networks in the Dutch aviation industry: the proximity paradox [J]. Journal of Economic Geography, 2011, 12 (2): 409–433.

② Herstad, S. J., Aslesen H. W., Ebersberger B. On industrial knowledge bases, commercial opportunities and global innovation network linkages [J]. Research Policy. 2014, 43 (3): 495–504.

③ Fitjar R D, Rodríguez-Pose A. Firm Collaboration and Modes of Innovation in Norway [J]. Research Policy, 2013, 42 (1): 128–138.

④ Morrison A, Rabellotti R, Zirulia L. When do global pipelines enhance the diffusion of knowledge in clusters? [J]. Economic Geography, 2013, 89 (1): 77–96.

⑤ Huggins R, Thompson P. Network capital, social capital, and knowledge flow: how the nature of inter-organizational networks impacts on innovation [J]. Industry and Innovation, 2012 (19): 203–232.

据来自中国知识产权局，合作论文数据来自 CNKI 数据库，仍选取 1989~2013 年的数据作为研究对象。研究的合作主体包括装备工业企业、高校、研究院所等，因此这些组织机构进行的所有合作关系如"企业+高校""企业+企业""高校+高校""研究机构+研究机构""高校+研究机构"等合作关系都在研究范围内，其中数据的筛选标准为至少有一个合作组织位于长江经济带 9 省 2 市范围内。

基于将整个长江经济带进行区域划分及分析区域内外部联系的需求，以城市为基础单元可划分三大区域：区域 1 为长三角城市群（R1）；区域 2 为长江中部城市群（R2）；区域 3 为长江西部城市群（R3）。而后分别对每个区域本身的合作专利和合作论文内外部关系进行划分，"企业+高校""企业+企业""高校+高校"等关系类型对三个区域又划分为区域内部的"企业+高校""企业+企业""高校+高校"关系（此类关系为所有合作者都在同一城市群范围内）；长江经济带带内跨区域"企业+高校""企业+企业""高校+高校"合作关系（此类关系为至少有一个网络关系主体在所观察的区域内，其他网络关系主体在观察区域外，但为长江经济带其他城市群内）；与经济带外城市群的跨区域"企业+高校""企业+企业""高校+高校"关系（此类关系为网络参与主体至少有一个在所观察的长江经济带区域内，其他主体位于长江经济带外的其他城市群内），所用关系主要为两类，以长江经济带为观察对象，观察位于长江经济带内部城市群内和内部城市群跨区域间的关系合作，讨论各种关系如何相互作用实现知识流动和实现不同区域的知识流动及转化路径。

第三节

区域装备工业知识网络关系作用机理分析

一、长三角城市群知识网络关系作用分析

（一）数据表格解释

将长三角城市群（区域 1）知识网络的作用关系归纳为一个多元回归

模型：$Y = \alpha + \beta_1 X_1 + \beta_2 X_2 + \beta_3 X_3 + \varepsilon$。

根据 Y 与 X 的四种不同设定，该模型可以分为四种不同的子模型①，其中：

模型 1.1　Y：intra u – u pub；X：inner R1 f – u pat，intra f – f pat，inner RX f – u pub。

模型 1.2　Y：intra u – u pub；X：inner R1 f – u pat，intra f – f pat，inner RX f – u pat。

模型 1.3　Y：intra f – u pub；X：inner R1 f – u pat，intra f – u pat，inner RX f – u pub。

模型 1.4　Y：intra f – u pub；X：inner R1 f – u pat，intra f – u pat，inner RX f – u pat。

经计算，将区域 1 的四个模型回归分析结果汇总如表 6 – 2 所示。

表 6 – 2　1989 ~ 2013 年长三角城市群知识网络回归模型结果汇总

	模型 1.1		模型 1.2		模型 1.3		模型 1.4	
	非标准化系数	t 值	非标准化系数	t 值	非标准化系数	t 值	非标准化系数	t 值
（常量）	-0.538	-0.990	4.673	4.201	-5.139	-5.932	0.942	1.895
X_1	0.013	1.4643	0.015	2.377**	0.041	0.302***	0.012	1.322
X_2	0.025	1.486	-0.006	-0.257	0.024	1.702*	-0.005	-0.232
X_3	0.299	0.929	0.243	0.720	0.062	1.802*	-0.016	-0.786
调整后 R^2	0.318		0.677		0.714		0.246	
F 值	4.729		17.803		20.950		3.610	
模型 Sig.	0.011		0.000		0.000		0.030	

注：* 表示在 10% 水平下显著，** 表示在 5% 水平下显著，*** 表示在 1% 水平下显著。

---

① 模型中 intra 表示区域间组织关系；inner 表示区域内组织关系；
R1 表示长三角城市群；RX 表示除长三角城市群外的其他区域；
pub 表示基础研究知识合作关系；pat 表示组织间技术知识合作关系；
u – u 为高校间合作关系；f – u 表示企业—高校间合作关系；f – f 表示企业间合作关系。

四个模型整体均在 0.05 水平下显著。其中，模型 1.2 与模型 1.3 在 0.01 水平下显著。从模型的拟合优度看，模型 1.3 的调整后 R^2 最高，达到 0.714，模型 1.2 的也达到 0.677，其余两个模型相对较低。

模型 1.3 的三个自变量均显著，其中 X_1 在 1% 水平下显著，X_2 和 X_3 在 10% 水平下显著。纵观其他三个模型，除了模型 1.2 的 X_1 显著以外，其余自变量均未能显著不为零。

可见，不论从模型整体拟合水平还是具体变量的显著性，都可以认为模型 1.3 显著且效果最优。长三角城市群知识发展路径为自下而上的技术指向型路径关系，跨区域基础知识合作路径关系的构建符合 H6-1 假设中的 H6-1b。长三角自下而上的技术指向路径关系表现为外向型技术合作为桥梁向外延伸的基础知识合作类型，长三角城市群最终网络跨区域基础研究知识合作关系的实现是与长三角区域内部企业—高校应用技术合作、基于高校关系的跨区域高校—企业间技术合作以及其他区域自身内部所存在的企业—高校基础研究知识合作密切相关的。这与前面所述长三角城市群企业—高校之间的技术应用合作不断增加，在技术知识合作中相对其他合作类型占绝对高比例优势的变化趋势一致。

（二）长三角城市群知识网络作用关系

长三角城市群在知识网络中的发展路径表现出在市场或企业需求驱动下，自下而上应用技术指向型发展路径。该路径构建跨区域知识共享及流动过程分为四种可能的关系模式。在这四种关系模式下，对长三角城市群网络关系进行数据统计检验，长三角城市群知识网络实现自身发展路径存在区域内及跨区域合作关系相互作用过程（见图 6-3）。

我认为长江高科技园区比其他区域的高技术园区要好很多，因为其有更好的标准化管理体系及更好的企业发展环境。长三角地区相对于其他区域来说有更多跨国合作和大的国有企业，且政府有更好的体制及财政支持。

×× 动力技术主管 ×××　2015-7-15

这种作用关系基于长三角城市群内部的应用技术合作需求，长三角城市群由于经济及创新水平都高于其他区域，市场需求及企业技术创新需求

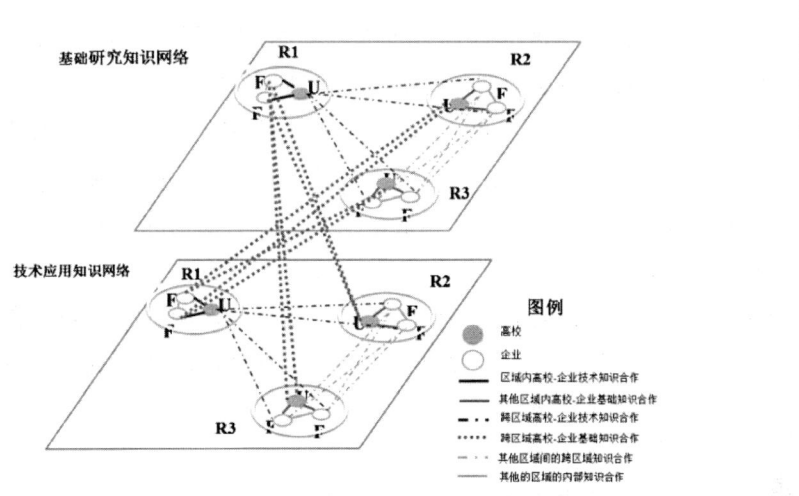

图 6-3　1989~2013 年长三角城市群知识网络相互作用关系

强，在区域路径发展中起主导作用。由于长三角城市群高校技术研发能力凸出，如实证访谈所述，多数装备企业倾向于与区域技术能力强的高校进行合作，以推进自身技术水平的提升，因此本区域知识合作一般也基于自身区域内部的企业—高校间应用技术合作需求。由于企业在选取合作伙伴时，特别是像高校或研究机构这种开放式的技术合作伙伴时，距离远近已不成为阻碍伙伴关系的关键因素。这在多数企业访谈与已有研究中也得以证实。

长三角自身区域内的高校—企业具有较强的技术知识合作，更重要的是基于工业技术等专业化高校建立的跨区域技术合作关系。如长江经济带中西部城市群的企业，为寻求先进的技术提升，也积极与长三角区域的高校建立联系，实现新技术的合作创新。当然，长江中西部城市群企业所在的自身区域内部也存在由当地高校或研究机构产生的开放式的基础知识溢出，这一观点早已被网络关系研究方面的学者证实（Owen-Smith and Powell，2004）。其他区域内部自身的高校—企业基础知识溢出，加之长三角高校构建的跨区域高校—企业技术知识合作，一方面构建了闭包式高校间合作关系，更重要的是随着网络关系连通性及复杂性增强，多种闭包关系的连通会进一步实现长三角本身企业与跨区域高校之间的知识溢出，位于中西部的高校由于这种闭包关系其知识溢出也有一定的区域指向性，其更倾向于与长三角区域的高校或企业进行更深层面的校际或校企合作研究,进而实现了更多的知识基础知识跨区域流动。

在此过程中,长三角具有较高技术水平的企业也有很强的能力与自身区域内进行技术知识合作的同时进行跨区域的应用技术合作,而通过连通性不断增强的网络闭包关系,最终也会基于高校基础研究关系桥接实现跨区域基础知识流动。因此长三角城市群在实现自下而上的知识网络发展路径过程中,与高校的知识合作关系一方面在跨区域的技术知识合作中起技术桥接及引领作用,另一方面也在最终实现跨区域基础研究知识溢出中发挥基础知识桥接作用。

二、长江中部城市群知识网络关系作用分析

(一)数据表格解释

同样将长江中部城市群(区域2)知识网络的作用关系归纳为多元回归模型:$Y = \alpha + \beta_1 X_1 + \beta_2 X_2 + \beta_3 X_3 + \varepsilon$。

根据 Y 与 X 的四种不同设定,该模型也可以分为四种不同的子模型①,其中:

模型 2.1　Y:intra f – u pat;X:inner R2 f – u pub,intra u – f pub,inner RX f – u pat。

模型 2.2　Y:intra u – u pat;X:inner R2 f – u pub,intra u – f pub,inner RX f – u pub。

模型 2.3　Y:intra f – f pat;X:inner R2 f – u pub,intra u – u pub,inner RX f – u pub。

模型 2.4　Y:intra f – f pat;X:inner R2 f – u pub,intra u – u pub,inner RX f – u pat。

经计算,将区域2的四个模型回归分析结果汇总如表6-3所示。

---

① 模型中 intra 表示区域间组织关系;inner 表示区域内组织关系;
R2 表示长江中部城市群;RX 表示除长江中部城市群外的其他区域;
pub 表示基础研究知识合作关系;pat 表示组织间技术知识合作关系;
u-u 为高校间合作关系;f-u 表示企业—高校间合作关系;f-f 表示企业间合作关系。

表 6-3　1989~2013 年长江中部城市群知识网络回归模型结果汇总

	模型 2.1		模型 2.2		模型 2.3		模型 2.4	
	非标准化系数	t 值	非标准化系数	t 值	非标准化系数	t 值	非标准化系数	t 值
(常量)	-0.871	-1.561	-1.630	-0.797	-0.994	-0.476	-1.535	-0.459
X_1	0.038	0.170	0.327	0.380	0.097	0.109	2.417	1.888*
X_2	0.324	0.997	0.407	1.065	0.446	1.213	0.074	1.750*
X_3	0.000	-0.005	0.233	0.075	0.008	1.300	0.243	22.203***
调整后 R^2	0.308		0.302		0.323		0.984	
F 值	4.567		4.458		4.819		489.418	
模型 Sig.	0.013		0.014		0.010		0.000	

注：*表示在 10% 水平下显著，***表示在 1% 水平下显著。

从表中可以看出，四个模型整体均在 0.05 水平下显著。模型 2.3 与模型 2.4 在 0.01 水平下显著。从模型的拟合优度看，模型 2.4 的调整后 R^2 最高，达到 0.984，远远高于其余三个模型。

从具体变量来看，模型 2.4 的三个自变量均显著，其中 X_3 在 1% 水平下显著，X_1 和 X_2 在 10% 水平下显著。而对于其他三个模型，它们的各个自变量均未能显著不为零。

不论从模型整体拟合水平还是具体变量的显著性来看，都可以认为模型 2.4 显著且效果最优。长江中部城市群知识发展路径为自上而下的基础知识应用路径关系，经过检验其符合 H6-2 假设中的 H6-2b。长江中部城市群自上而下的基础知识应用路径关系，表现为外向型基础合作为桥梁，向外延伸的技术知识合作类型。长江中部城市群跨区域应用技术知识合作关系的实现，与中部城市群区域内部的企业—高校基础知识研究、基于高校的跨区域基础知识研究及其他区域内自身的企业—高校应用技术知识合作存在密切关系，与高校的网络关系在基础知识合作中发挥重要作用。特别在基础研究知识的创新中，高校等公共研究机构间的合作关系占优势比例，同时也越来越多地选择与企业合作，这实际是为了实现更多新知识或新技术的转化。

（二）长江中部城市群知识网络作用关系

长江中、西部城市群在知识网络中的路径与长三角城市群相反，主要为基础研究合作关系驱动下，自上而下的基础知识应用指向型发展路径。通过该路径共有四种可能的有效关系模式。在这四种关系模式下，对长江中部城市群网络关系进行数据统计检验，前面数据分析结果可见，长江中部城市群知识网络实现自身的发展路径有其突出的关系作用过程（见图6-4）。

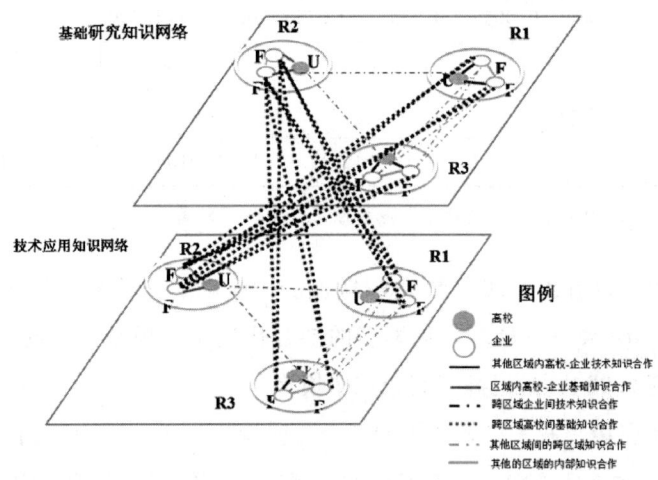

图6-4 1989~2013年长江中部城市群知识网络相互作用关系

长江中部城市群装备工业知识网络与高校的合作关系日益重要，加之中部城市群在地理空间区位上也起连通中西部产业转移及发展的重要作用，因此，其知识网络作用关系相对西部城市群，具有更强的基础知识应用转化及市场化目的。与长三角较强的技术优势及市场化发展基础不同，长江中部城市群的路径作用关系虽然也基于高校—企业间的知识合作，但更多的是基于跨组织间的基础知识合作，从装备工业发展来看中部城市群企业较容易接受地方高校的基础知识溢出，城市群的高校跨区域合作关系更多地通过高校间的基础知识合作实现，而高校的合作相对企业更加开放，因此更易实现跨区域的知识溢出。而其他区域内部，如长三角内部较高能级地实现了高校和企业间的技术应用合作，因此，中部城市群企业通过自身区域内的基础知识合作并通过两区域高校进行的基础知识桥接实现与其他区域企业建立技术合作关系,并实现中部区域本身基础研究知识跨区域的应用转化过程。

当然,这种基础知识向应用技术知识的桥接转化过程,是通过不断提升网络闭包连通作用实现。也包括跨区域高校—企业间基础知识和技术合作闭包关系。这是中部城市群通过叠加知识子网络,获取与长三角或其他区域企业合作的重要途径,也更好解释了中部城市群在区域协同发展,及知识创新路径下实现跨区域技术合作的关系作用模式。通过构建更多跨区域高校或研究机构间的科研合作关系,可带动更多区域间企业技术合作的关系构建。

三、长江西部城市群知识网络关系作用分析

(一) 数据表格解释

最后,同样将长江西部城市群(区域3)知识网络的作用关系归纳为多元回归模型:$Y = \alpha + \beta_1 X_1 + \beta_2 X_2 + \beta_3 X_3 + \varepsilon$。

根据 Y 与 X 的四种不同设定,该模型可以分为四种不同的子模型①,其中:

模型3.1　Y:intra f-u pat;X:inner R3 f-u pub,intra u-f pub,inner RX f-u pat。

模型3.2　Y:intra u-u pat;X:inner R3 f-u pub,intra u-f pub,inner RX f-u pub。

模型3.3　Y:intra f-f pat;X:inner R3 f-u pub,intra u-u pub,inner RX f-u pub。

模型3.4　Y:intra f-f pat;X:inner R3f-u pub,intra u-u pub,inner RX f-u pat。

经计算,将区域3的四个模型回归分析结果汇总如表6-4所示。

---

① 模型中 intra 表示区域间组织关系;inner 表示区域内组织关系;
R3 表示长江西部城市群;RX 表示除长江西部城市群外的其他区域;
pub 表示基础研究知识合作关系;pat 表示组织间技术知识合作关系;
u-u 为高校间合作关系;f-u 表示企业—高校间合作关系;f-f 表示企业间合作关系。

表 6-4　　1989~2013 年长江西部城市群回归模型结果汇总

	模型 3.1		模型 3.2		模型 3.3		模型 3.4	
	非标准化系数	t 值	非标准化系数	t 值	非标准化系数	t 值	非标准化系数	t 值
（常量）	-1.453	-1.163	0.010	0.070	-0.251	-0.146	-0.981	-0.597
X_1	2.406	3.847***	0.077	2.008*	0.329	0.693	0.674	0.907
X_2	0.352	1.802*	0.090	0.773	2.326	2.384**	2.317	2.483**
X_3	0.122	16.788***	-0.006	-0.292	-0.181	-0.697	-0.007	-0.744
调整后 R^2	0.990		0.443		0.372		0.374	
F 值	785.941		7.351		5.748		5.789	
模型 Sig.	0.000		0.001		0.005		0.005	

注：* 表示在 10% 水平下显著，** 表示在 5% 水平下显著，*** 表示在 1% 水平下显著。

从表中可以看出，四个模型整体上均在 0.01 水平下显著。从模型的拟合优度看，模型 3.1 的调整后 R^2 最高，达到 0.990，远远高于其余三个模型。

从具体变量来看，模型 3.1 的三个自变量均显著。其中，X_1 和 X_3 在 1% 水平下显著，X_2 在 10% 水平下显著。其他三个模型则都只有一个自变量显著，其中，模型 3.2 的 X_1 在 10% 水平下显著，模型 3.3 的 X_2 在 5% 水平下显著，而模型 3.4 的 X_2 也在 5% 水平下显著。

总之，不论是从模型整体拟合水平还是具体变量的显著性来看，都可以认为模型 3.1 显著且效果最优。如前所述，长江西部城市群知识发展路径为自上而下的基础知识应用路径关系。经过检验符合 H6-2 假设中的 H6-2b，也就是说，长江西部城市群自上而下的基础知识应用路径关系表现为外向型基础合作为桥梁向外延伸的技术知识合作类型。与中部城市群最终多通过企业间关系实现跨区域技术合作不同，西部城市群最终跨区域技术知识合作的实现，仍是通过基于高校的跨区域高校—企业关系实现的。

长江西部城市群跨区域应用技术知识合作关系的实现，与西部城市群内部自身高校—企业间的基础知识研究、基于高校跨区域的高校—企业基础知识研究和其他区域内部自身的企业—高校应用技术知识合作存在密切关系。进一步证实前面所述，高校—企业基础关系占绝对优势，起绝对导向作用，但西部城市群相比中部城市群的应用需求型合作特征更加显著。

（二）长江西部城市群知识网络作用关系

长江中、西部城市群在知识网络中主要遵循基础研究合作关系驱动下的，自上而下的基础知识应用指向型发展路径。西部城市群在三个城市群中创新水平及经济发展水平较低，自身知识及技术创新具有发展"瓶颈"，因此其创新路径与中部城市群有一定相似但也有自身特征，这一点在西部企业及产业园的实地调研访谈中得以证实。同样根数据分析结果，在该路径可能的四种关系作用中，长江中部西部城市群知识网络与中部城市群在实现跨区域技术转化及基础知识应用过程中呈现差异化的作用过程（见图6-5）。

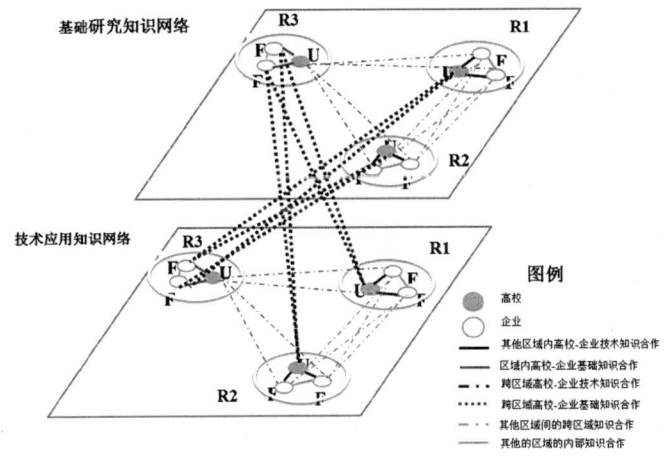

图6-5 1989~2013年长江西部城市群知识网络相互作用关系

关于中国中西部产业转型升级的研究非常有价值，因为西部本身也还不清楚自身的创新机制及动力究竟是什么，创新到底通过何种路径实现，尚未有系统的总结归纳。中国西部大开发，尤其欠发达地区的发展道路，很难有迹可循，都尚在探索研究过程中。与上海依托知识密集型创新不同，与深圳完善产业链配套的创新不同，与北京资本技术聚集不同，云南要走差异化发展的路径。

在整个昆明技术创新体系中，认为现在最缺乏的是资本环节，金融资本介入不够。上海、北京、深圳各种产业及投资基金很多，昆明的基金介入还受各种条件的限制，尚不能与沿海地区一样。由于整个云南省社会经济发展程度滞后，在引进人才特别是高端人才方面，如国家千人计划、长江学者计划等高端人才引入还有不足之处。

昆明××××开发区管委会主任×××　2017-11-14

与中部城市群相似，西部城市群装备工业区域内部高校—企业之间必然有内部的知识溢出现象。与长三角城市群及中部城市群存在显著差异，西部城市群企业虽然也积极进行技术及知识创新，由于本身经济发展水平、创新情境制约，创新及技术知识的水平相对较弱，进行跨区域知识合作、技术转化或市场应用需求非常高。具有较强专业化水平的高校通过与企业合作，实现基础知识研究合作，自身知识技术能更快满足企业及市场需求。加之其他区域内企业—高校间已有密切技术合作关系，通过间接合作实现更多跨区域高校间知识互动，通过网络闭包的不断连通，最终实现跨区域企业—高校间的应用技术合作。

科研合作主要通过项目的形式进行，其中，纵向的国家课题等主要与国内别的企业、院所共同承担，横向项目则主要与在材料、冶金和化学具有优势学科的高校合作，包括北大、清华、东北大学、中南大学、厦门大学、昆明理工大学等。与企业合作分为国内外两块，与国内企业主要是围绕产业需求、国家科技项目进行合作研发，与国外企业（例如西门子、施耐德、大众等）的合作主要是基于成本优势为其供货。另外，我们也在上海设立了两个子公司进行商贸（贵研金属、铂贸）。

昆明××技术产业开发区××××贵金属公司部长×××　2017-11-15

本所从1962年至今，在很多领域累积了大量核心技术，所以不是说用某个单一核心技术和别人合作，由于云南的类似的企业、对我们有需求的上下游企业都极少，所以我们主要为本地的下游大企业供货，例如云内动力和云天化，为其提供汽车尾气排放的净化剂和相关部件。

昆明××技术产业开发区××××贵金属公司部长×××　2017-11-15

综上所述，不管最终增强跨区域企业间技术合作创新，还是增强跨区域高校—企业间技术应用转化，长江中西部城市群相对长三角城市群等具有技术或市场创新优势，技术能级相对较弱，但这并不阻碍跨区域知识和技术交流。中西部城市群跨区域知识交流及创新有其自身关系作用模式，通过高校相对开放的基础知识合作需求、知识转化需求建立起跨区域基础知识合作，带动区域间技术知识的流动及共享，最终实现跨区域企业之间及企业—高校间的技术创新。

第四节

本章小结

长三角城市群在知识网络中表现出应用技术指向型发展路径，通过对路径网络关系假设以及模型检验得出，该区域路径产生的关系作用情况是：基于区域内及跨区域高校—企业间技术合作，带动区域间的企业—高校基础研究合作。该关系基于长三角区域自身内部的应用技术合作需求，及区域技术引导作用。对长三角城市群的跨区域合作关系而言，与高校知识合作关系，一方面在跨区域的技术知识合作中起技术桥接及引领作用；另一方面，也在最终实现跨区域基础研究知识溢出中发挥基础知识桥接作用。

长江中西部城市群本身的知识网络路径与长三角城市群不同，因此其关系作用模式也有显著差异。由于这两个区域本身存在区域发展水平及创新目的、情境等多方面外部环境条件的差异，两者关系相互作用也有不同解释。首先，中部城市群本身在空间区位上的产业桥接地位，发挥着不能忽视的重要作用，但凭借自身技术优势直接实现大规模跨区域技术合作可能性，相对长三角等技术创新能级高的区域较弱。因此，中部城市群网络关系虽然也要基于高校—企业间知识合作，但高校合作相对企业而言更具开放性，且部分专业化高校基础知识能够满足跨区域的技术需求。中部城市群要实现跨区域企业间技术知识共享和溢出，可通过不断连通的区域间基础知识合作实现。同样，西部城市群产业跨区域知识合作、进行技术转化或市场应用需求高，但快速实现技术转化的水平及能力相对较低。因此，西部城市群企业虽然也积极进行技术及知识创新，但本身经济发展水平及创新情境还是有所制约，某些专业化水平较高的高校通过发挥自身优势，通过与其他区域，特别是水平较高技术创新区域的企业合作进行基础知识研究，建立跨区域的连通关系。通过不断密切的企业—高校基础研究知识关系带动实现跨区域的技术知识共享关系。

从网络关系演化视角，长三角城市群这样经济发展水平及创新能力强的区域，凭借突出的技术水平优势，可主动或被动带动本区域原本即为优势基础知识合作。使自身知识子网络间连通性更强、更复杂，而实现技术创新带动下跨区域基础研究知识溢出。中、西部城市群相对技术能级较弱，但并不阻碍实现跨区域知识、技术交流。通过高校相对开放的基础知识合作需求、知识转化需求建立起的跨区域基础知识合作，也会带动区域间技术知识流动及共享，最终实现跨区域企业之间及企业—高校间的技术创新。

第七章

国外知识创新经验与启示

以色列综合创新能力全球排名第三,科研机构水平排名第三,企业研发投入排名第七,企业与高校研发合作投入排名第七,科学家及工程师总量排名第十[①]。除美国外,以色列拥有全球数量最多的高新技术创业及国际软件巨头 R&D 中心。以高校为带动的技术转化中心及跨区域、多层次技术创新体系构建是以色列知识及技术创新的关键。美国作为全球创新中心,其知识创新及转化则得益于基于国家实验室的技术转移联盟构建。

本书以以色列高校 TTO、美国技术转移联盟产学研合作为案例,分析不同案例产学研合作历程、合作网络构建及技术转化成效等。尝试通过案例解析,总结并解释知识合作创新及技术成果转化过程中,如何更好地将产学研合作考核导向、政策覆盖面和政府角色转换等因素都纳入思考中,突破高校科技成果转化障碍,如何充分发挥高校等研究机构在基础知识创新作用等问题。

第一节

以色列:多层次网络构建与高校 TTO 带动

一、知识创新及技术转化成效

以色列西滨地中海、南临红海和埃及、东接约旦和沙特阿拉伯、北衔黎

[①] 张倩红,刘洪洁. 国家创新体系:以色列经验及其对中国的启示 [J]. 西亚非洲,2017 (3):28 – 49.

巴嫩和叙利亚。以色列经济发展依托领先的科技发展水平，农业、工业、电子业、通讯业、医疗工业、生物技术等产业皆为高技术水准，科技立国，科创企业和创业基金全球领先。以色列已形成具有自身创新特点的产业集聚区及高新技术园区，如包括贝尔谢巴、特拉维夫、耶路撒冷、海法为核心的产业集群以及27个不同的高新技术产业园区。集群的高新技术企业是以色列创新驱动型经济发展的重要动力，既包括本土高科技企业也包括与跨国企业共同的合作研发。技术创新及创业基金助推中小企业的孵化，支持力度根据企业及技术差异占比25%~85%。重点关注生物医药、信息技术及清洁技术领域，1991~2013年以色列已资助1900多家中小企业，1600多家孵化成功[1]。以色列政府还成立风投基金，用于160多家企业的投资，总金额接近3亿元。以色列自身企业创新过程中非常重视跨区域、跨行业的结合。例如，Aspinronics作为以色列生物医药及器械企业中的"领头羊"，通过工程师与医生实验室的合作研发，开发了信用卡尺吸药器，用飞机涡轮发动机技术替代了原有的注射技术。此外，通过将数学、基因学、计算机技术等多学科的交叉合作创新，实现了新技术的激进式创新飞跃。因此，在进行企业孵化和研发管制过程中，一方面，增强中小企业孵化模式的灵活性，提升其市场敏感度和反应度，实现技术的激进式创新；另一方面，管制中积极推进跨行业、跨区域的技术整合，即混搭式创新，进而能够对全球激进式创新进行有效的调整。以色列实现领先的技术开放式创新的重要原因不仅是具有众多的跨国企业，更重要的是具有众多跨国企业的R&D和创新中心。不仅集聚本土的科技企业还集聚了微软、IBM、英特尔等在内的全球200多家跨国企业在当地设立R&D中心。目前，以色列近45%科技人才都服务于跨国企业R&D中心。因此，推进跨区域、跨国合作网络建设，注重发挥高校TTO在技术创新及应用转化中的关键作用是其成功的关键。

二、多层次创新生态体系构建

"以色列2028"发展愿景的制定，促进了高新技术产业发展，对高校

---

[1] 钟广静. 以色列生物医药产业发展经验对广州的启示 [J]. 探求, 2016 (5): 11-15.

及科研机构经费支撑等方面进行规划,借助科技能力打造全球知识密集产业创新。通过构建多元化组织共同参与的创新生态系统为主要途径,该创新系统主要包括创新文化、创新体制、创新基础设施以及创新资源等方面内容(见图7-1)。创新文化依托以色列拼搏冒险的创业精神而建立,除直接作用于创新外,也影响区域创新体制建设及创新资源利用。创新文化氛围营造依托以色列犹太人对新事物敏锐判断与接受能力。犹太传统文化固有的求新精神塑造了犹太人的创新意识[①]。以色列扁平化的社会模式形成社会网络关系促成创新思维与前沿信息的传播、互换,这种特征深刻影响以色列的企业及组织机构建设。此外,以色列文化中具有鼓励尝试、宽容失败的社会文化特点,这种特有文化思维模式与网络关系是创新要素,文化氛围对以色列的创新生态系统构建等产生极大的影响和推动。

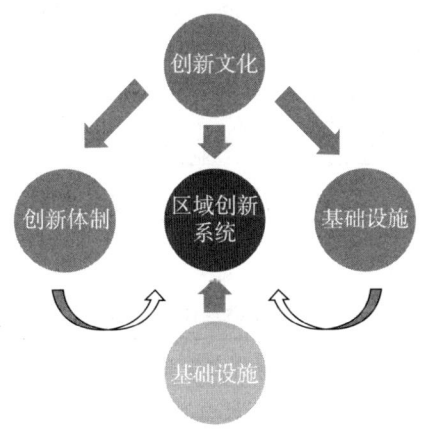

图7-1 以色列创新生态系统示意图

资料来源:《以色列发展报告》(2017)。

以色列创新系统主要组织包括首席科学家办公室、经济部国家研发委员会、国防部研发中心,各组织合作制定相应中小企业孵化计划,这些体制机制建设一方面直接作用于区域及国家创新;另一方面也推动区域内部政、产、学、研、金等跨组织层面的合作创新。如以色列体制建设中作用显著的企业孵化环节,孵化器为私企运作同时鼓励风投,首席科学家办公

---

① 潘雅. 继承和发扬根植于民族血液里的创新精神——访以色列教育部部长夏伊·皮隆[J]. 世界教育信息,2015(1):3-8.

室对孵化器资助。创业者进入孵化器，先由孵化器企业筛选，后由首席科学家办公室评审，每个项目可获约 50 万美元资金支持①。

创新资源是区域创新的基础，以色列具有优秀的人力资源，对国防军（如 8200 部队、塔楼计划、C41 司令部）、风投公司等组织进行整合②。在此基础上，以色列对创新基础设施等硬环境进行改善，包括对教育、科研机构、研发载体的优化升级。如从区域组织层面来看，以色列各区域建立地区研发中心，以国家研发中心带动区域内企业研发合作，高校承担社会科研工作，承担自然科学与技术领域约 30% 的研究。区域企业研发中心、外资企业研发机构和从事研发活动的技术创新企业、区域高校及研究机构共同构成以色列创新系统的活动主体。

以色列创新生态体系建设既不局限于单一领域，也不局限于单一区域，实现了跨区域、多组织的全民参与型创新生态体系构建。在创新系统建设中，以研发和技术应用于可持续和均衡经济增长为目标，应对全球化挑战、增强高科技产业优势地位、引导传统产业向知识密集型产业转化。以色列创新生态体系构建包括传统产业团队组织、生物技术团队组织、清洁技术团队组织、信息通信技术团队组织，也包括民间空间利用团队组织等（见表 7–1）。

表 7–1　以色列创新生态系统内含组织构成

组织门类	作用及问题	发展方向
生物技术	制订和执行生物科学政策计划，维持和巩固以色列生命科学领域优势地位	以首席科学家办公室为支撑，鼓励中小企业参与全球产业竞争、鼓励外资及产业投资
清洁技术	政府机构分散，缺乏项目开发及市场拓展资金	制定清洁产业发展政策、鼓励创新相关产业及相关基础设施建设、扩大资金投入
信息通讯技术	公司规模较小，资金投入不足	未来 5 年的产业发展计划，为专业工程学生提供 4500 万美元以上的资金支持，年财政预算增加 15%

---

① 杨波. 以色列科技创新发展的经验与启示 [J]. 上海经济，2015 (Z1)：49–53.
② 以色列发展报告 (2015) [M]. // 以色列发展报告 (2017) [M].

续表

组织门类	作用及问题	发展方向
传统产业	传统思维模式阻碍	传统产业创新、扩大产业出口规模
民间空间产业	政、产、学研等合作不足	增加产业预算、加强与 NASA 合作推动空间产业发展

资料来源：《以色列发展报告（2017）》。

三、高校 TTO 的关键推动作用

以色列是全球实现高校科研成果成功商业化最多的国家之一，其实现新技术转化的高校主要包括魏兹曼科学院、希伯来高校、特拉维夫高校、以色列理工学院等。高校实现科研成果转化的主要机构是 TTO（技术转移办公室）[1][2]。以色列 TTO 实现技术转化的模式、特点、过程根据自身的技术及研发基础而有所差异。TTO 是学术界/研究者和企业间的中介机构，负责评估新技术/产品的市场价值，保护知识产权并寻找潜在的投资者。TTO 通过建立相应的技术转移公司推动高校技术转化[3]，其运行模式和成功经验值得借鉴（见表 7-2）。

表 7-2　以色列代表高校 TTO 及其发展的优势成就

高校名称	TTO 名称	优势及成就
魏兹曼科学院	YEDA	交叉学科优势突出；技术许可收入世界前 3；已衍生 50 多家公司；年销售过 100 亿美元
希伯来大学	YISSUM	医药、纳米科技等领域优势；拥有 400 多项新技术；建立 74 家公司；年度销售过 20 亿美元

---

[1] 马腾. 启迪创新：以色列的成功经验 [J]. 行政管理改革，2016（9）：7-11.
[2] Hidalgo A, Albors J. University-industry technology transfer models: an empirical analysis [J]. International Journal of Innovation and Learning, 2011, 9 (2): 204.
[3] Meseri O, Maital S. A Survey Analysis of University-Technology Transfer in Israel: Evaluation of Projects and Determinants of Success [J]. The Journal of Technology Transfer, 2001, 26 (1-2): 115-126.

续表

高校名称	TTO 名称	优势及成就
特拉维夫大学	RAMOT	纳米工程和生物领域优势；拥有 650 多项专利，创建 65 家公司
以色列理工学院	T3	电子工程、医学、化学、计算机优势突出；3 位诺贝尔奖获得者；以色列纳斯达克上市公司 50% 以上为此学院创建；Intel 芯片产地

以色列理工学院 TTO 实现技术转化过程中更以知识产权和合同法为基础，构建全球行业标准及灵活的创新合作伙伴关系，通过知识产权保护和开展全球孵化专项项目实现全球新技术转化。特拉维夫大学 TTO 通过全球网络合作，建立有效的服务平台引进先进设施和设备、国际知名研究员等，通过"一站式"服务及市场需求量身定制等实现新技术、产品的转化及新企业的建立。希伯来大学 TTO 致力于建立前沿学术研究与企业家、投资者和行业组织的全球社区间的桥梁，其注重创新思维的构建过程，通过创建和支持创新活动实现企业定向研究，充分利用政府研究基金、大学内外的教育和培训活动实现创新转化。魏兹曼科学院 TTO 则更专注自然科学领域技术的转化，多通过签订协议的形式评估具有商业潜力的研究项目，通过产权保护和商业关系建立，并以此为基础打通资金渠道。

（一）注重专利转化的以色列理工学院 TTO

2015 年，以色列理工学院 TTO 经美国国家发明学会认证的专利数量全球排名 31 位，成功转化新产品包括 USB 闪存、Ziv-Lempel 数据压缩算法、用于治疗早期帕金森症的 Azilect、癌症呼气测试和截瘫患者的 ReWalk 外骨骼。据美国专利商标局数据统计，以色列理工学院 TTO 在 2017 年获批 56 项专利，在全球排名前 100 位美国注册专利大学名单中，2016～2017 年其在《泰晤士报》排名由第 53 位跃升到第 39 位，远领先于耶鲁大学、东京大学、卡内基梅隆大学、佐治亚理工学院和法国科学院等全球顶尖大学。

学院 T3 团队将科技发展与商业发展结合，以知识产权和合同法为基础，通过全球企业及组织间网络的构建，学院 TTO 对行业的工业技术进行分析和协作，协同创新实现了问题解决方案的可持续性和成效性。其采用动态灵活的商业化运作模式，根据实时需求和长期目标定制交易结构，克服"一刀切"的弊端。其主要运作途径包括：保护知识产权、促进政府研发计划拨款、种子资金、与行业企业进行相关知识产权和业务的谈判、在以色列理工学院开发许可技术、成立基于以色列理工学院 TTO 的衍生公司、加速支撑以色列理工学院 TTO 衍生公司的发展、对以色列理工学院 TTO 附属公司支持和投资。具体来看，在孵化器和种子投资框架内将基于 Technion IP 的创业公司纳入其中，通过专用项目开发基础设施支持相关技术创新，如 AMIT 的 Alfred Mann 研究所致力于生物医学技术创新，Technion Driver 加速器会为非生命科学创新提供相应服务。凭借自身的创业文化，已成为全球创新网络核心，拥有众多跨国的科研合作伙伴，其中包括纽约 Technion 康奈尔创新研究所（TCII）和 Technion 广东创新研究院（TGIT）。

（二）强调全球合作网络构建的特拉维夫大学 TTO

特拉维夫大学 Ramot 作为重要的技术创新服务平台，基于大学研究产生新技术通常处于发展早期阶段，具有良好商业潜力的新研究成果通常很难脱离实验室。为弥合这一创新难题，其通过各种渠道对有前途的创新进行投资，如建立有效的平台服务：通过引进先进设施和设备、国际知名技术研究员、"一站式"服务及根据市场需求量身定制等实现创新技术转化服务[①]。

Ramot 以颠覆性发明和现有技术更新为行业资源目标，涵盖技术领域包括制定针对性药物输送新策略、纳米材料探测和操纵免疫系统、细胞周期调节因子在炎症性肠病和血癌中的作用、新型癌症多药耐药性抑制剂等。Ramot 监督发明和专利保护阶段到商业实体的许可过程，如监督从 TAU 实验室向制造装配转移新科技的过程。TTO 的主要特点是构建工业和技术研究人员间的桥梁，具有高效对接能力，一方面为业务合作伙伴提供创造性问题解决方案，也鼓励研究人员拓宽科研视野。将尖端科技创新与商业市场联系，多数以色列行业研发中心和风险投资部门都与其建立合作伙伴关系。

从全球创新合作关系构建角度，1999 年以来就已有 130 多家分拆公司与 Ramot 合作。通过价值增强计划为转化研究提供 4000 多万美元的资金支持，

---

① 吕伊雯，刘明珍. 教育交流与科研合作促进高校创新发展——访以色列特拉维夫大学校长约瑟夫·克拉夫特［J］. 世界教育信息，2017（2）：3-5.

帮助研发人员推进技术创新。2018 年，特拉维夫大学 TTO 已通过合作建立 65 家初创公司，合作形式包括赞助研究、对特定技术联合研究、将领先技术与合作伙伴能力相结合、利用流动基金进行联合项目合作。至今，其每年注册专利达 70 多项，约有 300 项专利成功实现商业化（见图 7-2）。

图 7-2 特拉维夫大学 TTO 新企业

资料来源：特拉维夫大学 TTO 官网，https://english.tau.ac.il/ramot_en.

（三）培养全球前沿学术思维与企业家精神的希伯来大学 TTO

希伯来大学 Yissum 核心价值观是致力于建立全球最前沿学术研究与企业家精神，投资者和行业组织的全球社区间的桥梁。在创新、协作和运营方面的专业知识支持创新的转型、转化的商业化。其 TTO 特色是强调新颖的创新理念，主要运作方式是将研究和技术变为转化创新的过程。为开发和简化这一过程，TTO 提供相应技术平台支撑，如构思车辆/加速器的平台（HUGrow，EDGES，BetteRx），一方面支持早期应用研究，同时为创业学生和教师提供指导和实践培训。另一方面重视引导式的创新思维，以解决行业技术差距，与行业合作伙伴进行沟通交流。通过协助申请政府资金开发激进式创新。

价值创造是跨区域多组织合作的过程，希伯来大学 TTO 旨在确保科研人员、行业和社区受益于将研究成果转化为市场产品和服务。该过程为研究人员提供合作机会。社区有指导创业培训的机会，投资者通过创新解决方案可成为有影响力和盈利性的企业。至今，希伯来大学 TTO 已在生物医药、纳米科技等领域具有研究优势，拥有 400 多项创新技术，共建立 74 家科研公司，年销售额超过 20 亿美元。

(四)专注自然科学领域技术转化的魏兹曼科学院 TTO

魏兹曼科学院 1959 年已在技术转移方面成立 YEDA 技术转移公司[①]。通过魏茨曼研究所签订协议,扶持高校研究人员实现知识产权商业化。魏兹曼学院 TTO 进行技术转移涵盖了广泛的自然科学研究领域,如生物技术、制药和诊断学、生物信息学、生物科学与系统生物学、医疗器械、可再生能源、生物燃料、清洁技术和环境科学、农业和植物遗传学、化学与纳米技术、物理学与电光学等。技术转化的实现途径包括:第一,识别、评估具有商业潜力的研究项目;第二,保护研究所及其科学家的知识产权;第三,建立商业关系,将研究所的技术行业授权;第四,打通从工业到研究的资金渠道等(见图 7-3)。

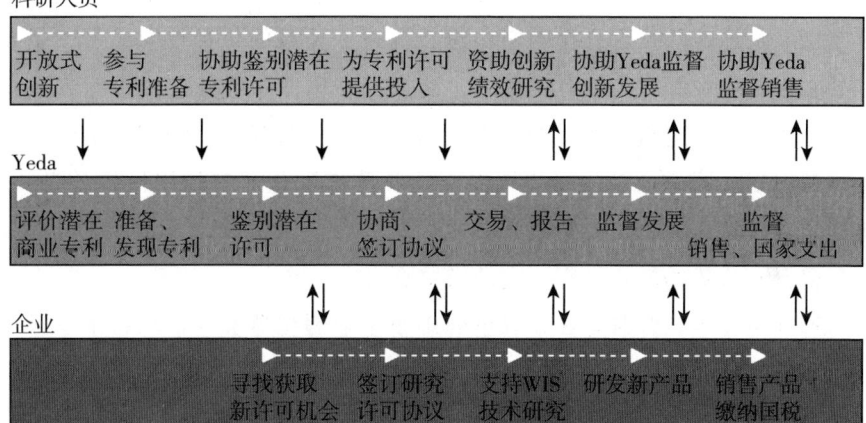

图 7-3 魏兹曼科学院技术转移过程

资料来源:根据以色列魏兹曼科学院官网资料整理。

2011 年,魏兹曼科学院 TTO 已推介 2500 项新技术,其中,65 项授权许可,70 个研发项目通过 YEDA 技术转移公司获资助[②]。至 2018 年签署 80 多项新许可和期权协议;资助研究项目超过 90 项,科研人员提交了超过 260 项专利申请;向相关的研究企业等提供超过 270 份研究信息并向其

[①] 孔祥浩. 以色列技术转移机制和模式研究的作用 [J]. 价值工程,2013 (12):5-7.
[②] 王世春. 浅析以色列大学技术转移模式 [J]. 江苏科技信息,2015 (10):1-3.

他公司介绍研发成果多达 4500 多次。

高校及研究机构管制方面，以色列更关注创新创业教育，以色列的创新特征与地方文化融合密不可分。移民文化一方面为其注入大量高素质的技术创新人才，另一方面推动其创新活动的快速顺利开展。此外，通过创新培训课程开展、创业课程教育以及专业化高新技术人才引进等途径，不断满足以色列对创新创业人才的新需求。如 Star Tau 研究中心设在特拉维夫大学内，作为以色列最大的创新中心，通过论坛、研讨会、师资引入等多种途径实现专业化的创新及研发课程培训①。此外，通过社会组织与高校之间建立的合作网络关系，实现新技术成果的应用转化，这种组织间的合作关系并不局限于以色列国内，也包括跨区域、跨国的组织间多元化网络合作关系。例如，以色列国内的合作综合中心，通过跨国、跨区域技术合作活动、赛事、会议等实现新技术知识的交流，以色列实现了跨全球 30 多个国家和地区的技术合作网络构建，构建了全球的包括技术人员、企业家及金融投资者等在内的合作网络。高校创新创业中心及其内设组织机构极大地提升了研究组织的创新能力，同时促进了跨区域、跨国界组织合作创新的实现。因此，以色列高校创业中心等扁平化研究组织机构的设置，推动了高校和研究机构创新成果转化，培养大批创新创业人才，对上海高校科研创新成果的转化具有一定的借鉴意义。

产业孵化组织管制方面，以色列中小企业孵化器关注信息技术、医药器械、清洁能源、生物医药、新材料和装备等行业领域，为中小企业提供技术、资金、市场关系等服务，行业支持比例分别为 35%、30%、20%、15%、5%②。个人企业或跨国企业也设有孵化器或加速器近 20 多个。以色列产业孵化组织机构具有独特的运作管理机制，跨国公司或本国企业通过投标运营，可获 8 年运营周期。中小企业孵化器私有化后，转由有经验的专业投资机构支持，为企业提供技术、市场、融资服务。以色列的创新孵化企业及组织构建增强了初创企业的灵活性及自主性，提升了中小企业

---

① 代以平，王志强. 以色列高校创新创业机构的运行及功能——以特拉维夫大学 Star TAU 创业中心为例 [J]. 世界教育信息, 2018 (8): 40-44.

② 崔玉亭，李鸿炜. 以色列创新创业生态系统分析与中以合作模式探索 [J]. 全球科技经济瞭望, 2017 (Z1).

的创新能力。

知识经济时代，知识获取和应用能力的提升将成为竞争能力高低的关键。企业、高校等组织通过不断学习，拓展与外界信息交流的深度和广度才能提升本组织创新，对知识产权特别是高技术产业知识产权的合理保护才能创造更加有序的创新氛围和创新环境，形成组织良好的学习气氛，保证终身学习的可持续发展。1966~2016年，以色列共有12人共获9项诺贝尔奖，4项化学奖、2项经济学奖、2项和平奖和1项文学奖[①]。以色列技术创新成果持续增多，涉及计算机软件、电子通信、现代农业、纳米材料、医疗技术、军工技术等多领域，包括如胶囊内腔成像技术、通用串行总线闪存驱动器、激光键盘、计算机微处理器、网络电话、乌兹冲锋枪等高新技术。以色列对知识产权的保护涉及科研领域广，不仅包括对专利等应用知识研究的保护还包括对高校及研究机构等组织的基础知识保护，推动了创新知识及知识学习过程的持续性发展（见表7-3和表7-4）。

表7-3　　　　2012~2015年创新组织创新数量　　　　单位：项

组织类型	2012年	2013年	2014年	2015年
高校	528	491	566	517
科研机构	39	69	146	316
医院	156	155	144	176

资料来源：《以色列发展报告（2017）》。

表7-4　　2012~2016年以色列创新与知识专利认证指标变化趋势

数量（按10亿购买力平价美元国内生产总值计算）	2012年	2013年	2014年	2015年	2016年
科技论文	30	46	42	46	45
引文指数（篇）	—	393	414	456	496
PCT框架专利申请量	6.2	5.6	5.3	5.9	6
高端技术生产比例（%）	—	57	32	30	29

资料来源：2012~2016年"全球创新指数"（The Global Innovation Index）。

---

① 张倩红，刘洪洁. 国家创新体系：以色列经验及其对中国的启示 [J]. 西亚非洲，2017（3）：30-51.

以色列是全球将高校科研成果成功商业化最多的国家之一，其运行模式和成功经验值得借鉴。高校技术转移是将高校技术产品化、商业化、产业化，最终实现市场价值的过程。总结以色列成功经验，在推进创新技术转化过程中，需要将企业与高校的作用相结合，充分发挥高校技术转化平台的关键作用。实现高校转化平台的多元化，使其满足市场需求、市场大小及专利、研发成功可能性、创新水平及概念成熟度等。从技术转化平台的管制及运行模式来看，可设立职责分工明确的组织管理机构，如专利委员会、商业发展部、法律部及财务部等部门，分别负责专利申请及保护、技术推广及转移、技术转移协议签订、管理技术转移预算及收益等。对新技术从实验室研发到转化及市场化的整个过程严格把控，以便通过实验室研发、市场设计及技术评估、市场及商业开发、签订服务协议等环节。

更重要的是，不仅在某一区域内或国内推进技术应用转化，可进一步将转化过程延伸至全球范围，形成完整复杂的跨组织层次、跨区域网络合作机制。通过政府下设研发中心，对工业领域新技术新产品的研发管理实现合作。跨组织层次的合作不仅局限于某区域内部，而应在不同区域设置研发中心，涉及领域可包括教育、环境及产业发展等多方面。企业则可以通过建立多元技术研发及创新中心，构成创新系统的活动主体；高校通过跨区域、跨组织层次的合作，承担社会和自然科学领域的部分研究工作，通过依托高校的技术转移公司构建，实现实验室新技术及新产品的商业及市场化进程。

因此，在进行企业支持中可通过种子基金与政府引导风投基金，为初创技术企业提供金融服务与管理帮助。随着全球科创中心建设步伐加快，需要在科技金融领域实践创新。推进创新系统建设及技术创新管制过程中，在构建完善的创新生态系统基础上，需要进一步保证知识创造和学习的终身性，通过组织机构扁平化增强创新组织机构的灵活性及自主性，鼓励企业增强创新创业并为中小企业成功孵化提供更好的平台及支持；在增加创新产出及创新绩效的同时通过建立更广泛的知识保护体系，营造良好的知识创新保护环境，实现知识创新的可持续发展。

第二节 美国：技术转移联盟加快技术成果转化

一、技术转化联盟构建过程

美国国家实验室是重要的技术联盟（FLC），以实现产业领域特别是高新技术产业领域的新知识、新技术转化为主要目标。至今，美国340多家国家实验室都将FLC作为主要的知识及技术成果转化平台。FLC实验室平台转化的有效专利至2014年已达20822项，年新增专利近1万项。FLC实验室平台对美国新知识及技术成果的转化促进了美国技术及经济的发展，其发展主要可划分为初创阶段、快速发展阶段和腾飞发展阶段（见图7-4）。

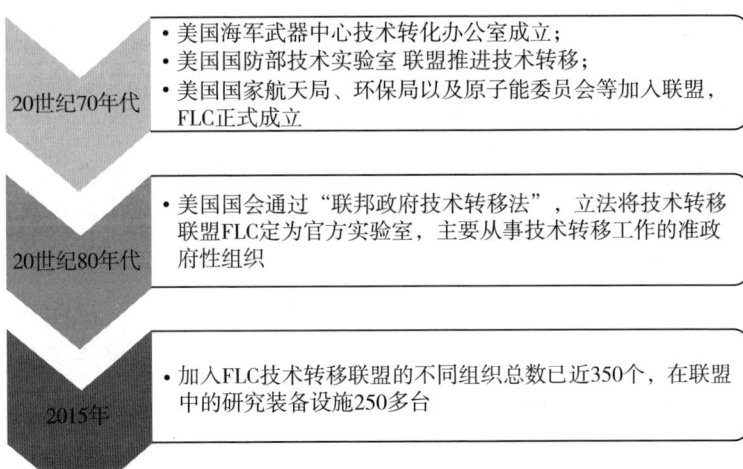

图7-4 美国FLC发展阶段

FLC初创期（20世纪70年代），建立的目的是满足自身国家的海军军备竞赛需求，美国国防部实验室建立专门从事军备技术研发及应用转化，美国航空航天局及其他相关实验室的加入使FLC联盟正式成立；FLC的快速发展期（1986年至21世纪初），FLC获得了美国国会及各地政府的大力支持，将其从国家层面定义为负责国家技术转移工作的政府性联盟组织，该联盟组织中的每个国家实验室都可获得国家政府 0.008% 的财政预算，且资金专门用于 FLC 的知识及技术转化工作。腾飞发展期（2000 年至今），FLC 进入全面成熟稳定发展的时期，2015 年，技术转化联盟成员数达 343 家，产学研合作紧密，企业、高校研究机构以及政府组织通过对新技术授权、合作研发以及应用示范等途径实现新知识技术的快速转化。据 FLC 财经年报统计，2015 年通过技术联盟为提供的技术转化相关对接服务近 3 万次，其中，组织机构技术信息 9485 次，可用技术信息多达 17680 次。

二、技术成果转化政策举措

从 FLC 的组织机构和运作模式来看，为更好地协调联盟内部组织成员（约 343 家），FLC 以执行委员会为一级领导组织，建立了层级分明的组织管理机制。首先，联盟的所有 300 多家组织机构共同构成 FLC 的成员，其职责包括实时更新 FLC 商业平台的技术数据及实验室情况、上报组织知识技术转移的成功案例等；联盟 300 多家组织按所在区域分属于六大区域组织，主要包括远西区、中西区、中部大陆、东北、东南区以及中大西洋区，每个区域内设有自己的技术协调人员，负责根据自身区域技术发展水平制订技术转移策略，实现新知识技术转移的因地制宜和差异化发展；六大区域之上是 FLC 执行委员会，统管所有区域的知识技术转化，制订国家整体技术转化战略，包括发展方向、目标等。委员会成员也来自政、产、学、研等不同领域，同时设立专门的咨询委员会为战略发展提供决策咨询意见，保证了 FLC 整体技术转化策略的全面及合理性（见图 7-5）。

FLC 发展核心目标集中于指导和促进技术成果的顺利转化及应用，其承担了美国高校实验室与企业之间技术供需之间的有效平台，更快地将美国国家资助或需要的新知识、技术成果市场化。FLC 通过发挥自身联盟优势，通过组织间跨区域多途径合作实现新知识技术应用及转化。

首先，FLC 实现了实验室新技术成果的显性化管理及展示，通过网络信息平台打造，实现新科技成果在全社会领域的快速信息获取及快捷响

图 7-5　FLC 组织结构

应，实现了新知识及新技术在产业及市场领域的快速扩散。自 2012 年的技术搜索平台，联盟组织成员提供在线搜索特定类型知识技术的快捷通道；FLC 综合数据库可供组织间进行研究项目名录、研究方案设计以及公共设施等信息的查询和合作平台；至 2016 年联盟平台通过组织间网络交互，为联盟成员提供标准化的知识技术转移模板，并为技术转化提供成功的案例等。在管理显性化的基础上，FLC 为国家技术转移政策制定及法律变更提供有效依据。其与国家政府及各地方政府其他联盟组织都建立密切的联系和合作，通过不同类型组织间技术转移政策的协商，对相关的法律进行调整和确立。

其次，FLC 的主要发挥联盟内部技术和信息流动的中介作用。联盟内政府、研究机构以及企业、风投等各类组织通过向 FLC 提出援助申请获得所需的服务或寻找有效的合作伙伴。当下的 FLC 已转向互联网线上服务体系，通过互联网社区构建，打造线上、线下一体化的服务机制，搭建了组织间合作的桥梁。2016 年，联盟成员递交的合作技术转移案例多达 200 多个，FLC 通过学术研究刊物、社会网络新媒体平台等渠道公开部分研究成果及案例，实现了新知识技术的更广泛溢出和扩散。

最后，FLC 不仅自身承担转化中介及转化管理的职责，还对其他社会组织进行中介机构职能的培养，通过对社会中介组织的培训及培养，提升整体技术转移实验室额专业化水平。FLC 已在美国为全国 300 多家组织机构提供专业的人才培训、技术培训、方案设计以及网络应用培训等，同时通过与教育组织的合作培养专业的技术转移人才，并帮助实现人才专业化输出，至 2015 年经过 FLC 专业培训的技术中介人员已近 200 人，同时对不同领域、不同级别技术转移成果卓著人才的奖励构建一定的激励机制。

第三节

本章小结

高校技术转移是将高校技术产品化、商业化、产业化，最终实现市场价值的过程。总结已有案例成功经验，在推进创新技术转化过程中，需要进一步将企业与高校的作用相结合，充分发挥高校技术转化平台的关键作用。实现高校转化平台的多元化，使其满足市场需求、专利、研发成功可能性、创新水平及概念成熟度等。从技术转化平台的管制及运行模式来看，可设立职责分工明确的组织管理机构，如专利委员会、商业发展部、法律部及财务部等部门，分别负责专利申请及保护、技术推广及转移、技术转移协议签订、管理技术转移预算及收益等。新技术从实验室研发到转化及市场化的整个过程严格把控，通过实验室研发、市场设计及技术评估、市场及商业开发、签订服务协议等环节。更重要的是，技术转化不仅在某一区域内或国内推进技术应用转化，可进一步将转化过程延伸至全球范围，形成完整复杂的跨组织层次、跨区域网络合作机制。通过政府下设研发中心，对工业领域新技术新产品的研发管理实现合作。跨组织层次的合作不仅局限于某区域内部，而应在不同区域设置研发中心，涉及领域可包括教育、环境及产业发展等多方面。企业则可以通过建立多元技术研发及创新中心，构成创新系统的活动主体；高校通过跨区域、跨组织层次的合作，承担社会和自然科学领域的部分研究工作，通过依托高校的技术转移公司构建，实现实验室新技术及新产品的商业及市场化进程。

高校科研人员是创新主力，健全人才激励机制，注重科技人员发展，创造实现个人价值目标的发展空间，实现人性化管理。区别对待不同类型的技术人才，对科技人员的技术特长、能力、需求进行分析。通过新产品利润提成、新产品销售收入提成、科技成果入股等多种激励方式，加大对在技术开发、经营管理、市场开拓及成果转化中起关键作用、有突出贡献者的激励力度，充分激发和调动科研人员主观能动性也是高校及科研机构成功实现成果转化的内部动因。总结来看，在推进技术创新转化过程中，需要进一步保证知识创造和学习的终身性，鼓励企业增强与创新创业平台，特别是依托专业化技术类高校的合作平台，在增加创新产出及创新绩效的同时，通过建立更广泛的知识保护体系，营造良好的知识创新保护环境，实现知识创新的可持续发展。

第八章

推进跨区域知识创新及转化的路径

经济地理学研究已由原有的静态空间转向对"流空间"的研究，原有单一区位空间研究主要关注经济活动空间区位及其形成原因，"流空间"是由组织机构，如企业或高校、政府、研究院所、中介机构等组成的综合型网络，通过复杂的网络关系、知识及技术能实现组织内、外及不同维度空间载体间的传播。"流空间"中组织关系的连通性已超越地理空间距离对知识及技术流动所产生的作用。网络连通性并非一定要建立组织间的强联系，不同网络参与主体间及它们相互凝聚组成的组元间，形成的弱联系及完备关系结构，甚至比直接的强联系更能桥接新知识及技术。桥接作用不仅表现在网络空间本身，也会对不同地理空间产生桥接作用。强调桥接关系发挥的作用不仅发生于某地理空间单元内，也作用于跨空间单元的不同区域。对流空间的讨论不是静止的，因此，在关注知识及技术在网络空间中流动的过程问题时，不可避免地需要讨论流动的关系空间随时间演化的问题。现有网络演化研究已逐渐从对网络节点的结构演化，向对产业及技术网络整体轨迹的研究；从对单个网络的研究，向多层次结合的复杂网络研究转向。因此，结合对流动空间关系及其演化方面的研究，已有研究多强调构建跨区域、跨国界的全球生产网络和全球创新网络。该研究方向强调整合区域间的基于技术或产业链的合作，而如何基于网络关系连通性及其演化的理论基础，讨论区域内及跨区域网络关系到底如何发挥网络和空间桥接作用的过程和机理问题仍需进一步讨论。

第一节

发挥高校在区域知识创新及转化的桥梁作用

经济地理学对高校在知识创新网络中作用的论断,多集中于强调高校的开放性知识溢出作用,特别是在区域内部的基础理论研究领域。虽然自21世纪以来,学者的研究已突破原有认知,提出在区域创新系统中,与高校的合作可以获得本区域内难以获取的知识。但尚少有研究,从跨区域知识流动及网络创新视角对高校关系在网络中的作用进行梳理论证。

思考在知识创新和转化过程中组织关系如何发挥作用。已有研究一方面基于企业间创新关系提出,在创新过程中企业通过复杂的互动关系与区域外的网络参与者合作创新(Roper,2008)[1],而近来高校作为越来越重要的创新主体参与知识的获取、吸收及转化过程,而其知识开放性被认为更有益于区域或集群内知识溢出及共享,即更多的在本地知识蜂鸣中发挥作用(Owen-Smith,2004)[2]。另外,已有基于产学合作关系的研究指出企业—高校合作的流动仍受地理空间所限(Huggins,2008)[3],也提出拥有更多跨地理空间区域的产—学合作关系能更好地有益于区域经济发展及创新绩效提升(Huggins,2016)[4]。

基于企业关系的知识网络中企业在跨区域知识流动及共享中发挥了重要的作用。在强调高校知识创新重要性的基础上,观察基于高校合作的产—学关系,可见高校在本地知识蜂鸣中发挥溢出作用,同时基于该类关系的跨区域合作对区域经济发展具有重要作用。已有的研究展望也曾提出,如果能将所有关系类型叠加,刻画更完整的知识网络,不仅企业与高

---

[1] Roper S, Du J, Love J H. Modelling the innovation value chain [J]. Research policy, 2008, 37 (6): 961-977.

[2] Owen-Smith J, Powell W W. Knowledge networks as channels and conduits: The effects of spillovers in the Boston biotechnology community [J]. Organization science, 2004, 15 (1): 5-21.

[3] Huggins R, Johnston A, Steffenson R. Universities, knowledge networks and regional policy [J]. Cambridge Journal of Regions, Economy and Society, 2008, 1 (2): 321-340.

[4] Huggins R, Izushi H, Prokop D. Networks, Space and Organizational Performance: A Study of the Determinants of Industrial Research Income Generation by Universities [J]. Regional Studies, 2016, 50 (12): 2055-2068.

校间的网络中心性会发生变化，整体网络的作用过程也会表现不同（Huggins，2016）。笔者尝试刻画较为完整的知识网络，并结合知识创新的不同类型，争论高校在知识流动中的作用不仅表现为本地的蜂鸣，更在于构建跨区域的桥接方面。针对装备工业的产业特性，进一步提出发挥跨区域知识桥接的高校并非所有高校类别的综合，而更专注于工业技术类高校。

在装备工业知识网络中，与高校之间建立的合作关系不仅是传统意义上发挥理论知识创新的作用。因为当今参与到知识创新活动中的高校，一方面会进行自然科学理论领域的创新，另一方面也成为日益被企业需要的技术创新合作伙伴，并参与到技术研究及商业成果保护活动中。长江经济带装备工业基础知识网络自1989~2013年整体分别呈现其变化呈现：单一合作网络——三方组网络——星型扩散网络——双组元桥接网络的变化轨迹；应用技术网络关系更加复杂连通性更强，整体呈完备三方组及星型网络——闭包桥接网络——多组元连通复杂网络的变化轨迹。不难看出，不论从网络凝聚扩散还是网络整体变化，两个子网络的关系变化存在一定差异，因为这是两项性质不同的知识创造活动。在分别分析两个网络的关系连通和跨区域桥接关系后，网络中与工业技术类高校的关系并不仅发挥传统意义上的理论创新作用，其在知识创新合作活动中发挥连通作用。更重要的是，这种作用不仅在区域内部发挥作用，与其建立的合作关系更多地实现了跨区域的知识桥接。

在基础知识网络中，高校间合作关系及企业—高校间的合作关系同时存在，其中跨区域关系都在50%以上，分别占三种关系的65%、66%和65%。企业与基础研究型知识的关系本身较少，但高校或研究机构可以作为知识的共同创造者参与到知识创新过程中，进一步证明高校在网络中的媒介作用；而在技术知识网络的跨区域关系中，企业—高校关系及高校间关系分别占43%和56%，20%的高校处于整个网络割点位置，只有6%的企业处于这种位置。这也证明与高校或研究机构建立的关系在基础研究及技术应用创新中是沟通不同网络云集团的桥梁。

从中国装备工业独特性来看，与发达国家企业跨区域知识桥接的显著差异在于：与工业技术类高校建立的网络关系对跨区域知识流动起积极的桥接作用。其中，起跨区域知识桥接作用的关系多为工业技术类高校间的基础知识合作、工业技术类高校与规模较大的央企、国企间的技术知识合作/基础知识合作为主。这也与国家加大基础知识研究投入、鼓励产学研协同发展的创新发展需求相一致。因此，立足中国装备工业的产业独特性，笔者提出通过网络连通实现跨区域知识创新的区域发展路径，特别强调提升高校的跨区域、跨组织的网络连通作用的重要性，对推动组织网络知识创新的相关研究具有推动作用。

第二节

推进"核心—边缘"区域差异化知识网络治理

已有研究通常立足于经济发达区域讨论欠发达区域的创新路径，但却忽视了欠发达区域本身的网络关系及区域情境所导向的发展特征，近年来的研究从组织内部关系角度讨论经济差异化区域的创新问题。笔者虽强调网络连通在跨区域知识创造及流动中的重要性，但也强调不同区域自身情境差异的差异性及独特性，认为在不断增强的连通网络中，欠发达地区与发达地区由于区域情境差异，其在网络中的网络创新优化路径不同。

合作申请专利及合作发表论文分属于两种不同的创新活动及知识类型。在两种知识子网络中，工科类高校或专业技术水平高的研究机构成为桥接跨区域网络的桥梁，且网络整体连通性极大增强。思考通过高校进行跨区域桥接的知识网络，是否都是为了实现知识应用转化？基于地理学研究，提出不同地理情境随时间在网络中实现路径变化差异。在整体连通的知识网络中，发达区域与欠发达区域各自呈现不同的发展路径，长三角及长江中西部区域遵循了相反的网络合作路径。该路径判定有助于认知跨区域网络"核心—边缘"创新问题，特别为边缘区域创新提供了可靠的证据。在网络路径判定的基础上，进一步讨论同样网络连通性增强，高校关系桥接的作用下路径差异的网络关系作用机理。从更深层的网络关系视角对区域发展路径的解释，对区域认清自身的知识创新需求及实现跨区域合作创新途径有更好的帮助，也有助于不同区域间技术及知识的跨区域流动及协同的实现。

长三角区域新知识的基础研究转化问题并不凸显，反之，市场需求及企业新技术需求是区域知识网络发展的重要动力，在整个路径发展中起导向作用。虽然高校或研究机构在网络中占据重要的网络位置，但从关系变化趋势来看，更多起网络组织间桥接作用。与企业知识合作关系，在长三角区域知识网络中通过高校桥接，发挥了越来越重要的作用。与公共研究机构建立的桥接关系，本质上为满足企业技术或市场需求，而并非实现基础研究知识的应用转化。与之相反，长江中西部城市主要为在基础研究合作关系驱动下、自上而下的基础知识应用指向型路径。两个城市群装备工业知识网络与高校合作关系，仍发挥越来越重要的作用。与高校关系主要起知识转化桥接作用，目的是为实现创新基础知识的应用转化及市场化过程，通过基础研究是指的应用及市场化实现对产业经济的带动作用。

从网络关系变化视角研究"核心—边缘"区域路径差异的原因，长三角具有高水平经济发展及创新能力的区域，凭借技术优势可实现本区域原本具有优势的基础知识合作，实现自身知识子网络间连通性复杂，并促进区域内部及跨区域知识的良性创新溢出。但这不代表区域优势相对较弱的区域就只能处于知识技术创新的劣势，也不代表只通过提升自身的创新环境谋求创新知识或技术追赶，由于像长江中西部城市群这样的区域具有自身区域发展的知识创新情境及条件，因此发展路径与长三角城市群相反，也就需要建立知识合作关系作用模式必然有差异，当尚不具备能直接实现大量跨区域技术导向型合作时，一方面通过改善自身创新环境增强技术提升的可能性，在技术追赶的同时更重要的是明晰自身区域优势及路径，通过高校相对开放式的基础知识合作需求及知识转化需求建立起的跨区域基础知识合作也会带动区域间技术知识的流动及共享，最终实现跨区域企业之间及企业—高校间的技术创新。

第三节

跨区域知识网络构建及演化研究展望

首先，重新认知与高校关系在知识及技术创新中的作用。在进行创新合作关系构建过程中，需要将高校重要作用纳入战略或政策制定的考虑中，特别针对某些地区技术型或专业化水平较高的高校或研究机构。高校不仅发挥传统意义上理论知识的溢出及传播作用，与高校的合作也不仅是原有的获取溢出知识及共享知识交流氛围的作用。一方面可获取知识或技术知识，另一方面也通过网络关系的拓展获取更多合作关系。通过与高校的关系建立区域内的组织机构可以共享开放的知识创新，更重要的是通过高校类组织关系可实现跨区域知识关系的桥接。因此，在区域知识创新政策或战略的制定过程中，亟待纳入对高校跨区域桥接关系的深入思考，从而实现更广泛的知识跨区域流动和跨区域合作创新，通过高连通性的跨区域桥接网络关系的构建，助推区域间协同发展的实现。其次，合理构建符合自身区域条件的知识创新策略。研究结果强调，在制订区域创新发展战略时，必须明晰本区域自身所处阶段及类型的必要发展路径。区域创新发展路径并非完全相似也并非无迹可寻，特别对传统意义上被认为需要克服创新不足的欠发达区域，其发展路径与发达创新核心区并不相同，该类区域合作创新路径甚至与核心发达区域反向。因此，区域创新策略需要明晰本区域当前的创新合作路径阶段，并根据自身所处阶段的合作创新需求进行有侧重点的战略推进。进而对是否构建合作关系、构建何种区域内部或跨区域关系，构建何种知识合作关系，有助于本区域的知识创新等问题进行更明确的定位。最后，引导企业参与符合发展需求的知识网络关系建设。企业无疑是重要的创新主体，而企业进行技术及知识创新的最终目的是更好地实现市场价值。位于不同区域的企业由于区域创新情境差异能实现的网络关系类型及知识创新类型有所差别，为更好地实现企业创新政策制定首要的是明晰自身所在创新情境下的创新关系及自身与其他区域的企业关系如何相互作用，通过什么相互作用及后续作用如何实现最终的协作创新。如支持相对欠发达区域的企业与发达区域高校构建跨区域校—企专业型基础研究合作，通过跨区域的基础知识合作为桥梁不断增强跨区域网络连通性，或许比一味的技术追赶陷入技术合作劣势关系位置能获得更好的创新效果，发挥自身路径又使关系最终促成企业完善的跨区域技术转化机制。

现有对网络知识流动及创新演化的研究，还存在一些方面可以进一步深入之处。已有对网络知识流动的研究多关注以企业或高校为关系主体的正式联系网络,但这忽视了多元组织间非正式联系对知识溢出的作用(Giuliani,2007;Glückler,2012)①②。经济地理学对区域及跨区域的创新,经济联系网络等已有研究基础,但将网络整体联系类型结合的研究、更好理解整体网络的发展过程还需要从理论及研究方法上同时推进。

因此,未来研究可从以下几个方面就网络知识流动及创新演化研究继续深入:一方面,运用整体网络关系分析的视角,关注全球产业及整体网络演化的研究。网络演化方面的研究继续结合不同的空间尺度,不仅局限于对网络结构的描述,而且从网络关系的连通视角出发讨论地理学跨区域视角下多层次网络整体演化轨迹方面聚焦(Glückler,2017)③。另一方面,网络研究已远超过原有的二值及简单闭包网络的研究,因此原有简单分析方法难以满足现有对复杂网络的研究新需求,后续的研究也需要关注流空间研究方法的推进及创新。对多层次复杂网络演化的解析过程中,主流研究领域逐渐转向运用网络模块化分析取代对单纯网络结构变化及单一二值关系演化的解读。因为网络模块化分析可将多重复杂网络进行简单化归类(Doreian,2012)④。每个模块代表参与主体间的关系,模块化的位置可形成整体的网络作用系统(Glückler,2016)⑤。在网络理论及方法转向的主流研究趋势下,创新网络演化的研究也需要将多层次网络的相互作共同演化机制纳入思考范围,进一步通过模块化网络分析,明确多层次整体网络的互动演化机理及轨迹。

---

① Giuliani E. The selective nature of knowledge networks in clusters: evidence from the wine industry [J]. Journal of Economic Geography, 2007, 7 (2): 139 – 168.
② Glückler J, Ries M. Why being there is not enough: organized proximity in place-based philanthropy [J]. The Service Industries Journal, 2012, 32 (4): 515 – 529.
③ Glückler J, Lazega E, Hammer I. Knowledge and Networks [M]. Springer International Publishing, 2017.
④ Doreian P, Conti N. Social context, spatial structure and social network structure [J]. Social networks, 2012, 34 (1): 32 – 46.
⑤ Glückler J, Panitz R. Unpacking social divisions of labor in markets: generalized blockmodeling and the network boom in stock photography [J]. Social Networks, 2016 (47): 156 – 166.

第四节

本章小结

网络、空间及知识创新的关系问题是经济地理学者一直关注并讨论的热点问题。由于单一关注网络主体结构对知识创新及区域发展的作用忽视了将网络作为整体,而对网络连通性的把握,因而基于网络关系连通性视角讨论网络关系与知识创新的相关问题对推进网络创新研究来说显得尤为重要。但对网络、空间如何作用于知识创造及知识流动等方面仍存在一些争论。越来越多的研究提出网络关系与地理空间在知识流动中存在相互作用。一方面,早期较为传统的研究观点运用专利引证关系反复证明,知识流动具有一定的区域空间黏性(Thompson and Fox-Kean,2005)[1],认为地理空间内(通常指本地)互动是知识流动及创新的源泉,即地理空间,特别是地理邻近性,是网络能够作用于知识创造及流动的基本动力,起关键的调节作用;另一方面,认为空间邻近性相对网络连通性并非知识创造及流动的直接作用因素。其在知识创造或流动的整个过程中作用的发挥具有一定偶然性,即"通道理论"强调关注跨地理空间单元的知识获取及流动。不可否认,地理空间邻近与网络关系,在知识创造过程中都会发挥作用。笔者基于演化地理学视角,研究结论进一步证实随时间的演变,组织间网络连通性的增强可以逐渐克服地理空间距离所产生的黏性,实现跨地理空间单元的桥接。进而更好地实现知识的共享及流动,且这种知识共享及流动不仅发生于区域空间内部,更重要作用的是实现大量跨区域空间知识的流动与共享。进一步证实随时间变化,更多不同情境下的交流是不断进行知识创新的重要来源这一基本论断(Bathelt,2004. Gertler and Wolfe,2006)[2][3]。

---

[1] Thompson P. Patent citations and the geography of knowledge spillovers: A reassessment [J]. American Economic Review, 2005: 450 – 460.

[2] Bathelt H, Malmberg A, Maskell P. Clusters and knowledge: local buzz, global pipelines and the process of knowledge creation [J]. Progress in human geography, 2004, 28 (1): 31 – 56.

[3] Gertler M S, Wolfe D A. Spaces of knowledge flows: Clusters in a global context [J]. Clusters and regional development: Critical reflections and explorations, 2006: 218 – 235.

基于连通性视角的长江经济带装备工业知识网络演化研究

经济地理学界对知识、网络及地理空间的关系问题的讨论已久，一方面，是知识流动的空间粘性观点，立足于该观点的研究强调知识创新过程中新网络关系产生具有一定的空间黏性，即空间临近是制约新知识关系产生的决定性因素；另一方面，是对知识流动空间的研究。该观点认为空间的粘性在新知识关系产生过程中发挥作用具有一定的偶然性，而知识在网络空间中的流动与网络的连通性相关。本书从跨区域网络连通性角度出发，不否认空间邻近对网络关系产生的作用，但更强调随时间演化通过网络连通性实现的跨区域桥接。其证明随演化过程，网络的连通性作用可以逐渐减缓或克服空间邻近阻滞作用，最终实现跨区域知识创造或流动。从长江经济带装备工业的跨区域知识创新来看，网络连通性演化实现了越来越紧密的流域尺度合作，长三角城市群内部技术知识合作通过跨区域技术合作，以及流域内其他区域的基础知识合作，最终实现市场需求导向下的跨区域基础知识合作；长江中西部城市群则更需要通过跨区域基础知识合作，实现更大尺度的超越本地的知识转化应用和市场化。

附录

访谈提纲

合作专利与否及其意义

1. 贵公司是否申请专利?如果没有专利,请问原因是什么,为什么不申请?

2. 如果有,专利在您这个行业或对贵公司有意义吗?

组织间网络关系的意义

1. 哪些高校或研究院所等公共研究机构与贵公司之间或贵公司与其他公司之间有过共同申请专利的例子?具体是怎样的过程?

2. 贵公司与哪家高校或企业建立重要的合作关系?在选择合作决定中合作关系分属的区域选择是否因合作对象属性不同而不同吗?有何不同?您如何做出这方面的决策?

3. 除专利合作外,对贵公司而言还有何种合作形式(如与谁的什么类型的合作)。在不同的合作关系中合作的专利或其他内容有何不同作用?这种合作关系面临的挑战都有什么?

4. 贵公司从上述合作中获取了何种知识(例如,新技术或新科技或新研究基础知识),这种类型差别与高校和企业合作关系的差异有何不同?

5. 贵公司如果与高校有合作,长远来看高校一般是发挥何种作用(是否与高校的类型不同而关系类型所发挥的作用也不同)?

6. 为什么选择与高校合作(例如,他们是能满足技术需求还是帮助基础知识转化)?

7. 请想一下是否贵公司有这样的关系经历,如果先与高校建立了合作关系，是否后续贵公司会更倾向于与此高校合作的企业建立合作？高校又是否会给企业带来新的客户关系，是否能举个例子解释一下？反之，是否与一家公司合作后更倾向于与其合作伙伴建立关系？

公司基本信息

1. 贵公司产品中有申请专利的比例能达到多少？多少数量或比例为合作申请专利？合作申请专利与自己申请相比是更成功与否（成功可以是营业额或利润的增加等方面）？

2. 对公司本身，公司有多少员工？来自哪里？竞争对手主要来自哪里？公司产品是什么？

参 考 文 献

[1] 曹贤忠,曾刚. 基于熵权 TOPSIS 法的经济技术开发区产业转型升级模式选择研究——以芜湖市为例 [J]. 经济地理,2014,34 (04): 13 – 18.

[2] 曹贤忠,曾刚,邹琳,刘刚. 基于面板数据的研发投入对区域经济增长影响分析 [J]. 长江流域资源与环境. 2016 (2): 208 – 218.

[3] 曹贤忠. 基于全球——地方视角的上海高新技术产业创新网络研究 [D]. 华东师范大学,2017.

[4] 曾刚,林兰. 不同空间尺度的技术扩散影响因子研究 [J]. 科学学与科学技术管理,2006,27 (2): 22 – 27.

[5] 曾刚等. 长江经济带协同发展的基础与谋略 [M]. 北京:经济科学出版社,2014.

[6] 陈雯,虞孝感. 长江产业带建设特征、问题与发展思路 [J]. 地理科学,1997,17 (2): 113 – 119.

[7] 段德忠,杜德斌等. 中国城市创新网络的时空复杂性及生长机制研究 [J]. 地理科学,2018,38 (11): 1759 – 1767.

[8] 方创琳,马海涛,王振波,等. 中国创新型城市建设的综合评估与空间格局分异 [J]. 地理学报,2014,69 (4): 459 – 473.

[9] 方创琳,关兴良. 中国城市群投入产出效率的综合测度与空间分异 [J]. 地理学报,2011 (8): 1011 – 1022.

[10] 顾娜娜. 长江经济带装备工业产学研创新网络研究 [D]. 上海:华东师范大学,2015.

[11] 郭毅,朱扬帆,朱熹. 人际关系互动与社会结构网络化——社会资本理论的建构基础 [J]. 社会科学,2003 (8): 64 – 74.

[12] 贺灿飞，陈航航. 参与全球生产网络与中国出口产品升级 [J]. 地理学报，2017，72（8）：1331-1346.

[13] 贺灿飞，郭琪，马妍，等. 西方经济地理学研究进展 [J]. 地理学报，2014，69（8）：1207-1223.

[14] 贺灿飞. 区域产业发展演化：路径依赖还是路径创造？[J]. 地理研究，2018，37（7）：5-19.

[15] 胡耀辉. 产业技术创新链：我国企业从模仿到自主创新的路径突破 [J]. 科技进步与对策，2013，30（9）：66-69.

[16] 解学梅，左蕾蕾. 企业协同创新网络特征与创新绩效：基于知识吸收能力的中介效应研究 [J]. 南开管理评论，2013，16（3）：47-56.

[17] 李丹丹，汪涛，魏也华，等. 中国城市尺度科学知识网络与技术知识网络结构的时空复杂性 [J]. 地理研究，2015（3）：525-540.

[18] 李丹丹，汪涛，周辉. 基于不同时空尺度的知识溢出网络结构特征研究 [J]. 地理科学，2013，33（10）：1180-1187.

[19] 李二玲，李小建. 欠发达农区传统制造业集群的网络演化分析——以河南省虞城县南庄村钢卷尺产业集群为例 [J]. 地理研究，2009，28（3）：738-750.

[20] 连远强. 国外创新网络研究述评与区域共生创新战略 [J]. 人文地理，2016（1）：26-32.

[21] 林兰，曾刚，吕国庆. 基于创新"二分法"的中国装备工业创新网络研究 [J]. 地理科学，2017，37（10）：1469-1477.

[22] 刘刚，罗强. 上海推进农业产学研一体化的现状与建议 [J]. 上海农村经济，2015（3）：16-18.

[23] 刘军. 社会网络分析导论 [M]. 北京：社会科学文献出版社，2004.

[24] 鲁新. 创新网络形成与演化机制研究 [D]. 武汉：武汉理工大学，2010.

[25] 陆大道. 建设经济带是经济发展布局的最佳选择——长江经济带经济发展的巨大潜力 [J]. 地理科学，2014，34（7）：769-772.

[26] 吕国庆，曾刚，顾娜娜. 经济地理学视角下区域创新网络的研

究综述［J］．经济地理，2014，34（2）：1-8．

［27］吕国庆，曾刚，郭金龙．长三角装备工业产学研创新网络体系的演化分析［J］．地理科学，2014，34（9）：1051-1059．

［28］吕国庆．中国装备工业创新网络研究［D］．华东师范大学，2016．

［29］吕拉昌，廖倩，黄茹．基于期刊论文的中国地级以上城市知识专业化研究［J］．地理科学，2018，38（8）：1245-1255．

［30］马丽，刘卫东，刘毅．经济全球化下地方生产网络模式演变分析——以中国为例［J］．地理研究，2004，23（1）：87-96．

［31］马双，曾刚．技术合作对企业创新绩效的影响研究——以我国装备工业为例［J］．华东经济管理，2016，30（5）：160-165．

［32］马双．封闭型创新网络的结构和内在机理研究［D］．华东师范大学，2017．

［33］毛睿奕，曾刚．基于集体学习机制的创新网络模式研究——以浦东新区生物医药产业创新网络为例［J］．经济地理，2010，30（9）：1478-1483．

［34］潘峰华，赖志勇，葛岳静．社会网络分析方法在地缘政治领域的应用［J］．经济地理，2013，33（7）：15-21．

［35］阮平南，张光莹，刘晓燕．基于CiteSpace的技术创新网络研究现状分析［J］．科技管理研究，2015，35（21）：53-57．

［36］商小虎．我国装备工业技术创新模式研究［D］．上海社会科学院，2013．

［37］史进，贺灿飞．中国新企业成立空间差异的影响因素——以金属制品业为例［J］．地理研究，2018，37（7）：1282-1296．

［38］史焱文，李二玲，李小建．地理邻近、关系邻近对农业产业集群创新影响——基于山东省寿光蔬菜产业集群实证研究［J］．地理科学，2016，36（5）：751-759．

［39］史焱文，李二玲，李小建．基于SNA的农业产业集群创新网络与知识流动分析［J］．经济地理，2015，35（8）：114-122．

［40］司月芳，曾刚，曹贤忠，等．基于全球—地方视角的创新网络

研究进展 [J]. 地理科学进展, 2016, 35 (5): 600 - 609.

[41] 汪涛, Henneman S, Liefner I, 等. 知识网络的空间极化与扩散研究——以我国生物技术知识为例 [J]. 地理研究, 2011, 30 (10): 1861 - 1872.

[42] 汪涛, 任瑞芳, 曾刚. 知识网络结构特征及其对知识流动的影响 [J]. 科学学与科学技术管理, 2010 (5): 150 - 155.

[43] 王飞. 生物医药创新网络演化机理研究——以上海张江为例 [J]. 科研管理, 2012, 33 (2): 48 - 54.

[44] 王丰龙, 曾刚. 长江经济带研究综述与展望 [J]. 世界地理研究, 2017, 26 (2): 62 - 71.

[45] 王灏. 光电子产业区域创新网络构建与演化机理研究 [J]. 科研管理, 2013, 34 (1): 37 - 45.

[46] 王缉慈. 创新的空间: 企业集群与区域发展 [M]. 北京: 北京大学出版社, 2001.

[47] 王立平. 我国高校 R&D 知识溢出的实证研究——以高技术产业为例 [J]. 中国软科学, 2005 (12): 54 - 59.

[48] 王秋玉, 曾刚, 吕国庆. 中国装备工业产学研合作创新网络初探 [J]. 地理学报, 2016, 71 (2): 251 - 264.

[49] 王世明. 装备产品集成创新的模式及选择研究 [D]. 大连理工大学, 2010.

[50] 魏旭, 张艳. 知识分工、社会资本与集群式创新网络的演化 [J]. 当代经济研究, 2006 (10): 24 - 27.

[51] 武晓静, 杜德斌, 肖刚, 管明明. 长江经济带城市创新能力差异的时空格局演变 [J]. 长江流域资源与环境. 2017 (4): 491 - 498.

[52] 谢富纪, 徐恒敏. 知识、知识流与知识溢出的经济学分析 [J]. 同济大学学报 (社会科学版), 2001, 12 (2): 54 - 57.

[53] 熊新. 开放式创新环境下装备制造企业吸收能力演化机理研究 [D]. 哈尔滨工业大学, 2013.

[54] 徐维祥, 杨蕾, 刘程军, 等. 长江经济带创新产出的时空演化特征及其成因 [J]. 地理科学, 2017, 37 (4): 502 - 511.

[55] 姚秋蕙, 韩梦瑶, 刘卫东. 全球服装贸易网络演化研究 [J]. 经济地理, 2018 (4): 26-36.

[56] 叶琴, 曾刚, 陈弘挺. 中国装备制造企业合作创新伙伴选择——基于2013年中国工博会249家参展企业的问卷调查分析 [J]. 地理科学进展, 2015, 34 (5): 648-656.

[57] 叶琴, 曾刚, 陈弘挺. 组织与认知邻近对东营市石油装备工业创新网络演化影响 [J]. 人文地理, 2017 (1): 116-122.

[58] 易将能, 孟卫东, 杨秀苔. 区域创新网络演化的阶段性研究 [J]. 科研管理, 2005, 26 (5): 24-28.

[59] 应洪斌, 沈瑶. 非正式网络中隐性知识传递的影响机制研究 [J]. 科研管理, 2009, 30 (4): 130-137.

[60] 张其仔. 社会网与基层经济生活——晋江市西滨镇跃进村案例研究 [J]. 社会学研究, 1999 (3): 27-36.

[61] 赵建华, 焦晗. 装备工业企业技术集成能力及其构成因素分析 [J]. 中国软科学, 2007 (6): 75-80.

[62] 周灿, 曾刚. 经济地理学视角下产业集群研究进展与展望 [J]. 经济地理, 2018 (1): 11-19.

[63] 朱贻文, 曾刚. 参展者在展会中的学习与创新——以中国国际工业博览会为例 [J]. 旅游科学, 2017, 31 (2): 82-94.

[64] 邹琳, 曾刚, 曹贤忠, 等. 长江经济带的经济联系网络空间特征分析 [J]. 经济地理, 2015, 35 (6): 1-7.

[65] Ahuja G. Collaboration networks, structural holes, and innovation: A longitudinal study [J]. Administrative science quarterly, 2000, 45 (3): 425-455.

[66] Alcacer J, Chung W. Location strategies and knowledge spillovers [J]. Management science, 2007, 53 (5): 760-776.

[67] Allen T J. Managing the flow of technology: technology transfer and the dissemination of technological information within the R&D organization [J]. 1977.

[68] Almeida P, Kogut B. Localization of knowledge and the mobility of

engineers in regional networks [J]. Management science, 1999, 45 (7): 905-917.

[69] Amin A, Thrift N. Globalization, institutions, and regional development in Europe [M]. Oxford university press, 1995.

[70] Argotel. Managing knowledge in organizations: an integrative framework and review of emerging themes [J]. Management Science 2003 (49): 571-582.

[71] Arvidsson, A. Creative class or administrative class? On advertising and the "underground", Ephemera: Theory and Politics in Organizations [J]. 2007 (7): 8-23.

[72] Baker, W. E. Market networks and corporate behavior [J]. American Journal of Sociology, 1990 (96): 589-625.

[73] Balland P A, De Vaan M, Boschma R. The dynamics of interfirm networks along the industry life cycle: The case of the global video game industry, 1987—2007 [J]. Journal of Economic Geography, 2012, 13 (5): 741-765.

[74] Barney J. Firm resources and sustained competitive advantage [J]. Journal of management, 1991, 17 (1): 99-120.

[75] Bathelt H, Cohendet P. The creation of knowledge: local building, global accessing and economic development—toward an agenda [J]. Journal of Economic Geography, 2014, 14 (5): 869-882.

[76] Bathelt H, Gluckler J. The Relational Economy: Geographies of Knowing and Learning [J]. Oup Catalogue, 2011, 46 (2): 273-275.

[77] Bathelt H, Glückler J. Resources in economic geography: from substantive concepts towards a relational perspective [J]. Environment and Planning A, 2005, 37 (9): 1545-1563.

[78] Bathelt H, Malmberg A, Maskell P. Clusters and knowledge: local buzz, global pipelines and the process of knowledge creation [J]. Progress in human geography, 2004, 28 (1): 31-56.

[79] Bathelt H, Schuldt N. Between luminaries and meat grinders: International trade fairs as temporary clusters [J]. Regional Studies, 2008, 42

(6): 853-868.

[80] Bathelt H, Zeng G. Strong growth in weakly-developed networks: Producer-user interaction and knowledge brokers in the Greater Shanghai chemical industry [J]. Applied Geography, 2012, 32 (1): 158-170.

[81] Bathelt H. Evolutionary economic geography and relational geography [M]. //Handbook of Regional Science. Springer Berlin Heidelberg, 2014: 591-607.

[82] Bathelt, H., Malmberg, A. and Maskell, P. Clusters and knowledge: local buzz, global pipelines and the process of knowledge creation. Progress in Human Geography, 2004 (28): 31-56.

[83] Baum J. Don't go it alone: alliance network composition and startups' performance in Canadian biotechnology [J]. Strategic Management Journal, 2000 (21): 267-294.

[84] Bell G, Zaheer A. Geography, networks, and knowledge flow [J]. Organization Science, 2007, 18 (6): 955-972.

[85] Bergman E M, Maier G. Network central: regional positioning for innovative advantage [J]. The Annals of Regional Science, 2009, 43 (3): 615-644.

[86] Boekema F, Morgan K, Bakkers S, et al. Knowledge, Innovation and Economic Growth: The Theory and Practice of Learning Regions [C] // 2002.

[87] Borgatti S P, Cross R. A relational view of information seeking and learning in social networks [J]. Management science, 2003, 49 (4): 432-445.

[88] Borgatti S P, Halgin D S. On network theory [J]. Organization science, 2011, 22 (5): 1168-1181.

[89] Borgatti S P. Centrality and network flow [J]. Social networks, 2005, 27 (1): 55-71.

[90] Boschma R, Frenken K, Bathelt H, et al. Technological relatedness and regional branching [J]. Beyond territory. Dynamic feographies of knowledge

creation, diffusion and innovation. Routledge, London, 2012: 64 – 81.

[91] Boschma R, Frenken K. The spatial evolution of innovation networks. A proximity perspective [J]. The handbook of evolutionary economic geography, 2010: 120 – 135.

[92] Boschma R, Frenken K. The spatial evolution of innovation networks: a proximity perspective [R]. Utrecht University, Department of Human Geography and Spatial Planning, Group Economic Geography, 2009.

[93] Boschma R, Iammarino S. Related variety, trade linkages, and regional growth in Italy [J]. Economic geography, 2009, 85 (3): 289 – 311.

[94] Boschma R. Proximity and innovation: a critical assessment, Regional Studies 2005 (39): 61 – 74.

[95] Breschi S, Lenzi C, Lissoni F. The geography of knowledge spillovers: the role of inventors' mobility across firms and in space [J]. The Handbook of Evolutionary Economic Geography, Cheltenham: Edward Elgar, 2010: 353 – 369.

[96] Breschi S, Lissoni F. Mobility of skilled workers and co-invention networks: an anatomy of localized knowledge flows [J]. Journal of Economic Geography, 2009, 9 (4): 439 – 468.

[97] Broekel T, Boschma R. Knowledge networks in the Dutch aviation industry: the proximity paradox [J]. Journal of Economic Geography, 2011, 12 (2): 409 – 433.

[98] Broekel T, Hartog M. Explaining the structure of inter-organizational networks using exponential random graph models [J]. Industry and Innovation, 2013, 20 (3): 277 – 295.

[99] Burt R. Structural holes and good ideas [J]. American journal of sociology, 2004, 110 (2): 349 – 399.

[100] Burt R. The network structure of social capital [J]. Research in organizational behavior, 2000 (22): 345 – 423.

[101] Burt R S. Decay functions [J]. Social networks, 2000, 22 (1): 1 – 28.

[102] Cassi L, Plunket A. Research collaboration in co-inventor networks: combining closure, bridging and proximities [J]. Regional Studies, 2015, 49 (6): 936 – 954.

[103] Cattani G. A core/periphery perspective on individual creative performance: social networks and cinematic achievements in the Hollywood film industry [J]. Organization Science 2008 (19): 824 – 844.

[104] Chesbrough H W. Open Innovation: The New Imperative for Creating and Profiting fromTechnology [J]. Journal of Engineering & Technology Management, 2004, 21 (3): 241 – 244.

[105] Cohen D H, Absorptive capacity: a new perspective on learning and innovation [J]. Administrative Science Quarterly 1990 (35): 128 – 152.

[106] Cohen D H, Kozak R A. Research and technology: market-driven innovation in the twenty-first century. [J]. Forestry Chronicle, 2002, 78 (1): 108 – 111.

[107] Cohendet P, Grandadam D, Simon L. The Anatomy of the Creative City [J]. Industry & Innovation, 2010, 17 (1): 91 – 111.

[108] Coleman J S. Social capital in the creation of human capital [J]. American journal of sociology, 1988 (94): S95 – S120.

[109] Conti N, Doreian P. Social network engineering and race in a police academy: A longitudinal analysis [J]. Social networks, 2010, 32 (1): 30 – 43.

[110] Contractor F J, Lorange P. The growth of alliances in the knowledge-based economy [J]. International Business Review, 2002, 11 (4): 485 – 502.

[111] Cooke P. The new wave of regional innovation networks: analysis, characteristics and strategy [J]. Small Business Economics, 1996, 8 (2): 159 – 171.

[112] Cooke, P, Asheim, B, Boschma, R, Martin, R, Schwartz, D, T_dtling, F. Handbook of regional innovation and growth [M]. Edward Elgar Publishing, 2011.

[113] Crescenzi R, Gagliardi L, Iammarino S. Foreign multinationals and domestic innovation: Intra-industry effects and firm heterogeneity [J]. Research Policy, 2015, 44 (3): 596 – 609.

[114] Dicken P, Malmberg A. Firms in territories: a relational perspective [J]. Economic geography, 2001, 77 (4): 345 – 363.

[115] Doreian P, Conti N. Social context, spatial structure and social network structure [J]. Social networks, 2012, 34 (1): 32 – 46.

[116] Doreian P, Woodard K L. Local and global institutional processes [J]. Research in the Sociology of Organizations, 1999 (16): 59 – 83.

[117] Dosi G. The nature of the innovative process [J]. Technical change and economic theory, 1988: 221 – 238.

[118] Evangelista, R., Sandven, T., Sirilli, G. and Smith, K. 'Measuring innovation in European industry', International Journal of the Economics of Business. 1998 (5): 311 – 333.

[119] Faulconbridge, J. R. Stretching tacit knowledge beyond a local fix? Global spaces of learning in advertising professional service firms [J]. Journal of Economic Geography, 2006, 6 (4): 517 – 540.

[120] Fitjar R D, Rodríguez-Pose A. Firm Collaboration and Modes of Innovation in Norway [J]. Research Policy, 2013, 42 (1): 128 – 138.

[121] Fleming L, King III C, Juda A I. Small worlds and regional innovation [J]. Organization Science, 2007, 18 (6): 938 – 954.

[122] Fleming L, Waguespack D M. Brokerage, boundary spanning, and leadership in open innovation communities [J]. Organization science, 2007, 18 (2): 165 – 180.

[123] Freeman C. Networks of innovators: a synthesis of research issues [J]. Research policy, 1991, 20 (5): 499 – 514.

[124] Freeman J H, Audia P G. Community ecology and the sociology of organizations [J]. Annu. Rev. Sociol., 2006 (32): 145 – 169.

[125] Fritsch M, Slavtchev V. Universities and innovation in space [J]. Industry and innovation, 2007, 14 (2): 201 – 218.

[126] Fritsch M. Measuring the quality of regional innovation systems: A knowledge production function approach [J]. International Regional Science Review, 2002, 25 (1): 86 – 101.

[127] Fritsch, M., Kauffeld-Monz M. The impact of network structure on knowledge transfer: an application of social network analysis in the context of regional innovation networks [J]. The Annals of Regional Science. 2010, 44 (1): 21 – 38.

[128] Fuchs T. The Tacit Dimension [J]. Philosophy Psychiatry & Psychology, 2001, 8 (8): 323 – 326.

[129] Garnovetter. M. Economic action and economic structure: the problem of embeddedness, American Journal of Sociology. 1985 (91): 481 – 510.

[130] Garnovetter. M. The strength of weak ties, American Journal of Sociology. 1973 (78): 1360 – 1380.

[131] Garton L, Wellman B. Social impacts of electronic mail in organizations: A review of the research literature [J]. Annals of the International Communication Association, 1995, 18 (1): 434 – 453.

[132] Gereffi G, Humphrey J, Sturgeon T. The governance of global value chains [J]. Review of International Political Economy, 2005, 12 (1): 78 – 104.

[133] Gereffi G. International trade and industrial upgrading in the apparel commodity chain [J]. Journal of international economics, 1999, 48 (1): 37 – 70.

[134] Gertler M S, Wolfe D A. Spaces of knowledge flows: Clusters in a global context [J]. Clusters and regional development: Critical reflections and explorations, 2006: 218 – 235.

[135] Gertler M S. Manufacturing culture: The institutional geography of industrial practice [M]. Oxford University Press, 2004.

[136] Gertler, Meric S. Implementing Advanced Manufacturing Technologies in Mature Industrial Regions: Towards a Social Model of Technology Production [J]. Regional Studies, 1993, 27 (7): 665 – 680.

[137] Gittelman M. Does geography matter for science-based firms? Epistemic communities and the geography of research and patenting in biotechnology [J]. Organization Science, 2007, 18 (4): 724 – 741.

[138] Giuliani E. The selective nature of knowledge networks in clusters: evidence from the wine industry [J]. Journal of Economic Geography, 2007, 7 (2): 139 – 168.

[139] Glaeser E. Economic growth in a cross-section of cities [J]. Journal of monetary economics, 1995, 36 (1): 117 – 143.

[140] Glückler J, Lazega E, Hammer I. Knowledge and Networks [M]. Springer International Publishing, 2017.

[141] Glückler J, Panitz R. Unpacking social divisions of labor in markets: generalized blockmodeling and the network boom in stock photography [J]. Social Networks, 2016 (47): 156 – 166.

[142] Glückler J, Ries M. Why being there is not enough: organized proximity in place-based philanthropy [J]. The Service Industries Journal, 2012, 32 (4): 515 – 529.

[143] Glückler J. Economic geography and the evolution of networks [J]. Journal of Economic Geography, 2007, 7 (5): 619 – 634.

[144] Glückler J. Knowledge, networks and space: connectivity and the problem of non-interactive learning [J]. Regional Studies, 2013, 47 (6): 880 – 894.

[145] Gordon I R. Industrial clusters: complexes, agglomeration and/or social networks? [J]. Urban studies, 2000, 37 (3): 513 – 532.

[146] Grabher G, Ibert O. Bad company? The ambiguity of personal knowledge networks [J]. Journal of Economic Geography, 2005, 6 (3): 251 – 271.

[147] Grabher G, Ibert O. Virtual hybrid communities show that you don't have to meet face-to-face to advance great ideas [J]. LSE American Politics and Policy, 2014.

[148] Grabher, Gernot. The Project Ecology of Advertising: Tasks, Tal-

ents and Teams [J]. Regional Studies, 2002, 36 (3): 245-262.

[149] Granger, C. W. J. Investigating causal relations by econometric models and cross-spectral methods. Econometrica. 1969, 37 (3), 424-438.

[150] Granovetter, M. 'Economic action and economic structure: The problem of embeddedness', American Journal of Sociology. 1985 (91): 481-510.

[151] Gulati R, Puranam P, Tushman M. Meta-organization design: Rethinking design in interorganizational and community contexts [J]. Strategic Management Journal, 2012, 33 (6): 571-586.

[152] Gulati R. Alliances and networks [J]. Strategic management journal, 1998, 19 (4): 293-317.

[153] Gupta A. Knowledge flows within multinational corporations [J]. Strategic Management Journal. 2000 (21): 473-496.

[154] Hagedoorn, Cloodt. Measuring innovative performance: Is there an advantage in using multiple indicators [J]. Research Policy, 2003, 32 (8): 1365-1379.

[155] Hancock J T, Dunham P J. Impression formation in computer-mediated communication revisited: An analysis of the breadth and intensity of impressions [J]. Communication research, 2001, 28 (3): 325-347.

[156] Hansen J G. Interactional conflicts among audience, purpose, and content knowledge in the acquisition of academic literacy in an EAP course [J]. Written communication, 2000, 17 (1): 27-52.

[157] Hansen K. From selling to relationship marketing at international trade fairs [C] //Journal of Convention & Exhibition Management. Taylor & Francis Group, 2000, 2 (1): 37-53.

[158] Hansen M T, Løvås B. How do multinational companies leverage technological competencies? Moving from single to interdependent explanations [J]. Strategic Management Journal, 2004, 25 (8-9): 801-822.

[159] Hardeman S, Frenken K, Nomaler Ö, et al. A proximity approach to territorial science systems [C] //EUROLIO Conference on 'Geography of In-

novation', Saint-Etienne, France. 2012: 24-26.

[160] Hassink R. How to unlock regional economies from path dependency? From learning region to learning cluster [J]. European Planning Studies, 2005, 13 (4): 521-535.

[161] Hendriks P. Why share knowledge? The influence of ICT on the motivation for knowledge sharing [J]. Knowledge and process management, 1999, 6 (2): 91-100.

[162] Herstad, S. J., Aslesen H. W., Ebersberger B. On industrial knowledge bases, commercial opportunities and global innovation network linkages [J]. Research Policy. 2014, 43 (3): 495-504.

[163] Hobday M. Product Complexity, Innovation and Industrial Organization [J]. Research Policy, 1998 (26): 689-710.

[164] Hoover K D. Causality in macroeconomics [M]. Cambridge University Press, 2001.

[165] Hossain L, Wigand R T. ICT enabled virtual collaboration through trust [J]. Journal of Computer-Mediated Communication, 2004, 10 (1): JCMC1014.

[166] Huber K P. Molecular spectra and molecular structure: IV. Constants of diatomic molecules [M]. Springer Science & Business Media, 2013.

[167] Huggins R, Izushi H, Prokop D. Networks, Space and Organizational Performance: A Study of the Determinants of Industrial Research Income Generation by Universities [J]. Regional Studies, 2016, 50 (12): 2055-2068.

[168] Huggins R, Johnston A, Steffenson R. Universities, knowledge networks and regional policy [J]. Cambridge Journal of Regions, Economy and Society, 2008, 1 (2): 321-340.

[169] Huggins R, Johnston A, Thompson P. Network capital, social capital and knowledge flow: how the nature of inter-organizational networks impacts on innovation [J]. Industry and Innovation, 2012, 19 (3): 203-232.

[170] Huggins R, Johnston A. Knowledge flow and inter-firm networks:

The influence of network resources, spatial proximity and firm size [J]. Entrepreneurship & regional development, 2010, 22 (5): 457 - 484.

[171] Huggins R, Jones M, Upton S. Universities as drivers of knowledge-based regional development: a triple helix analysis of Wales [J]. International Journal of Innovation and Regional Development, 2008, 1 (1): 24 - 47.

[172] Huggins R, Thompson P. A Network-based view of regional growth [J]. Journal of Economic Geography, 2014, 14 (3): 511 - 545.

[173] Huggins R, Thompson P. Culture, entrepreneurship and uneven development: a spatial analysis [J]. Entrepreneurship & Regional Development, 2014, 26 (9 - 10): 726 - 752.

[174] Huggins R, Thompson P. Network capital, social capital, and knowledge flow: how the nature of inter-organizational networks impacts on innovation [J]. Industry and Innovation, 2012 (19): 203 - 232.

[175] Human S E, Provan K G. Legitimacy building in the evolution of small-firm multilateral networks: A comparative study of success and demise [J]. Administrative Science Quarterly, 2000, 45 (2): 327 - 365.

[176] Ibert O. Towards a geography of knowledge creation: the ambivalences between 'knowledge as an object' and 'knowing in practice' [J]. Regional Studies, 2007, 41 (1): 103 - 114.

[177] Immelt J R, Govindarajan V, Trimble C. How GE is disrupting itself [J]. Harvard business review, 2009, 87 (10): 56 - 65.

[178] Isaksen A, Kalsaas B T. Suppliers and strategies for upgrading in global production networks: the case of a supplier to the global automotive industry in a high-cost location [J]. European Planning Studies, 2009, 17 (4): 569 - 585.

[179] Jong, Freel M. Absorptive capacity and the reach of collaboration in high technology small firms [J]. research policy, 2010, 39 (1): 47 - 54.

[180] Kafouros M I, Forsans N. The role of open innovation in emerging economies: Do companies profit from the scientific knowledge of others? [J]. Journal of World Business, 2012, 47 (3): 362 - 370.

[181] Karlsson C, Johansson B. Dynamics and Entrepreneurship in a Knowledge-based Economy [M] //Entrepreneurship and dynamics in the knowledge economy. Routledge, 2006: 28 - 62.

[182] Kenis P, Knoke D. How organizational field networks shape interorganizational tie-formation rates [J]. Academy of Management Review, 2002, 27 (2): 275 - 293.

[183] Kiesler S, Sproull L. Group decision making and communication technology [J]. Organizational behavior and human decision processes, 1992, 52 (1): 96 - 123.

[184] Kilduff M, Tsai W. Social networks and organizations [M]. Sage, 2003.

[185] Knoben J, Oerlemans L A G. Configurations of inter-organizational knowledge links: Does spatial embeddedness still matter? [J]. Regional Studies, 2012, 46 (8): 1005 - 1021.

[186] Kodama M. New knowledge creation through ICT dynamic capability: Creating knowledge communities using broadband [M]. IAP, 2008.

[187] Kogut B, Zander U. Knowledge of the firm and the evolutionary theory of the multinational corporation [J]. Journal of international business studies, 1993, 24 (4): 625 - 645.

[188] Koka B R, Madhavan R, Prescott J E. The evolution of interfirm networks: Environmental effects on patterns of network change [J]. Academy of Management Review, 2006, 31 (3): 721 - 737.

[189] Lata R, Scherngell T, Brenner T. Integration Processes in European Research and Development: A Comparative Spatial Interaction Approach Using Project Based Research and Development Networks, Co-Patent Networks and Co-Publication Networks [J]. Geographical Analysis, 2015, 47 (4): 349 - 375.

[190] Latour B. Visualization and cognition [J]. Knowledge and society, 1986, 6 (6): 1 - 40.

[191] Laursen K, Masciarelli F, Prencipe A. Regions matter: how local-

ized social capital affects innovation and external knowledge acquisition [J]. Organization Science, 2012, 23 (1): 177-193.

[192] Lavie D. The evolution and strategy of interconnected firms: A study of the unisy allence network [C] //Academy of Management Proceedings. Academy of Management, 2004 (1): E1-E6.

[193] Leamer E E, Storper M. The economic geography of the internet age [M] //Location of International Business Activities. Palgrave Macmillan, London, 2014: 63-93.

[194] Lechner C, Dowling M. Firm networks: external relationships as sources for the growth and competitiveness of entrepreneurial firms [J]. Entrepreneurship & Regional Development, 2003, 15 (1): 1-26.

[195] Lee C M. The Silicon Valley edge: A habitat for innovation and entrepreneurship [M]. Stanford University Press, 2000.

[196] Liefner I, Brömer C, Zeng G. Knowledge absorption of optical technology companies in Shanghai, Pudong: Successes, barriers and structural impediments [J]. Applied Geography, 2012, 32 (1): 171-184.

[197] Liefner I, Zeng G. China's Mechanical Engineering Industry [M] // China as an Innovation Nation. 2016.

[198] Lippman S A, Rumelt R P. Uncertain imitability: An analysis of interfirm differences in efficiency under competition [J]. The bell journal of Economics, 1982: 418-438.

[199] Lomi A, Larsen E R, Freeman J H. Things change: dynamic resource constraints and system-dependent selection in the evolution of organizational populations [J]. Management Science, 2005, 51 (6): 882-903.

[200] Lorentzen A. Knowledge networks in local and global space [J]. Entrepreneurship and Regional Development, 2008, 20 (6): 533-545.

[201] Lundvall B Å. National innovation systems—analytical concept and development tool [J]. Industry and innovation, 2007, 14 (1): 95-119.

[202] Lundvall B Å. National systems of innovation: towards a theory of innovation and interactive learning [J]. The Learning Economy and the Eco-

nomics of Hope, 1988: 85.

[203] Lundvall B Å. The learning economy: challenges to economic theory and policy [J]. A Modern Reader in Institutional and Evolutionary Economics: Key Concepts. Cheltenham: Edward Elgar, 2002: 26 - 47.

[204] Lundvall B, Johnson B. The learning economy [J]. Journal of industry studies, 1994, 1 (2): 23 - 42.

[205] Malecki E J. Technology and economic development: the dynamics of local, regional, and national change [J]. University of Illinois at Urbana-Champaign's Academy for Entrepreneurial Leadership Historical Research Reference in Entrepreneurship, 1997.

[206] Malmberg A, Maskell P. The elusive concept of localization economies: towards a knowledge-based theory of spatial clustering [J]. Environment and Planning A: Economy and Space, 2002, 34 (3): 429 - 449.

[207] Malmberg A, Maskell P. Towards an explanation of industry agglomeration and regional specialization [J]. European Planning Studies, 1997, 5 (1): 25 - 41.

[208] Manual F. The Measurement of Scientific and Technological Activities. Proposed Standard Practice for Surveys on Research and Experimental Development [J]. OECD Publishing ISBN: 9789264199033, 2002, 256: 2.

[209] Markusen A. Sticky places in slippery space: a typology of industrial districts [J]. Economic geography, 1996, 72 (3): 293 - 313.

[210] Marsden, P. V. Network data and measurement [J]. Annual Review of Sociology, 1990 (16): 435 - 463.

[211] Martin R, Sunley P. Path dependence and regional economic evolution [J]. Journal of economic geography, 2006, 6 (4): 395 - 437.

[212] Maskell P, Bathelt H, Malmberg A. Building global knowledge pipelines: The role of temporary clusters [J]. European planning studies, 2006, 14 (8): 997 - 1013.

[213] Maskell P, Bathelt H, Malmberg A. Temporary clusters and knowledge creation: the effects of international trade fairs, conventions and oth-

er professional gatherings [J]. 2004.

[214] Maskell P, Malmberg A. Myopia, knowledge development and cluster evolution [J]. Journal of Economic Geography, 2007, 7 (5): 603 – 618.

[215] Maskell P. Towards a knowledge-based theory of the geographical cluster [J]. Industrial and corporate change, 2001, 10 (4): 921 – 943.

[216] Massard N, Mehier C. Proximity and innovation through an 'accessibility to knowledge' lens [J]. Regional Studies, 2009, 43 (1): 77 – 88.

[217] Mattes J. Dimensions of proximity and knowledge bases: innovation between spatial and non-spatial factors [J]. Regional Studies, 2012, 46 (8): 1085 – 1099.

[218] Michael Fritsch, Viktor Slavtchev. Determinants of the Efficiency of Regional Innovation Systems [J]. Regional Studies, 2011, 45 (7): 905 – 918.

[219] Mitchell J C. The concept and use of social networks [J]. Social networks in urban situations, 1969.

[220] Mizruchi, M. S. Social network analysis: recent achievements and current controversies [J]. Acta Sociologica, 1994 (37): 329 – 343.

[221] Moodysson J, Coenen L, Asheim B. Explaining spatial patterns of innovation: analytical and synthetic modes of knowledge creation in the Medicon Valley life-science cluster [J]. Environment and planning A, 2008, 40 (5): 1040 – 1056.

[222] Moriset B, Malecki E J. Organization versus space: The paradoxical geographies of the digital economy [J]. Geography Compass, 2009, 3 (1): 256 – 274.

[223] Morrison A, Rabellotti R, Zirulia L. When do global pipelines enhance the diffusion of knowledge in clusters? [J]. Economic Geography, 2013, 89 (1): 77 – 96.

[224] Nelson R R, Winter S G. Evolutionary theorizing in economics [J]. Journal of economic perspectives, 2002, 16 (2): 23 – 46.

[225] Nonaka I, Takeuchi H. The knowledge-creating company: How

Japanese companies create the dynamics of innovation [M]. Oxford university press, 1995.

[226] Nonaka I, Toyama R, Konno N. SECI, Ba and leadership: a unified model of dynamic knowledge creation [J]. Long range planning, 2000, 33 (1): 5-34.

[227] OECD. Proposed Guidelines for Collecting and Interpreting Technological Innovation Data. Oslo Manual, Paris: Organisation for Economic Co-Operation and Development. 1992.

[228] Olson G, Olson J. Mitigating the effects of distance on collaborative intellectual work [J]. Economics of Innovation and New Technology, 2003, 12 (1): 27-42.

[229] Org Z. Fifty Years of Empirical Studies of Innovative Activity and Performance [J]. Handbook of the Economics of Innovation, 2010 (1): 129-213.

[230] Owen-Smith J, Powell W W. Knowledge networks as channels and conduits: The effects of spillovers in the Boston biotechnology community [J]. Organization science, 2004, 15 (1): 5-21.

[231] Peeters C. Innovation strategy and the patenting behavior of firms [J]. Journal of Evolutionary Economics, 2006, 16 (1-2): 109-135.

[232] Peter D. Global Shift (4th edition) [M]. London: Sage Publications, 2004.

[233] Pfeffer J, Salancik G R. The external control of organizations: A resource dependence approach [J]. NY: Harper and Row Publishers, 1978.

[234] Podolny J M. A status-based model of market competition [J]. American journal of sociology, 1993, 98 (4): 829-872.

[235] Ponds R, Van Oort F, Frenken K. The geographical and institutional proximity of research collaboration [J]. Papers in regional science, 2007, 86 (3): 423-443.

[236] Porter M E. The competitive advantage of nations [J]. Harvard business review, 1990, 68 (2): 73-93.

[237] Powell W W, White D R, Koput K W, et al. Network dynamics and field evolution: The growth of interorganizational collaboration in the life sciences [J]. American journal of sociology, 2005, 110 (4): 1132 – 1205.

[238] Powell W, Smith-Doerr L. Networks and economic life [J]. The handbook of economic sociology, 1994, 368: 380.

[239] Provan K G, Fish A, Sydow J. Interorganizational networks at the network level: A review of the empirical literature on whole networks [J]. Journal of management, 2007, 33 (3): 479 – 516.

[240] Provan K G, Kenis P, Human S E. Legitimacy building in organizational networks [J]. Big ideas in collaborative public management, 2008: 121 – 137.

[241] Pyka A. Informal networking and industrial life cycles [J]. Technovation, 2000, 20 (1): 25 – 35.

[242] Rodríguez-Pose A, Crescenzi R. Research and development, spillovers, innovation systems, and the genesis of regional growth in Europe [J]. Regional studies, 2008, 42 (1): 51 – 67.

[243] Rodríguez-Pose A, Storper M. Better rules or stronger communities? On the social foundations of institutional change and its economic effects [J]. Economic geography, 2006, 82 (1): 1 – 25.

[244] Rodríguez-Pose A. Is there an 'Anglo-American' domination in human geography? And, is it bad? [J]. Environment and Planning A, 2006, 38 (4): 603 – 610.

[245] Romer P M. Increasing returns and long-run growth [J]. Journal of political economy, 1986, 94 (5): 1002 – 1037.

[246] Roper S, Du J, Love J H. Modelling the innovation value chain [J]. Research policy, 2008, 37 (6): 961 – 977.

[247] Roper S, Hewitt-Dundas N. Innovation persistence: Survey and case-study evidence [J]. Research Policy, 2008, 37 (1): 149 – 162.

[248] Rosenberg N, Nathan R. Inside the black box: technology and economics [M]. cambridge university press, 1982.

[249] Rosenkopf L, Almeida P. Overcoming local search through alliances and mobility [J]. Management science, 2003, 49 (6): 751-766.

[250] Rothwell R. Factors for success in industrial innovation [J]. Journal of General Management, 1974, 2 (2): 57-65.

[251] Rowley T, Behrens D, Krackhardt D. Redundant governance structures: An analysis of structural and relational embeddedness in the steel and semiconductor industries [J]. Strategic management journal, 2000, 21 (3): 369-386.

[252] Santoro M D, Chakrabarti A K. Firm size and technology centrality in industry-university interactions [J]. Research policy, 2002, 31 (7): 1163-1180.

[253] Saxenian A L. Regional networks: industrial adaptation in Silicon Valley and route 128 [J]. 1994.

[254] Sayer A. Realism and social science [M]. Sage, 2000.

[255] Schartinger D, Rammer C, Fischer M M, et al. Knowledge interactions between universities and industry in Austria: sectoral patterns and determinants [J]. Research policy, 2002, 31 (3): 303-328.

[256] Schumpeter J A, Redvers O. Theorie der wirtschaftlichen Entwicklung. The Theory of Economic Development. An inquiry into profits, capital, credit, interest, and the business cycle... Translated... by Redvers Opie [M]. 1934.

[257] Schutjens V, Stam E. The evolution and nature of young firm networks: A longitudinal perspective [J]. Small Business Economics, 2003, 21 (2): 115-134.

[258] Scott A J. Creative cities: Conceptual issues and policy questions [J]. Journal of urban affairs, 2006, 28 (1): 1-17.

[259] Scott M. Re-theorizing social network analysis and environmental governance: Insights from human geography [J]. Progress in Human Geography, 2015, 39 (4): 449-463.

[260] Simonin B L. Ambiguity and the process of knowledge transfer in

strategic alliances [J]. Strategic management journal, 1999: 595-623.

[261] Smith H L, Bagchi-Sen S. University-industry interactions: the case of the UK biotech industry [J]. Industry and Innovation, 2006, 13 (4): 371-392.

[262] Song J, Almeida P, Wu G. Learning-by-Hiring: When is mobility more likely to facilitate interfirm knowledge transfer? [J]. Management science, 2003, 49 (4): 351-365.

[263] Song M, Berends H, Van der Bij H, et al. The effect of IT and co-location on knowledge dissemination [J]. Journal of Product Innovation Management, 2007, 24 (1): 52-68.

[264] Sorenson O, Stuart T E. Syndication networks and the spatial distribution of venture capital investments [J]. American journal of sociology, 2001, 106 (6): 1546-1588.

[265] Sorenson O. Complexity, networks and knowledge flow [J]. Research Policy, 2006 (35): 994-1017.

[266] Stock J H, Watson M W. Vector autoregressions [J]. Journal of Economic perspectives, 2001, 15 (4): 101-115.

[267] Storper M, Venables A J. Buzz: face-to-face contact and the urban economy [J]. Journal of economic geography, 2004, 4 (4): 351-370.

[268] Storper M, Walker R. The capitalist imperative: Territory, technology, and industrial growth [M]. Blackwell, 1989.

[269] Storper M. Globalization, localization and trade [J]. The Oxford handbook of economic geography, 2000: 146-165.

[270] Storper M. Lived effects of the contemporary economy: globalization, inequality, and consumer society [J]. Public Culture, 2000, 12 (2): 375-409.

[271] Strambach S, Halkier H. Reconceptualising change. Path dependency, path plasticity and knowledge combination [J]. Zeitschrift für Wirtschaftsgeographie, 2013, 57 (1-2): 1-14.

[272] Sturdy A, Wright C. A consulting diaspora? Enterprising selves as

agents of enterprise [J]. Organization, 2008, 15 (3): 427-444.

[273] Szulanski G. Exploring internal stickiness: Impediments to the transfer of best practice within the firm [J]. Strategic management journal, 1996, 17 (S2): 27-43.

[274] Ter Wal A L J, Boschma R A. Applying social network analysis in economic geography: Framing some key analytic issues [J]. Annals of Regional Science, 2009, 43 (3): 739-756.

[275] Ter Wal A L J, Boschma R. Co-evolution of firms, industries and networks in space [J]. Regional studies, 2011, 45 (7): 919-933.

[276] Ter Wal A L J. The dynamics of the inventor network in German biotechnology: geographic proximity versus triadic closure [J]. Journal of Economic Geography, 2013, 14 (3): 589-620.

[277] Terwal R. System for accomplishing bi-directional audio data and control communications: U. S. Patent 8, 615, 091 [P]. 2013-12-24.

[278] Thompson P, Fox-Kean M. Patent citations and the geography of knowledge spillovers: A reassessment [J]. American Economic Review, 2005, 95 (1): 450-460.

[279] Trippl M, Tödtling F, Lengauer L. Knowledge sourcing beyond buzz and pipelines: evidence from the Vienna software sector [J]. Economic Geography, 2009, 85 (4): 443-462.

[280] Uzzi B, Lancaster R. Relational embeddedness and learning: The case of bank loan managers and their clients [J]. Management science, 2003, 49 (4): 383-399.

[281] Vanhaverbeke, W., Chesbrough, H. W., West, J. (Eds.). Open innovation: researching a new paradigm [M]. Oxford University Press, 2008.

[282] Venkatraman N, Lee C H. Preferential linkage and network evolution: A conceptual model and empirical test in the US video game sector [J]. Academy of Management Journal, 2004, 47 (6): 876-892.

[283] Von Hippel E A. Has a customer already developed your next prod-

uct? [J]. Sloan Management Review (pre-1986), 1977, 18 (2): 63.

[284] Von Hippel E. "Sticky information" and the locus of problem solving: implications for innovation [J]. Management science, 1994, 40 (4): 429-439.

[285] Von Hippel, E. Innovation by user communities: learning from open-source software. MIT Sloan Management Review. 2001, 42 (2): 82-86.

[286] Wainfan L, Davis P K. Challenges in virtual collaboration: Videoconferencing, audioconferencing, and computer-mediated communications [M]. Rand Corporation, 2004.

[287] Walther J B, Loh T, Granka L. Let me count the ways: The interchange of verbal and nonverbal cues in computer-mediated and face-to-face affinity [J]. Journal of language and social psychology, 2005, 24 (1): 36-65.

[288] Wanzenböck I, Scherngell T, Brenner T. Embeddedness of regions in European knowledge networks: a comparative analysis of inter-regional R&D collaborations, co-patents and co-publications [J]. The Annals of Regional Science, 2014, 53 (2): 337-368.

[289] Watts D J. Networks, dynamics, and the small-world phenomenon [J]. American Journal of sociology, 1999, 105 (2): 493-527.

[290] Wenger E. Communities of practice and social learning systems: the career of a concept [M] //Social learning systems and communities of practice. Springer, London, 2010: 179-198.

[291] Wenger G C, Tucker I. Using network variation in practice: Identification of support network type [J]. Health & Social Care in the Community, 2002, 10 (1): 28-35.

[292] Wernerfelt B. A resource-based view of the firm [J]. Strategic management journal, 1984, 5 (2): 171-180.

[293] White H. Connectionist nonparametric regression: Multilayer feedforward networks can learn arbitrary mappings [J]. Neural networks, 1990, 3 (5): 535-549.

[294] Whittington K B, Owensmith J, Powell W W. Networks, Propin-

quity, and Innovation in Knowledge-intensive Industries [J]. Administrative Science Quarterly, 2009, 54 (1): 90 - 122.

[295] Yeung H. Rethinking relational economic geography [J]. Transactions of the Institute of British Geographers, 2005, 30 (1): 37 - 52.

[296] Yusuf S. Intermediating knowledge exchange between universities and businesses [J]. Research Policy, 2008, 37 (8): 1167 - 1174.

[297] Zahra S. A. Absorptive capacity: a review, reconceptualization, and extension [J]. Academy of Management Review, 2002 (27): 185 - 203.

[298] Zander U, Kogut B. Knowledge and the speed of the transfer and imitation of organizational capabilities: An empirical test [J]. Organization science, 1995, 6 (1): 76 - 92.

[299] Zeller C. North Atlantic innovative relations of Swiss pharmaceuticals and the proximities with regional biotech arenas [J]. Economic Geography, 2004, 80 (1): 83 - 111.

[300] Zucker A, Hug S T. A Study of the 1: 1 Laptop Program at the Denver School of Science & Technology. [J]. Online Submission, 2007: 86.